Handbuch Testament und Erbschaft

Theo Drewes

HANDBUCH TESTAMENT UND ERBSCHAFT

Erbfolge – Steuern – Mustertestamente

Ebenfalls zu diesem Thema ist im FALKEN Verlag erschienen:
Mustertestamente (Nr. 60420)

Überall dort erhältlich, wo es Bücher gibt.

Sie finden uns im Internet: **www.falken.de**

Der Text dieses Buches entspricht den Regeln der neuen deutschen Rechtschreibung.

Dieses Buch wurde auf chlorfrei gebleichtem und säurefreiem Papier gedruckt.

ISBN 3 8068 7710 6

Umschlaggestaltung: Kraxenberger KommunikationsHaus, München
Redaktion: Dr. Dietrich Voorgang, Heidenrod/Sabine Weeke

Die Ratschläge in diesem Buch sind von Autor und Verlag sorgfältig erwogen und geprüft, dennoch kann eine Garantie nicht übernommen werden. Eine Haftung des Autors bzw. des Verlags und seiner Beauftragten für Personen-, Sach- und Vermögensschäden ist ausgeschlossen.

Satz: Filmsatz Schröter GmbH, München
Druck: Ludwig Auer GmbH, Donauwörth

817 2635 4453 6271

INHALT

VORWORT

Das Erbrecht ist ein weites Feld und ein sehr ernstes Thema. Dazu eine kleine Geschichte:

Zwei ältere Herren unterhalten sich. Sagt der eine: „Meine Mutter ist gestorben." „Oh, das tut mir aber Leid, wie alt ist sie denn geworden?" „98 Jahre, sie wollte eigentlich 100 werden. Sie war körperlich topfit. Sie ging noch jeden Tag mit dem Hund zweimal eine halbe Stunde spazieren." „Ja, und wie war ihr geistiger Zustand?" „Zu ihrem geistigen Zustand darf ich noch nichts sagen. Mein Anwalt hat mir ausdrücklich empfohlen, zunächst die Testamentseröffnung abzuwarten."

Der geistige Zustand des Erblassers ist das Hauptproblem beim Erbrecht und Testament. Viele Menschen verfassen ihr Testament erst im fortgeschrittenen Alter, wenn ihre geistigen Kräfte bereits nachgelassen haben, ohne rechtliche Beratung und ohne Rücksprache mit ihren Angehörigen. Ein solches Testament mag formell gültig sein, sein Sinn ist aber oft nicht zu ergründen.

Der Wille des Erblassers soll erfüllt werden. Man kann den Erblasser aber nicht mehr fragen, was er eigentlich gewollt hat. Er hat zwar womöglich viel geschrieben, nur vielleicht leider gar nichts Konkretes. Deshalb ist „kein" Testament oft besser als ein auslegungsbedürftiges. Ohne Testament tritt die gesetzliche Erbfolge ein und diese ist klar und eindeutig. Deshalb lautet der erste und wichtigste Tipp:

Der Erblasser soll sein Testament, wenn er seinen letzten Willen überhaupt schriftlich niederlegt, kurz und klar schreiben – je weniger Worte, desto weniger Streit.

Dieses Buch soll zu klaren und eindeutigen Erbregelungen beitragen.

Im Januar 2002   *Theo Drewes*

EINLEITUNG

Gesetzliche Grundlagen des Erbrechts

Das Erbrecht ist im 5. Buch des Bürgerlichen Gesetzbuches, und zwar in den Paragraphen 1922 bis 2385 geregelt. Das Bürgerliche Gesetzbuch ist am 1.1.1900 in Kraft getreten. In den Grundzügen gilt es noch heute. Allerdings sind gerade im Erbrecht einige wesentliche Änderungen vorgenommen worden.

Die bedeutsamste Änderung erfolgte 1957 aufgrund des Gleichberechtigungsgesetzes. Mit diesem Gesetz ist der Erbanspruch des überlebenden Ehegatten wesentlich verbessert worden. Nach den alten erbrechtlichen Bestimmungen erbte nämlich der überlebende Ehegatte als gesetzlicher Erbe neben den Kindern nur ein Viertel des Nachlasses des Verstorbenen. Aufgrund des Gleichberechtigungsgesetzes bekommt er nunmehr noch ein weiteres Viertel als pauschalierten Zugewinnausgleich hinzu, sodass der überlebende Ehegatte neben den Kindern bei gesetzlicher Erbfolge die Hälfte des Nachlasses des Verstorbenen erhält. Somit bekommen die Kinder, die früher drei Viertel des Nachlasses erhielten, neben dem überlebenden Elternteil nur noch die Hälfte des Nachlasses. Voraussetzung für diese Regelung ist allerdings, dass die Ehegatten im gesetzlichen Güterstand der Zugewinngemeinschaft gelebt haben. Bei Gütertrennung gilt eine andere Regelung.

Eine weitere wesentliche Änderung betrifft die nichtehelichen Kinder. Sie ist zum 1.4.1998 in Kraft getreten. Nach der ursprünglichen Regelung im Bürgerlichen Gesetzbuch hatten die – wie es damals hieß – „unehelichen" Kinder überhaupt keine erbrechtlichen Ansprüche nach ihrem Vater. Der Vater galt nicht einmal als „gesetzlich verwandt", sondern er war reiner „Zahlvater". Seit 1969 hatten die seitdem „nichtehelich" genannten Kinder nach ihrem Vater einen so genannten Ersatzanspruch und einen Anspruch auf vorzeitigen Erbausgleich.

Ab 1.4.1998 sind die nichtehelichen Kinder den ehelichen völlig gleichgestellt worden. Sie heißen nicht mehr nichteheliche Kinder, sondern werden als Kinder bezeichnet, deren Eltern nicht verheiratet sind. Sie haben das volle Erbrecht wie eheliche Kinder.

Die dritte wesentliche Änderung ist das am 1.8.2001 in Kraft getretene Gesetz über die gleichgeschlechtliche Lebenspartnerschaft. Danach können Männer mit Männern und Frauen mit Frauen eine eingetragene Lebenspartnerschaft eingehen, die praktisch der Ehe gleichgestellt ist. Der überlebende Lebenspartner einer solchen Verbindung hat ein gleiches Erbrecht wie ein überlebender Ehegatte.

Allerdings war dieses Gesetz von Anfang an umstritten. Seine Verfassungsmäßigkeit wird von den Ländern Bayern, Sachsen und Thüringen vor dem Bundesverfassungsgericht infrage gestellt. Das Bundesverfassungsgericht hat zwar das In-Kraft-Treten dieses Gesetzes nicht verhindert, aber bisher über die Verfassungsmäßigkeit noch nicht endgültig entschieden.

Die dazugehörigen Erbschaftsteuergesetze, nach denen der überlebende Lebenspartner steuerlich wie ein überlebender Ehegatte behandelt wird, sind bisher nicht in Kraft getreten, sodass die Männer und Frauen unter sich zwar eingetragene Lebenspartnerschaften gründen, die steuerlichen Vorteile einer solchen Verbindung bisher aber nicht genießen können.

Eine vom Bürgerlichen Gesetzbuch abweichende erbrechtliche Regelung gilt für bäuerliche Höfe. Die Hoferbfolge ist in den meisten Ländern der Bundesrepublik durch besondere Anerbengesetze geregelt. Während das allgemeine Erbrecht des Bürgerlichen Gesetzbuches oft zu einer Teilung des Nachlasses führt, soll der landwirtschaftliche Hof beim Tod des Bauern als Familiengut erhalten bleiben. Deshalb soll der Hof nur auf einen Abkömmling, nämlich den Hoferben, übergehen, während die weichenden Erben abzufinden sind.

Erbfall

Der Tod eines jeden Menschen löst einen Erbfall aus. Den Verstorbenen nennt man den *Erblasser*. Sein Vermögen heißt *Erbschaft* oder *Nachlass*. Dieses Vermögen geht im Augenblick des Todes als Ganzes „kraft Gesetzes" auf den oder die Erben über. Die Erben brauchen davon überhaupt nichts zu wissen. Sie haben allerdings die Möglichkeit, die Erbschaft auszuschlagen, wenn sie beispielsweise überschuldet ist.

Der Übergang des Vermögens des Verstorbenen auf den oder die Erben erfolgt in dem Zustand, in dem es sich im Augenblick des Todes des Erblassers befunden hat. Wenn der Verstorbene mehrere Erben hinterlassen hat, so bilden sie eine *Erbengemeinschaft,* die das Vermögen des Verstorbenen „als Ganzes" erhalten. Der einzelne *Miterbe* hat vor Auseinandersetzung dieser Erbengemeinschaft keinen Anspruch auf einzelne Gegenstände des Nachlasses, sondern nur auf einen bestimmten Anteil an diesem Nachlass.

Manchmal hinterlässt der Erblasser kein aktives Vermögen, sondern nur Schulden. Dann übernimmt der Erbe aufgrund des Erbfalls die Schulden des Erblassers. Er kann sich von dieser Schuldübernahme gänzlich befreien, indem er die Erbschaft ausschlägt. Er kann auch seine Haftung für die Schulden des Erblassers auf das übernommene Vermögen beschränken. Nicht möglich ist es, den verschuldeten Teil der Erbschaft auszuschlagen und den schuldenfreien Teil anzunehmen.

Ein Erbfall wird nur durch den Tod eines Menschen ausgelöst. Juristische Personen, also Gesellschaften mit beschränkter Haftung (GmbH), Aktiengesellschaften (AG) und eingetragene Vereine, können nicht sterben. Diese juristischen Personen erlöschen oder werden liquidiert. Sie können aber ihrerseits eine Erbschaft antreten. Es kommt häufig vor, dass eingetragene gemeinnützige Vereine oder Stiftungen als Erben eingesetzt werden. So kann man z. B. die Deutsche Krebshilfe, die Gesellschaft zur Rettung Schiffbrüchiger oder einen Tierschutzverein als Erben oder Vermächtnisnehmer bestimmen.

Erbe kann nur werden, wer zur Zeit des Erbfalls lebt. Es genügt jedoch, dass der Erbe zum Zeitpunkt des Erbfalles gezeugt ist und später lebend geboren wird. So kann das ungeborene Kind schon Erbe werden. Dadurch wird die Ungerechtigkeit vermieden, dass ein Vater sein Kind schon gezeugt hat, dieses Kind aber nicht erben würde, wenn vor der Geburt der Vater etwa durch einen Verkehrsunfall ums Leben kommt. Schon die alten Römer kannten dieses Erbrecht des ungeborenen Kindes. Das Kind, das noch geboren werden musste, wurde „nasciturus" genannt.

Tiere können, auch wenn sie dem Verstorbenen noch so lieb waren, keine Erbschaft antreten. Ebenso wenig können sie eine Erbschaft hinterlassen. Wer seinem Lieblingshund oder seinem Pferd etwas zukommen lassen will, kann es nur in der Weise tun, dass er einen menschlichen Erben oder Vermächtnisnehmer mit der Auflage beschwert, das Tier weiterhin zu pflegen und zu versorgen.

Umfang der Erbschaft

Mit dem Tod eines jeden Menschen geht sein Vermögen als Ganzes auf eine oder mehrere Personen über. Der Erbe oder die Erbengemeinschaft tritt an die Stelle des Verstorbenen und übernimmt sein Vermögen mit allen Rechten und Pflichten, so wie es zum Zeitpunkt des Todes des Verstorbenen vorhanden gewesen ist. Es bedarf dazu keines Übertragungsaktes. Der Erbe wird vielmehr automatisch mit dem Erbfall Gesamtnachfolger des Erblassers. Die Juristen sprechen vom Prinzip der „Universalsukzession".

Das bedeutet auch, dass der oder die Erben nicht nur das aktive Vermögen des Erblassers übernehmen, sondern auch die Nachlassverbindlichkeiten. Zu den Nachlassverbindlichkeiten gehören die vom Erblasser hinterlassenen Schulden und die durch den Erbfall entstandenen Verpflichtungen (Erbfallschulden). Außerdem muss der Erbe bzw. die Erbengemeinschaft die Pflichtteilsansprüche, Vermächtnisse und Auflagen des Erblassers erfüllen.

Vor dem Erbfall, also vor dem Tod des Erblassers, haben die Erben keinerlei Rechte auf den Nachlass. Sie haben allenfalls Erwartungen und Hoffnungen. Der Sohn des Erblassers kann aber nicht zu Lebzeiten des Vaters über dessen Vermögen verfügen und kann dem Vater auch nicht vorschreiben, wie dieser über sein Vermögen verfügen soll. Der Vater kann bis zu seinem letzten Atemzug, soweit er noch im Vollbesitz seiner geistigen Kräfte ist und sich nicht selbst durch einen Erbvertrag gebunden hat, über sein Vermögen, also über seinen Nachlass, frei verfügen. Die Erben müssen sich mit dem Überrest zufrieden geben.

Der Nachlass besteht aus allen materiellen Gütern des Erblassers, auch den Erinnerungsstücken, die keinen eigentlichen Geldwert haben. Eingeschlossen sind sämtliche bebaubaren und unbebauten Grundstücke, Bank- und Sparguthaben, Wertpapiere, Schmuck, überhaupt alles, was dem Erblasser gehört hat. Nicht zum Nachlass gehören die gesetzlichen Renten und Pensionsansprüche sowie Lebensversicherungsansprüche, soweit ein Bezugsberechtigter genannt ist. Der überlebende Ehegatte kann also, selbst wenn er die Erbschaft ausschlägt, die Ansprüche auf Rente und eine ihm zugeschriebene Lebensversicherung behalten.

Mit dem Erbfall gehen auch alle sonstigen Rechte und Ansprüche auf den Erben über. Wenn der Erblasser beispielsweise zu seinen Lebzeiten ein Auto bestellt hat, das zum Zeitpunkt seines Todes noch nicht geliefert war, so tritt der Erbe in diese Bestellung ein und muss das Fahrzeug zu gegebener Zeit abnehmen oder mit dem Lieferanten verhandeln. Er kann – unter Umständen nur gegen eine Abstandszahlung – vom Lieferanten aus dem Vertragsverhältnis entlassen werden. Wenn das Auto zum Zeitpunkt des Todes zwar geliefert, aber mit Mängeln behaftet war, kann der Erbe die Mängelansprüche oder die Garantieleistungen in Anspruch nehmen, soweit die Fristen zur Geltendmachung dieser Ansprüche noch nicht abgelaufen sind. Durch den Todesfall tritt keine Verlängerung, aber auch keine Verkürzung dieser Frist ein.

Alle vermögensbezogenen Rechte, insbesondere diejenigen auf Besitz und Eigentum, gehen auf den Erben über, während die persönlichen und familienbezogenen Rechte und Pflichten des Erblassers mit seinem Tod erlöschen. Man spricht von höchstpersönlichen Rechten. So erlischt die Mitgliedschaft in einem Verein oder einem Kegelklub. Grenzfälle sind die Mitgliedschaft in einem wirtschaftlich ausgerichteten Verein oder in einer Genossenschaft. In diesen Fällen bestimmt die Satzung, ob ein Übergang auf die Erben erfolgt oder nicht.

Die körperlichen Überreste eines Menschen, also sein Leichnam, sein Skelett oder seine Asche, sind unvererbbar. Nach Tradition und Sitte sind sie Bestandteil der Totenverehrung und dem Rechtsverkehr entzogen. Die Totenfürsorge obliegt in erster Linie den nächsten Angehörigen. Wenn die nächsten Angehörigen nicht Miterben sind, dann müssen die Erben ihnen die Beerdigungskosten erstatten. Ansonsten werden die Beerdigungskosten bei der testamentarischen Erbauseinandersetzung unter den Miterben verrechnet.

Gesetzliche und testamentarische Erben

Erbe wird man, weil man entweder mit dem Erblasser verheiratet war oder verwandt ist oder weil man vom Erblasser durch ein Testament oder Erbvertrag zum Erben bestimmt worden ist.

Wird beim Tod eines Menschen ein Testament oder eine andere letztwillige Verfügung aufgefunden, dann hat sich die Erbfolge nach dieser testamentarischen Bestimmung zu richten. Der im Testament niedergelegte Wille des Erblassers hat Vorrang vor der gesetzlichen Erbfolgebestimmung. Die durch Testament bestimmten Erben werden die *testamentarischen Erben* genannt.

Ist kein wirksames Testament und keine andere letztwillige Verfügung vorhanden, dann kommen die so genannten *gesetzlichen Erben* zum Zuge. Gesetzliche Erben sind die blutsverwandten Angehörigen des Erblassers und der überlebende Ehegatte, niemals aber die angeheirateten Verwandten. Ist man Erbe geworden, dann spielt es keine Rolle mehr, ob man gesetzlicher oder testamentarischer Erbe ist; die Rechte und Pflichten sind in beiden Fällen gleich.

Der überlebende Ehegatte, die Kinder und Eltern des Erblassers haben die Möglichkeit, den *Pflichtteil* zu fordern, falls sie in einem Testament übergangen worden sind. Auf diese Weise können sie wenigstens den halben Wert des ihnen sonst zustehenden gesetzlichen Erbes erlangen.

Gelegentlich kommt es vor, dass in einem Testament nur über einen Teil der Erbschaft verfügt worden ist und dass für den übrigen Nachlass die gesetzliche Erbfolge eintritt. Wenn der Erblasser in seinem Testament etwa verfügt hat, dass der Neffe ein bestimmtes Haus bekommen soll, ansonsten aber keine Regelungen getroffen hat, dann tritt für die übrige Erbschaft die gesetzliche Erbfolge ein. Besteht die Erbschaft in diesem Falle jedoch praktisch nur aus diesem einen bestimmten Haus, dann wird man das Testament so auslegen müssen, dass der Neffe Alleinerbe werden sollte.

Zusammenfassend: Der Wille des Erblassers ist ausschlaggebend. Hat er ein Testament hinterlassen, dann werden die Personen Erben, die er in seinem Testament zu Erben bestimmt hat. Falls er kein Testament und keine andere letztwillige Verfügung hinterlassen hat, werden die durch das Gesetz bestimmten nahen Angehörigen seine Erben.

GESETZLICHE ERBFOLGE

Blutsverwandte und Ehegatte

Wenn nach dem Tode eines Menschen kein Testament oder Erbvertrag aufgefunden wird, der Verstorbene also keine letztwillige Verfügung hinterlassen hat, dann tritt die gesetzliche Erbfolge ein. Diese gesetzliche Erbfolge ist in den Paragraphen 1922 bis 1936 des Bürgerlichen Gesetzbuches geregelt und in den Grundzügen seit dem In-Kraft-Treten des BGB am 1.1.1900 unverändert geblieben. Durch das Gleichberechtigungsgesetz ist 1957 die Zugewinngemeinschaft eingeführt worden. Danach bekommt der überlebende Ehegatte im Erbfall statt des bisherigen erbrechtlichen Viertels ein güterrechtliches Viertel hinzu, sodass er neben den Kindern die Hälfte erbt.

Nichteheliche Kinder haben jetzt ein volles Erbrecht wie eheliche Kinder. Seit 1.8.2001 gibt es eine weitere Änderung, nämlich die eingetragene Lebenspartnerschaft zwischen gleichgeschlechtlichen Partnern, also zwei Männern oder zwei Frauen. Bei der gleichgeschlechtlichen Lebenspartnerschaft hat im Falle des Todes eines Partners der überlebende Partner die gleiche erbrechtliche Stellung wie ein überlebender Ehegatte. Ansonsten ist die gesetzliche Erbfolgeregelung des Bürgerlichen Gesetzbuches seit über 100 Jahren unverändert geblieben.

Nach der gesetzlichen Regelung erben nur der überlebende Ehegatte und die blutsverwandten Angehörigen des Erblassers, wobei adoptierte Kinder den blutsverwandten Kindern gleichstehen. Abkömmlinge treten, wenn ihre Vorfahren gestorben sind, an deren Stelle und erhalten deren Anteil. Das ist das Eintrittsrecht. So tritt der Enkel des Erblassers an die Stelle seines Vaters, wenn sein Vater zum Zeitpunkt des Erbfalles schon verstorben (man sagt: vorverstorben) ist.

Die gesamte übrige „angeheiratete" Verwandtschaft oder Schwägerschaft hat keine gesetzlichen Erbansprüche. Der Erbanspruch des überlebenden Ehegatten erstreckt sich nur auf ihn selbst, nicht auf seine Kinder und Kindeskinder.

Erbordnungen

Die gesetzliche Erbfolge richtet sich nach *Erbordnungen.* Erst erben die nächsten blutsverwandten Angehörigen (und der überlebende Ehegatte) und danach erst die entfernteren Angehörigen. Zu den *Erben der 1. Ordnung* gehören die Abkömmlinge des Erblassers, also seine Kinder und Kindeskinder. Schematisch lässt sich die Einteilung in Stämme innerhalb der 1. Ordnung folgendermaßen darstellen.

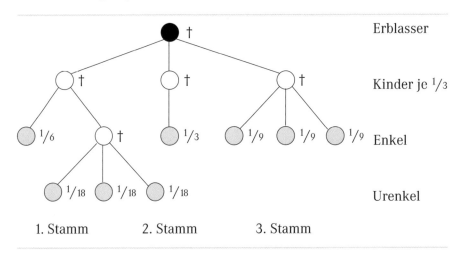

Zu den *Erben der 2. Ordnung* gehören die Eltern des Erblassers und deren Abkömmlinge, also die Geschwister des Erblassers. Zu den *Erben der 3. Ordnung* gehören die Großeltern und deren Abkömmlinge usw. Die Verwandten einer näheren Ordnung schließen die Verwandten einer entfernten Ordnung von der Erbschaft vollständig aus. Wenn der Erblasser – außer seinem überlebenden Ehegatten – nur Kinder und Kindeskinder hinterlässt, dann bekommen diese Verwandten der 1. Ordnung die gesamte Erbschaft. Die Erben der 2. Ordnung, also die Eltern des Erblassers und deren Abkömmlinge, bekommen nichts. Sind Erben der 1. Ordnung nicht vorhanden, dann bekommen die Erben der 2. Ordnung die gesamte Erbschaft. Danach folgen die Erben der 3. Ordnung usw. Außerdem gilt Folgendes: Der Sohn des Erblassers schließt seinerseits seinen Sohn, also den Enkel des Erblassers, aus. Der Enkel geht vorerst leer aus. Er erbt erst nach dem Tod seines Vaters.

Ein Abkömmling tritt als Erbe nur dann an die Stelle seines Vaters (oder seiner Mutter), wenn diese(r) vorverstorben ist. Das ist das so genannte *Eintrittsrecht.* Hatte der Vorverstorbene zwei Kinder, so treten sie beide ein und müssen sich das Erbe hälftig teilen. Drei Kinder müssen dritteln usw. Geschwister werden immer gleich behandelt, wobei zwischen Söhnen und Töchtern kein Unterschied gemacht wird. Hatte der vorverstorbene Erbe allerdings keine Kinder, so wächst sein Erbteil den übrigen Erben anteilig zu. Aus dem Grundsatz der gleichen Erbberechtigung der Kinder leitet sich auch die Verpflichtung zur Ausgleichung von Vorausempfängen her (§ 2050 BGB). Zum besseren Verständnis werden nachfolgend einige Beispiele schematisch dargestellt.

Zeichenerklärung für die nachstehenden Beispiele
● Erblasser   † verstorben
♂ männliche Person $1/2$ Erbteil
♀ weibliche Person   ($†1/2$) Erbteil, den ein Verstorbener im Erlebensfall geerbt hätte

Erben der 1. Ordnung

Beispiel

Der verwitwete Vater ist gestorben und hinterlässt einen Sohn. Seine Tochter war bereits vor ihm verstorben, an ihre Stelle treten ihre beiden Söhne, die Enkel des Erblassers. Der Vater der Söhne ist als Ehegatte der Tochter nicht erbberechtigt.

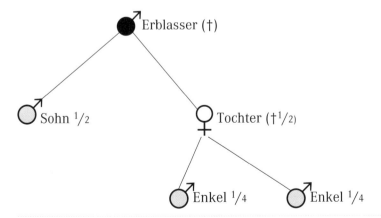

Beispiel

Der verwitwete Vater ist gestorben; er hatte drei Kinder.

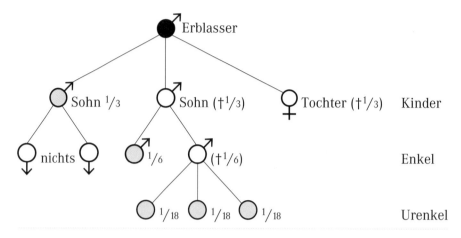

Im vorliegenden Fall verteilt sich also der Nachlass wie folgt:

Sohn	$1/3$	=	$6/18$
Enkel	$1/6$	=	$3/18$
Urenkel	$1/18$	=	$1/18$
Urenkel	$1/18$	=	$1/18$
Urenkel	$1/18$	=	$1/18$
Tochter	$1/3$	=	$6/18$

$$18/18 = \text{der ganze Nachlass}$$

Sind aber alle Kinder, Enkel, Urenkel usw. eines Erblassers bereits verstorben oder sind Angehörige der 1. Ordnung niemals vorhanden gewesen, dann kommen die Angehörigen der 2. Ordnung zum Zuge.

Erben der 2. Ordnung

Die Erben der 2. Ordnung sind die Eltern des Erblassers und deren Abkömmlinge, also die Geschwister des Erblassers und deren Kinder und
Kindeskinder. Leben beide Eltern zur Zeit des Erbfalls, so erben sie allein
und zu gleichen Teilen. Sie sind gegenüber den Geschwistern des Erblassers und deren Abkömmlingen bevorzugt.

Wenn die Eltern erben, dann fällt das Erbe in den Schoß der Familie zurück. Das nannte man früher Schoßfallrecht.

Es ist ohne Bedeutung, ob die Eltern geschieden sind und ob einem Elternteil das alleinige Sorgerecht übertragen worden ist. Wenn beide Eltern leben, dann beerben sie auch das Kind zu gleichen Teilen.

Ist ein Elternteil zur Zeit des Erbfalls verstorben oder schlägt er sein Erbteil aus, so treten seine Abkömmlinge an seine Stelle, und zwar nach den Grundsätzen der 1. Ordnung.

Beispiel

Der selbst kinderlose Sohn (Erblasser) stirbt. Zum Zeitpunkt seines Todes lebt nur noch sein Vater; seine Mutter war zum Zeitpunkt des Erbfalls bereits gestorben. Somit fällt die Stammportion der Mutter an die Geschwister des Erblassers, und zwar erhalten mehrere Geschwister diese Stammportion jeweils zu gleichen Teilen. An die Stelle vorverstorbener Geschwister treten wiederum deren Abkömmlinge.

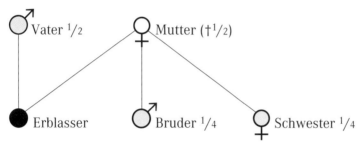

Beispiel

Beide Eltern des Erblassers leben zur Zeit des Erbfalls. Der Vater und die Mutter des Erblassers erben jeder die Hälfte; die Schwester des Erblassers geht leer aus.

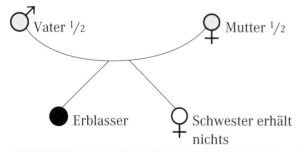

*Der kinderlos gebliebene Sohn stirbt. Sein Vater lebt noch, die Mutter ist vorver-
storben. Ein Bruder lebt, ein zweiter Bruder ist vorverstorben, hinterlässt aber zwei
Kinder. Der Vater erbt die Hälfte. Da die Mutter vorverstorben ist, treten an ihre
Stelle die anderen Söhne mit je $^1/_4$. Da aber auch der zweite Sohn bereits vorverstorben ist, kommen dessen beide Söhne mit je $^1/_8$ zum Zuge.*

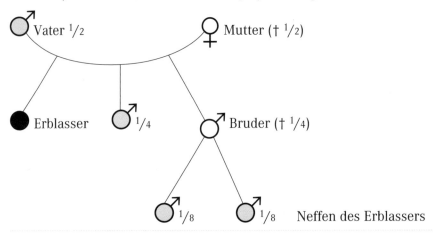

Neben den vollbürtigen Geschwistern des Erblassers und deren Abkömmlingen erben aber auch die Halbgeschwister des Erblassers, diejenigen Geschwister also, die nur durch einen Elternteil mit ihm verwandt
sind, außerdem deren Abkömmlinge. Die im Sprachgebrauch der Juristen
halbbürtig genannten Brüder und Schwestern des Erblassers sind aber
hinter den vollbürtigen insofern benachteiligt, als sie nur die Aussicht haben, entweder in den Erbteil des Vaters *oder* in den Erbteil der Mutter ein-
zurücken. Die vollbürtigen Geschwister haben dagegen Aussicht auf das
Einrücken in den Erbteil des Vaters *und* in den Erbteil der Mutter.

Sind beide Eltern weggefallen und nur vollbürtige Geschwister vorhanden, so erben diese allein. Sind voll- und halbbürtige Geschwister vorhanden, so erhalten die vollbürtigen Geschwister die eine Hälfte der Erbschaft, die andere Hälfte der Erbschaft teilen sich die vollbürtigen und
halbbürtigen Geschwister zu gleichen Teilen. Sind jedoch nur halbbürtige
Geschwister vorhanden, so erben diese allein. Auf diese Weise kann Vermögen von einem Familienstamm in einen anderen Stamm übergehen.

Die Mutter des Erblassers war zweimal verheiratet, sie hatte aus jeder der beiden Ehen je zwei Kinder. Der Vater des Erblassers erbt die Hälfte. Die Mutter hätte die andere Hälfte bekommen müssen, da sie aber auch bereits verstorben ist, vererbt sich ihr Anteil an ihre drei Kinder zu gleichen Teilen. Dem Kind aus 1. Ehe, dem vollbürtigen Bruder des Erblassers, kommt also $^1/_6$ zu und den beiden Kindern aus 2. Ehe, den beiden Halbbrüdern des Erblassers, ebenfalls je $^1/_6$.

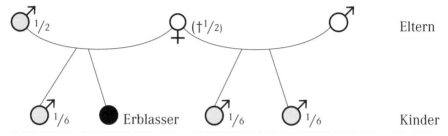

Die Mutter des Erblassers war zweimal verheiratet und hatte aus jeder Ehe jeweils zwei Kinder; beide Eltern des Erblassers sind bereits verstorben. Es erbt also der vollbürtige Bruder des Erblassers die Hälfte nach dem Vater. Der Hälfteanteil der Mutter muss dagegen gedrittelt werden, sodass jeder Sohn $^1/_6$ bekommt. Der Sohn aus 1. Ehe der Mutter bekommt also nach dem Vater $^1/_2$ und nach der Mutter $^1/_6$. Die Söhne aus der 2. Ehe der Mutter erhalten jeder nur $^1/_6$.

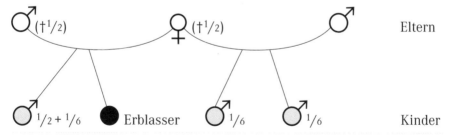

Beispiel

Beide Eltern des Erblassers sowie sein Bruder sind bereits verstorben, es erbt der Halbbruder allein. Der eigentlich auf den Vater bzw. Bruder entfallende Teil bleibt diesem Familienstamm nicht erhalten, falls nicht noch Großeltern des Erblassers leben.

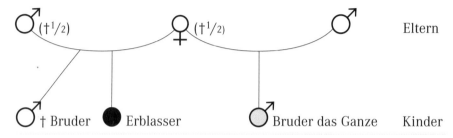

Erben der 3.Ordnung

Erben der 3. Ordnung sind die Großeltern des Erblassers und deren Abkömmlinge. Sie kommen zum Zuge, wenn weder testamentarische Erben benannt noch Erben der vorausgegangenen Ordnungen am Leben sind. Leben sämtliche Großeltern zur Zeit des Erbfalls, so erben sie allein, und zwar zu gleichen Teilen. Jeder Großelternteil erhält also ein Viertel der Erbschaft und schließt seinerseits seine Abkömmlinge aus: Onkel, Tanten, Vettern und Cousinen des Erblassers erhalten also, wenn die Großeltern noch sämtlich leben, keinen Erbteil. Dass zum Zeitpunkt des Erbfalls alle Großeltern leben, ist relativ selten. Sind die Großeltern verstorben oder schlagen sie das Erbe aus, so treten ihre Abkömmling ein, und zwar die halbbürtigen und die vollbürtigen nach den Grundsätzen der 1. Ordnung. Sie erhalten jeweils ihre Stammportionen. Ist von der väterlichen oder mütterlichen Linie der Großvater oder die Großmutter weggefallen, dann bleibt der Anteil des Weggefallenen in dieser Linie und fällt dem anderen Großelternteil oder seinen Abkömmlingen zu. Man nennt dies die Erbfolge nach Linien. Sind die väterlichen Großeltern beide weggefallen und Abkömmlinge nicht vorhanden, aber andererseits die mütterlichen Großeltern und ihre Abkömmlinge vorhanden, dann geht der Anteil der verstorbenen Linie auf die andere Linie über. Diese andere Linie erbt alles.

Die Eltern des Erblassers sind vorverstorben. Ein Großvater und zwei Großmütter leben noch, sie erhalten jeder $^1/_4$. Anstelle des bereits verstorbenen Großvaters väterlicherseits müsste dessen Sohn erben. Da dieser auch vorverstorben ist, treten seine beiden Töchter mit je $^1/_8$ an seine Stelle.

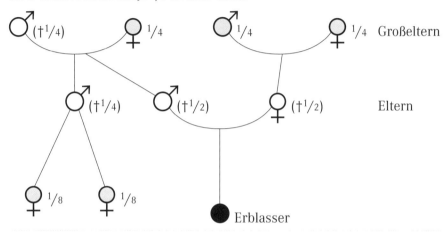

Nur ein Großelternpaar lebt noch. Da beide Eltern und beide Großeltern väterlicherseits weggefallen sind, erben die Großeltern mütterlicherseits je $^1/_2$.

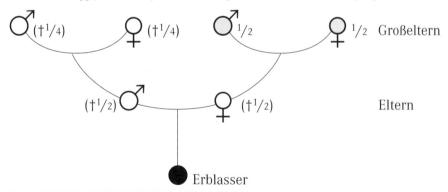

Erben der 4. Ordnung

Erben der 4. Ordnung sind die Urgroßeltern des Erblassers und deren Abkömmlinge. Von der 4. Ordnung an ist das System wesentlich einfacher. Leben zur Zeit des Erbfalls noch Urgroßeltern und sind keine Erben der vorangegangenen Ordnung mehr vorhanden, so erben sie allein zu gleichen Teilen, ohne Unterschied, ob sie derselben oder verschiedenen Linien angehören. Das System der Stammportionen gilt nicht mehr. Die Urgroßeltern erhalten ihren Anteil entsprechend ihrer Kopfzahl. Es gibt insgesamt acht Urgroßeltern. Leben zum Zeitpunkt des Erbfalls beispielsweise noch zwei Urgroßeltern, so erhält jeder von ihnen die Hälfte, ohne Rücksicht darauf, ob diese derselben oder verschiedenen Linien angehören. Jeder Urgroßelternteil schließt sämtliche in allen Linien vorhandenen Abkömmlinge aus. Es wird eine ganz seltene Ausnahme sein, dass zum Zeitpunkt des Erbfalls nur noch ein lebender Urgroßelternteil erbberechtigt ist.

Beispiel

Der Erblasser hatte keine Kinder. Seine Eltern, Großeltern und sieben Urgroßeltern sind vorverstorben. Erben der ersten drei Ordnungen sind ebenfalls nicht vorhanden. Folglich ist der eine noch lebende Urgroßvater der Alleinerbe.

Alleinerbe

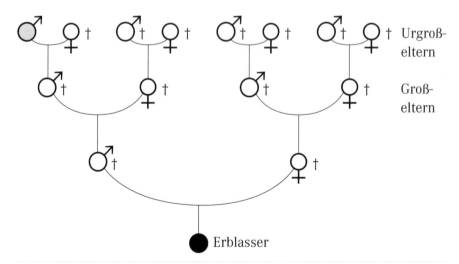

    Lebt kein Urgroßelternteil mehr, dann erbt von den Abkömmlingen der
Urgroßeltern derjenige allein, der mit dem Erblasser dem Grade nach am
nächsten verwandt ist. Sind allerdings mehrere gleich nahe Verwandte
des Erblassers vorhanden, so erben sie zu gleichen Teilen. Zwischen halbbürtigen und vollbürtigen Verwandten wird nicht mehr unterschieden.

Beispiel

*Zur Zeit des Erbfalls leben keine Erben der ersten drei Ordnungen mehr, auch ein
Urgroßelternteil ist nicht mehr am Leben. Folglich erbt derjenige Verwandte, der
mit dem Erblasser am nächsten verwandt ist. Sind es mehrere gleich nahe, so erben sie zu gleichen Teilen. Hier sind es der Bruder des Großvaters und die Schwester der Großmutter väterlicherseits zu je $^1/_2$, da sie gleich nah verwandt sind. Wäre
der Bruder des Großvaters vorverstorben, hätte aber einen Sohn hinterlassen, dann
wäre die Schwester der Großmutter näher verwandt und ihr fiele die Erbschaft
allein zu.*

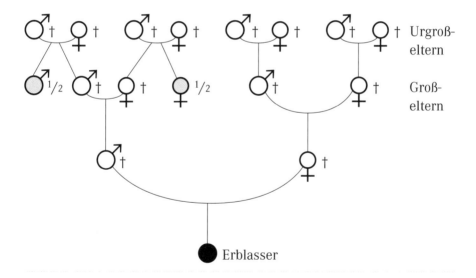

Erben der 5. und ferneren Ordnungen

Erben der 5. Ordnung (Ururgroßeltern) und der ferneren Ordnungen sind die entfernteren Voreltern des Erblassers und ihre Abkömmlinge. Für die 5. und die folgenden Ordnungen gelten die gleichen Regeln wie für die 4. Ordnung, also für die Urgroßeltern.

Sollte also ausnahmsweise als Erbberechtigter nur noch ein Ururgroßelternteil leben, so erbt dieser allein; sollten gar noch mehrere leben, so erben sie zu gleichen Teilen. Sind die Ururgroßeltern verstorben, dann erbt derjenige Abkömmling, der mit dem Erblasser dem Grade nach am nächsten verwandt ist; mehrere gleich nahe Verwandte erben zu gleichen Teilen.

Die Zahl der Ordnungen ist nach dem BGB nicht beschränkt. Deswegen macht es oft große Mühe, die gesetzlichen Erben zu ermitteln, wenn jemand scheinbar ohne Angehörige verstorben ist. In der Praxis sind diese Fälle erbrechtlich dann ohne Interesse, wenn der Erblasser ohne nennenswertes Vermögen verstorben ist. Wenn aber ein allein stehender Mensch verstorben ist, der ein Millionenvermögen, aber kein Testament hinterlassen hat, dann ist die Suche nach dem Erben schon von großer Bedeutung.

Das Erbrecht der früheren DDR – im dortigen Zivilgesetzbuch geregelt – entsprach in den Grundzügen dem in der Bundesrepublik geltenden Recht. So kannte man in der DDR ebenfalls eine gesetzliche und testamentarische Erbfolge, jedoch endete die gesetzliche Erbfolge mit der 3. Ordnung.

Das bedeutete, dass nur noch die Großeltern und deren Abkömmlinge ein gesetzliches Erbrecht hatten; entferntere Verwandte konnten aber durch Testament eingesetzt werden. Hatte der Erblasser aber kein Testament hinterlassen, dann brauchte man Erben nach der 3. Ordnung nicht mehr zu suchen. Eine durchaus vernünftige Regelung, die man auch hier einführen sollte.

Gesetzliches Erbrecht des Ehegatten

Nach dem Erbrecht bleibt das Vermögen beim Tod des Erblassers in seinem blutsverwandten Familienstamm. Es ist daher ein besonders schwieriges Problem, den überlebenden Ehegatten, der ja einem anderen Familienstamm angehört, in dieses System einzupassen und ihm einen angemessenen Erbteil zuzubilligen.

Nach der ursprünglichen Fassung des Bürgerlichen Gesetzbuches stand dem überlebenden Ehegatten ein Viertel des Nachlasses des verstorbenen Ehegatten als gesetzlicher Erbteil zu. Diese Regelung wurde aber von vielen Ehegatten als unzureichend empfunden. Es war deshalb üblich, dass sich die Ehegatten – bei intakter Ehe – gegenseitig testamentarisch zu Alleinerben einsetzten, sodass die Kinder erst nach dem Tod des überlebenden Ehegatten erben konnten. Das war die Regelung des Berliner Testaments. Hatten Ehegatten kein Testament errichtet, dann blieb es bei der gesetzlichen Erbregelung, wonach der überlebende Ehegatte nur ein Viertel des Nachlasses bekam.

Erst mit dem Gleichberechtigungsgesetz von 1957 kam es zu einer Änderung zugunsten des überlebenden Ehegatten, allerdings nur unter der Voraussetzung, dass die Eheleute im gesetzlichen Güterstand der Zugewinngemeinschaft gelebt hatten. Die Zugewinngemeinschaft bedeutet, dass zwar während der Ehe jeder Ehegatte für sich selbst erwirbt, dass aber im Falle der Scheidung das während der Ehezeit erworbene „Mehr", der so genannte Zugewinn, zwischen den Ehegatten hälftig geteilt werden muss.

Der gesetzliche Güterstand der Zugewinngemeinschaft tritt kraft Gesetzes in dem Augenblick ein, wo die Ehe geschlossen wird. Die Ehegatten brauchen bei der Eheschließung deswegen keine zusätzliche Erklärung abzugeben. Wenn die Ehegatten die Zugewinngemeinschaft jedoch nicht wünschen, dann müssen sie in einem gesonderten notariellen Vertrag die Gütertrennung vereinbaren. Diese Vereinbarung kann vor der Ehe oder auch im Laufe der Ehe getroffen werden. Es gibt daneben noch einen gesetzlichen Güterstand, die so genannte Gütergemeinschaft, die ebenfalls in einem notariellen Vertrag vereinbart werden muss. Die Gütergemeinschaft ist zwar umfangreich im Bürgerlichen Gesetzbuch geregelt, wird aber heute praktisch nicht mehr vereinbart, so dass hierzu und zum diesbezüglichen Erbrecht keine Ausführungen gemacht werden.

Wenn eine Ehe, für die die Zugewinngemeinschaft gilt, durch den Tod geschieden wird, dann wird dem überlebenden Ehegatten zum Ausgleich des Zugewinns pauschal ein weiteres Viertel des Nachlasses, das so genannte *„güterrechtliche" Viertel*, zugebilligt. Auf diese Weise erhält der überlebende Ehegatte die Hälfte des Nachlasses. Die andere Hälfte fällt an die Kinder.

Wichtig: Beim Tod eines Ehegatten geht es immer nur um den Nachlass des verstorbenen Ehegatten, nicht um die Vermögenswerte beider Ehegatten. Wenn z. B. der Vater zuerst stirbt, dann ist der Nachlass nicht das, was beiden Ehegatten gemeinsam gehört. Wenn dem Vater also die Hälfte des ehelichen Vermögens gehört, so geht es bei seinem Tod auch nur um diese Hälfte. Die andere Hälfte, die der Mutter gehört, verbleibt ihr uneingeschränkt.

Das ist besonders wichtig beim Einfamilienhaus, was meist den Ehegatten hälftig gehört. Wenn also der Vater zuerst stirbt, dann geht es nur um seine Hälfte des Einfamilienhauses, sodass der Mutter, der bereits die Hälfte des Einfamilienhauses gehört, im Falle des Todes ihres Mannes die Hälfte von dessen Hälfte gesetzlich zufällt. Sie wird also zu $3/4$ Eigentümerin des Einfamilienhauses, während nur $1/4$ an die Kinder fällt, falls keine abweichende testamentarische Regelung getroffen ist.

Wer die jetzige gesetzliche Regelung – eine Hälfte an den überlebenden Ehegatten, eine Hälfte an die Kinder – nicht für richtig hält, der muss durch Testament oder Erbvertrag eine andere Regelung letztwillig verfügen.

Bei Gütertrennung gibt es keinen Zugewinn. Jeder Ehegatte erwirbt nur für sich, ohne – im Falle der Scheidung – mit dem anderen Ehegatten sein erworbenes oder bereits in die Ehe eingebrachtes Vermögen teilen zu müssen. Für den Erbfall gilt dann folgende Regelung: Sind als gesetzliche Erben neben dem überlebenden Ehegatten ein oder mehrere Kinder des Erblassers berufen, so erben der überlebende Ehegatte und jedes Kind zu gleichen Teilen.

An die Stelle vorverstorbener Kinder treten deren Kinder und Kindeskinder. Nach dieser Regelung erhält also der überlebende Ehegatte neben einem Kind die Hälfte, neben zwei Kindern ein Drittel, neben drei Kindern ein Viertel. Dieses Viertel verbleibt ihm auf jeden Fall, auch wenn vier oder mehr Kinder vorhanden sind.

Neben der üblichen Zugewinngemeinschaft und der notariell zu vereinbarenden Gütertrennung gibt es noch einen dritten gesetzlichen Güterstand, der ebenfalls notariell vereinbart werden muss, die so genannte Gütergemeinschaft. Die Gütergemeinschaft ist in über 100 Paragraphen (§ 1415 bis 1518 BGB) geregelt. Sie wird heute praktisch überhaupt nicht mehr vereinbart und wird deshalb im Rahmen dieses Buches nicht weiter erörtert.

Für alle drei Güterstände gilt bei gesetzlicher Erbfolge:

➤ Der überlebende Ehegatte erhält neben seinem gesetzlichen Erbteil den so genannten *Voraus*. Dies ist ein gesetzliches Vermächtnis. Zum Voraus zählen die zum ehelichen Hausrat gehörenden Gegenstände, soweit sie nicht Zubehör eines Grundstückes sind, und die Hochzeitsgeschenke. Diesen Voraus bekommt der überlebende Ehegatte neben den Verwandten der 1. Ordnung, also neben den Kindern und Enkeln, nur insoweit, als er diese zur Führung eines angemessenen Haushalts benötigt.

➤ Das Erbrecht des überlebenden Ehegatten sowie das Recht auf den Voraus sind ausgeschlossen, wenn zur Zeit des Todes des Erblassers die Voraussetzungen für die Scheidung gegeben waren und der Erblasser die Scheidung beantragt oder ihr zugestimmt hatte. Das gilt sinngemäß auch für den Fall der Aufhebung der Ehe.

Ehegattenerbrecht neben Verwandten der 2. Ordnung

Haben die Ehegatten keine Kinder oder Enkel, dann erbt der überlebende Ehegatte zunächst die Hälfte. Darüber hinaus erhält er – falls die Ehegatten in Zugewinngemeinschaft gelebt haben – ein weiteres Viertel zum pauschalen Ausgleich des Zugewinns, sodass er insgesamt $3/4$ erhält. Das restliche Viertel geht an die Eltern bzw. Geschwister des Erblassers nach den Regeln der 2. Erbordnung. Zusätzlich erhält der überlebende Ehegatte die Hochzeitsgeschenke und den Voraus in vollem Umfang. Der überlebende Ehegatte ist in diesem Falle also nicht – wie gegenüber Kindern – auf die Hausratsgegenstände beschränkt, die er zur Führung eines angemessenen Haushaltes benötigt.

Ehegattenerbrecht neben Verwandten der 3. Ordnung

Der überlebende Ehegatte erhält, wenn keine Verwandten der 1. und 2. Ordnung vorhanden sind, sondern nur noch Großeltern, die Hälfte des Nachlasses und – bei Zugewinngemeinschaft – ein güterrechtliches Viertel, insgesamt also $3/4$ des Nachlasses. Ein Viertel des Nachlasses fällt an die Großeltern. Wenn nur noch ein Großelternteil vorhanden ist, dann bekommt er das volle Viertel. Die Kinder der Großeltern und deren Nachkommen erben nichts mehr. Außerdem bekommt der überlebende Ehegatte den Voraus im vollen Umfang, ferner die Hochzeitsgeschenke. Leben also weder Erben der 1. oder 2. Ordnung noch Großeltern, dann erhält der überlebende Ehegatte den gesamten Nachlass als Alleinerbe. Selbstverständlich erbt der überlebende Ehegatte auch neben den Verwandten der 4. und allen folgenden Ordnungen den ganzen Nachlass allein.

Verwandtenerbteil

Ist der überlebende Ehegatte zugleich ein erbberechtigter Verwandter, dann gilt sein Erbteil als Verwandter als besonderer Erbteil. Hatte z. B. der Erblasser seine Nichte geheiratet und die Ehegatten hatten keine Kinder, dann erhält die Witwe zunächst $1/2$ des Nachlasses. Außerdem erhält sie nach den erbrechtlichen Vorschriften der 2. Ordnung zusätzlich ihren Erbteil als Nichte. Wenn die überlebende Ehefrau als Erbin zwei solche Erbteile erhält, kann sie jeden Erbteil gesondert annehmen oder ausschlagen. Das kann wichtig sein, wenn auf einem dieser beiden Erbteile Vermächtnisse oder Auflagen ruhen, die die Erbin nicht erfüllen will.

Überlebender Ehegatte und Zugewinn

Die gesetzliche Regelung für das Erbrecht des überlebenden Ehegatten sieht noch eine andere Möglichkeit vor. Er kann die Erbschaft ausschlagen, den Pflichtteil und gleichzeitig Zugewinnausgleich fordern. Der Pflichtteil ist die Hälfte des gesetzlichen Erbanteils. Da der eigentliche gesetzliche Erbanteil $1/4$ beträgt, ist der Pflichtteil die Hälfte davon, also $1/8$.

Das Viertel für den pauschalierten Zugewinnausgleich fällt weg, denn der überlebende Ehegatte kann stattdessen, wie bei einer Scheidung, den

Zugewinnausgleich verlangen. In einem solchen Fall wird der überlebende Ehegatte nicht Erbe, sondern kann den Pflichtteil ($^1/_8$) und den Zugewinnausgleich von den Erben fordern. Diese müssen den zu errechnenden Zugewinn vorab aus dem Nachlass bezahlen. Vom verbleibenden Rest erhält der überlebende Ehegatte zusätzlich den Pflichtteil. Bei dieser Lösung wird der überlebende Ehegatte zwar nicht Erbe und hat keinen Einfluss auf die Verwaltung und Verteilung des Nachlasses, andererseits wird er mit den Kosten und Mühen der Nachlassabwicklung nicht belastet. Er haftet überdies nicht für die Nachlassverbindlichkeiten. Dieser Weg lohnt sich aber nur, wenn der Zugewinn verhältnismäßig hoch ist.

Die Vermögenswerte, die der Verstorbene zu Lebzeiten durch Schenkung erworben oder selbst geerbt hat, gehören nicht zum Zugewinn. Außerdem sind Wertsteigerungen des Anfangsvermögens, die auf allgemeiner Geldentwertung beruhen, kein Zugewinn. Andererseits ist der Zugewinnausgleich nicht erbschaftsteuerpflichtig. Wegen der vielen Beweisschwierigkeiten, den Zugewinn eines Ehegatten richtig zu errechnen, wird diese güterrechtliche Lösung in der Praxis allerdings nur selten angewandt.

Beispiel

Beide Ehegatten hatten beim Eingehen der Ehe kein Vermögen. Nach 20-jähriger Ehe stirbt der Ehemann, der in der Ehezeit ein Vermögen von 1 Million Euro erworben hatte.

Die überlebende Ehefrau hat beim Tod ihres Mannes kein Vermögen. Ein Testament des Verstorbenen gibt es nicht, sodass die gesetzliche Erbfolge eintritt. Die überlebende Ehefrau würde neben den Kindern bei Zugewinngemeinschaft die Hälfte erben, also 500 000 Euro, die anderen 500 000 Euro gingen an die Kinder. Wenn die Ehefrau stattdessen die Erbschaft ausschlägt und Pflichtteil und Zugewinn fordert, bekommt sie zunächst den Zugewinn in Höhe von 500 000 Euro von der Erbengemeinschaft ausgezahlt. Der verbleibende Nachlass des Verstorbenen beträgt 500 000 Euro. Davon bekommt die Ehefrau gesetzlich $^1/_4$ bzw. als Pflichtteilsberechtigte nur $^1/_8$ in bar, das sind weitere 62 500 Euro. Sie bekommt insgesamt 562 500 Euro und steht sich bei dieser Lösung besser.

Außerdem ist der Zugewinnausgleich steuerfrei. Da die überlebende Ehefrau nur einen erbschaftsteuerlichen Freibetrag von 307 000 Euro hat, ist bei dieser Größenordnung die Steuerfreiheit des Zugewinns von Bedeutung.

Dieses Vorgehen setzt voraus, dass sich der Zugewinn des verstorbenen Ehegatten ermitteln lässt. Das ist nach seinem Tod jedoch sehr schwierig. Außerdem müssen extreme Vermögensunterschiede bei den Ehegatten gegeben sein, sonst lohnte sich der ganze Aufwand nicht.

Ausschluss des Ehegattenerbrechts bei Scheidung

Das Erbrecht des überlebenden Ehegatten und das Recht auf den Voraus sind ausgeschlossen, wenn zur Zeit des Todes des Erblassers die Voraussetzungen für eine Scheidung der Ehe gegeben sind und der Erblasser die Scheidung beantragt oder ihr zugestimmt hat. Wenn eine Ehe also zerrüttet ist – was man im Allgemeinen nach einjähriger Trennung annimmt – und der Scheidungsantrag bei Gericht eingereicht ist, dann fällt das Erbrecht des überlebenden Ehegatten weg. Wenn die Ehegatten dagegen seit Jahren getrennt leben, also geschieden werden könnten, aber keiner den Scheidungsantrag eingereicht hat, dann bleiben das Erbrecht und auch der Pflichtteilsanspruch des überlebenden Ehegatten bestehen.

Wer sich nicht scheiden lassen will, aber trotzdem seinem – getrennt lebenden – Ehegatten nichts zukommen lassen will, der muss ein Testament verfassen, in dem er den Ehegatten enterbt. Allerdings verbleibt dem überlebenden Ehegatten immer noch der Pflichtteilsanspruch. Ausweg: Die Ehegatten können einen (notariellen) Vertrag abschließen, in dem sie wechselseitig auf Erbrecht und Pflichtteilsanspruch verzichten. Der Zugewinnausgleich bleibt. Ist der Scheidungsantrag von einem Ehegatten eingereicht und sind damit das Erbrecht und der Pflichtteil des überlebenden Ehegatten ausgeschlossen, dann bleibt diesem noch die Möglichkeit, den Zugewinn geltend zu machen. Diesen kann er auch nach dem Tod des Ehegatten von den Erben verlangen.

Ehe- und Ehegüterrecht in den neuen Bundesländern

In den beiden Teilen Deutschlands hatte sich das Eherecht unterschiedlich entwickelt. Nach dem Familiengesetzbuch der früheren DDR waren beide Ehepartner im vollen Umfang gleichberechtigt. Man ging davon aus, dass auch die Frau berufstätig sein könne und im Berufsleben die gleichen Chancen wie der Mann habe. Der gesetzliche Güterstand in der DDR war die so genannte Errungenschaftsgemeinschaft, die ähnlich wie die Zugewinngemeinschaft ausgestaltet war.

Seit der Wiedervereinigung am 3.10.1990 gilt das Familienrecht der Bundesrepublik Deutschland im vollen Umfang auch in den fünf neuen Bundesländern. Für die Ehen, die vor dem 3.10.1990 in der DDR geschlossen waren, bedeutet das, dass die Eheleute jetzt nicht mehr in der Errungenschaftsgemeinschaft, sondern in der Zugewinngemeinschaft leben.

➤ Ehegatten, die vor dem 3.10.1990 auf dem Gebiet der früheren DDR geheiratet haben, leben seit dem Tage der Wiedervereinigung in Zugewinngemeinschaft, soweit sie diese nicht ausdrücklich ausgeschlossen haben.

➤ Ehegatten, die nach dem 3.10.1990 auf dem Gebiet der fünf neuen Bundesländer geheiratet haben, leben in Zugewinngemeinschaft, soweit sie nicht notariell Gütertrennung oder Gütergemeinschaft vereinbart haben.

Für Ehegatten, die in der früheren DDR oder nach der Wiedervereinigung in den neuen Bundesländern die Ehe geschlossen und keine abweichende notarielle Vereinbarung getroffen haben, gilt in familien- und erbrechtlicher Hinsicht das (westdeutsche) Recht der Bundesrepublik in vollem Umfange; es gibt keine Besonderheiten.

Gesetzliches Erbrecht der nichtehelichen Kinder

Die Rechtsstellung der nichtehelichen Kinder war jahrhundertelang ein Problem. Als das Bürgerliche Gesetzbuch im Jahre 1900 in Kraft trat, galten nichteheliche Kinder als mit ihrem eigenen Vater gesetzlich nicht verwandt. Der Vater war ein reiner Zahlvater. Er hatte nur die so genannten Alimente bis zum 16. Lebensjahr der Kinder an die Mutter zu entrichten. Darüber hinaus bestanden keine rechtlichen Beziehungen zwischen dem Vater und seinem nichtehelichen Kind. Es bestand also auch kein Erbrecht zwischen Vater und nichtehelichem Kind. Allerdings war das nichteheliche Kind nach seiner Mutter voll erbberechtigt und ebenso konnte die Mutter ihr nichteheliches Kind – falls es vorversterben sollte – beerben.

Das Grundgesetz der Bundesrepublik Deutschland forderte eine Gleichstellung der nichtehelichen Kinder. Nach langwieriger Diskussion wurde durch Gesetz mit Wirkung vom 1.7.1970 die Rechtsstellung der nichtehelichen Kinder verbessert. Sie wurden den ehelichen Kindern jedoch nicht völlig gleichgestellt, sondern erhielten nur einen so genannten *Erbersatzanspruch* und zusätzlich einen Anspruch auf vorzeitigen Erbausgleich gegen den Vater. Diese sehr umstrittene Behelfslösung galt bis 31.3.1998.

Die nichtehelichen Kinder in der früheren DDR waren den ehelichen Kindern völlig gleichgestellt. Dies hatte zur Folge, dass die nichtehelichen Kinder, die vor der Wiedervereinigung am 3.10.1990 auf dem Gebiet der DDR geboren worden sind, auch nach der Wiedervereinigung den Rechtsstatus ehelicher Kinder behalten haben; jene Kinder aber, die nach dem 3.10.1990 dort geboren worden sind, wurden wie nichteheliche Kinder in der alten Bundesrepublik behandelt.

Dieser verwirrende Rechtszustand ist am 1.4.1998 mit der Gleichstellung der nichtehelichen Kinder in der ganzen Bundesrepublik beseitigt worden. Wir kennen jetzt keine nichtehelichen Kinder mehr, sondern nur noch Kinder, deren Eltern nicht verheiratet sind. Diese Kinder haben ein volles Erbrecht nach Vater (und Mutter). Diese Gleichstellung gilt für alle Erbfälle seit dem 1.4.1998. Es gibt aber immer noch eine Ausnahme, die das Bundesverfassungsgericht ausdrücklich bestätigt hat:

Die nichtehelichen Kinder, die vor dem 1.7.1949, also „vor" dem In-Kraft-Treten des Grundgesetzes, auf dem Gebiet der alten Bundesrepublik geboren worden sind, haben keinerlei Erbrecht nach ihrem Vater und auch keinen Erbersatzanspruch. Dies wird damit begründet, dass man diesen früheren nichtehelichen Kindern aus Gründen der Rechtssicherheit kein Erbrecht zubilligen könne. Allerdings können der Vater und das Kind durch notariellen Vertrag vereinbaren oder testamentarisch bestimmen, dass ihnen ein Erbrecht zustehen soll.

Gesetzliches Erbrecht des eingetragenen Lebenspartners

Am 1.8.2001 ist das so genannte Lebenspartnerschaftsgesetz (Gesetz zur Beendigung der Diskriminierung gleichgeschlechtlicher Gemeinschaften) in Kraft getreten. Nach Artikel 6 des Grundgesetzes stehen Ehe und Familie unter dem besonderen Schutz des Staates. Unter dem Begriff Ehe war, so hatte das Bundesverfassungsgericht 1993 noch entschieden, bisher nur die rechtliche Lebensgemeinschaft eines Mannes und einer Frau verstanden worden. Trotzdem hat die derzeitige Regierungskoalition, bestehend aus SPD und Bündnis 90/Grünen, das Gesetz über die gleichgeschlechtliche Gemeinschaft im Bundestag durchgebracht und damit ist die eingetragene Lebenspartnerschaft der Ehe praktisch gleichgestellt. Die Verfassungsmäßigkeit dieses Gesetzes wird von vielen maßgeblichen Persönlichkeiten, insbesondere von den Politikern der CDU, in Zweifel gezogen. Ob eine solche Lebenspartnerschaft verfassungsgemäß ist, muss das Bundesverfassungsgericht noch entscheiden.

Das Gesetz ist vor Verabschiedung im Bundestag in einen zustimmungsfreien Teil und in einen Teil aufgeteilt worden, der der Zustimmung des Bundesrates bedarf, weil insoweit die Interessen der Länder berührt werden. Diesen zweiten Teil des Gesetzes nennt man „Gesetz zur Ergänzung des Lebenspartnerschaftsgesetzes". In diesem Ergänzungsgesetz werden insbesondere die Vorschriften des Einkommen-, Schenkungs- und Erbschaftsteuergesetzes behandelt. Das Ergänzungsgesetz hat nicht die Zustimmung des Bundesrates gefunden, sodass es nicht in Kraft getreten ist. Das bedeutet in der Praxis, dass trotz eingetragener Lebenspartnerschaft dafür keine steuerlichen Vergünstigungen gewährt werden.

Das ist ein unbefriedigender Zustand. Es ist noch völlig offen, wie der Gesetzgeber diese Probleme lösen wird. Vorerst ist nur davon auszugehen, dass der überlebende Lebenspartner ein gesetzliches Erbrecht hat, welches dem Erbrecht des überlebenden Ehegatten entspricht. Steuerliche Vergünstigungen bestehen (noch) nicht.

Die gleichgeschlechtlichen Partner können eine eingetragene Lebenspartnerschaft begründen, indem sie vor der zuständigen Behörde (in den meisten Bundesländern vor dem Standesbeamten) gegenseitig persönlich und bei gleichzeitiger Anwesenheit erklären, miteinander eine Partnerschaft auf Lebenszeit führen zu wollen. Solche Erklärungen können – wie bei einer Eheschließung – nicht unter einer Bedingung oder Zeitbestimmung abgegeben werden.

Weitere Voraussetzung für die Begründung einer Lebenspartnerschaft ist, dass die Lebenspartner eine Erklärung über ihren Vermögensstand abgegeben haben. Dabei müssen die Lebenspartner entweder erklären, dass sie den Vermögensstand der Ausgleichsgemeinschaft (praktisch wie Zugewinngemeinschaft bei Ehegatten) vereinbart haben, oder sie müssen einen notariellen Lebenspartnerschaftsvertrag abschließen (also wie einen Ehevertrag, insbesondere Gütertrennung).

Eine Lebenspartnerschaft kann nicht wirksam begründet werden

➤ mit einer Person, die minderjährig oder verheiratet ist oder die bereits mit einer anderen Person eine Lebenspartnerschaft führt,

➤ zwischen Personen, die in gerader Linie miteinander verwandt sind,

➤ zwischen vollbürtigen und halbbürtigen Geschwistern,

➤ wenn die Lebenspartner bei der Begründung der Lebenspartnerschaft darüber einig sind, keine Verpflichtungen gemäß § 2 des Gesetzes begründen zu wollen.

In § 2 des Gesetzes heißt es nämlich: „Die Lebenspartner sind einander zu Fürsorge und Unterstützung sowie zur gemeinsamen Lebensgestaltung verpflichtet, sie tragen füreinander Verantwortung."

Es gibt einen Partnerschaftsnamen, ferner bestehen Unterhaltsverpflichtung und sorgerechtliche Befugnisse des Lebenspartners. Dies entspricht einer „richtigen Ehe". Dementsprechend ist auch das Erbrecht ausgestaltet.

Der überlebende Lebenspartner des Erblassers ist neben Verwandten der 1. Ordnung zu einem Viertel, neben Verwandten der 2. Ordnung oder neben Großeltern zur Hälfte der Erbschaft gesetzlicher Erbe. Zusätzlich stehen ihm die zum lebenspartnerschaftlichen Haushalt gehörenden Gegenstände, soweit sie nicht Zubehör eines Grundstücks sind, und die Geschenke zur Begründung der Lebenspartnerschaft als Voraus zu. Ist der überlebende Lebenspartner neben Verwandten der 1. Ordnung gesetzlicher Erbe, so steht ihm der Voraus nur zu, soweit er ihn zur Führung eines angemessenen Haushaltes benötigt.

Diese gesetzliche Regelung entspricht genau der erbrechtlichen Regelung bei Ehegatten, denn zu dem erbrechtlichen Viertel kommt noch das so genannte güterrechtliche Viertel von § 1371 BGB hinzu. In dieser Vorschrift heißt es:

> Wird der Güterstand durch den Tod eines Ehegatten beendet, so wird der Ausgleich des Zugewinns dadurch verwirklicht, dass sich der gesetzliche Erbteil des überlebenden Ehegatten um ein Viertel der Erbschaft erhöht; hierbei ist es unerheblich, ob die Ehegatten im Einzelfall einen Zugewinn erzielt haben.

Dieses güterrechtliche Viertel bewirkt, dass der überlebende Lebenspartner neben den Verwandten der 1. Ordnung zu seinem erbrechtlichen Viertel ein weiteres güterrechtliches Viertel, also insgesamt die Hälfte des Nachlasses des verstorbenen Lebenspartners erhält. Allerdings können die Lebenspartner – ebenso wie Ehegatten – diese Zugewinngemeinschaft ausschließen, also Gütertrennung vereinbaren. Bei der Lebenspartnerschaft heißt dies „Vermögenstrennung".

Sind weder Verwandte der 1. Ordnung noch Großeltern vorhanden, so erhält der überlebende Lebenspartner die gesamte Erbschaft.

Das Erbrecht des überlebenden Lebenspartners ist ausgeschlossen, wenn zur Zeit des Todes des Erblassers

➤ die Voraussetzung für die Aufhebung der Lebenspartnerschaft gegeben war und der Erblasser die Aufhebung beantragt oder ihr zugestimmt hat (das entspricht dem Scheidungsantrag bei Ehegatten) oder

➤ der Erblasser bei Gericht einen Antrag gestellt hatte, dass die Fortsetzung der Lebenspartnerschaft für den Antragsteller aus Gründen, die in der Person des anderen Lebenspartners liegen, eine unzumutbare Härte darstellt (auch dies entspricht der Regelung bei Ehegatten).

Die Lebenspartner können – ebenso wie Ehegatten – ein gemeinschaftliches Testament errichten.

Kein gesetzliches Erbrecht des nichtehelichen Lebenspartners

Zunehmend mehr Menschen in der Bundesrepublik Deutschland – eine genaue Statistik darüber gibt es nicht, aber es sind sicherlich 2 bis 3 Millionen – leben in nichtehelicher Lebensgemeinschaft, meist ein Mann und eine Frau, häufig ist aber auch die Form der gleichgeschlechtlichen Partnerschaft. Diese nichtehelichen Partner können entweder eine Ehe oder eine eingetragene Lebenspartnerschaft schließen. Dann hat der überlebende Partner ein gesetzliches Erbrecht, sonst nicht.

Für die nichteheliche Lebensgemeinschaft besteht im Bürgerlichen Gesetzbuch keine Regelung. Die nichteheliche Lebensgemeinschaft – auch „Ehe ohne Trauschein" genannt – ist im Gesetz nicht einmal erwähnt. Bei der nichtehelichen Lebensgemeinschaft kann deshalb der Tod eines Partners schwerwiegende wirtschaftliche Folgen auslösen, und zwar wesentlich schlimmere als bei Ehegatten. Diese sind meist finanziell untereinander durch Renten- und Pensionsansprüche und durch das gesetzliche Erbrecht abgesichert, notfalls durch den Pflichtteilsanspruch. Bei der nichtehelichen Lebensgemeinschaft dagegen gibt es weder einen Anspruch auf Hinterbliebenenversorgung noch einen gesetzlichen Erbanspruch.

Die freien Partner stehen nach unseren Gesetzen wie Fremde zueinander, selbst wenn sie jahre- oder jahrzehntelang wie ein Ehepaar zusammengelebt haben. Nach dem Tod eines Partners treten daher oft bis dahin verdeckte innere Spannungen mit den „richtigen" Familienangehörigen offen zutage. Ein verlassener Ehegatte, im Regelfall die Witwe, und gegebenenfalls die Kinder aus der früheren Ehe, gönnen dem überlebenden nichtehelichen Partner nichts. Testamentarische Zuwendungen und Geschenke werden notfalls prozessual zurückgefordert und menschliche Gemeinheiten sind oft sehr rasch an der Tagesordnung.

Testament des nichtehelichen Partners

In einer Entscheidung des Oberlandesgerichts Saarbrücken aus dem Jahre 1979 hieß es, dass ein eheähnliches Verhältnis – die Partner hatten immerhin über 30 Jahre „wie Mann und Frau" zusammengelebt – nach der rechtlichen Ausgestaltung etwas völlig anderes als die Ehe sei. Deshalb stehe dem überlebenden Partner kein gesetzliches Erbrecht zu. An dieser eindeutigen Rechtsprechung gibt es nichts zu deuten. Wenn kein Testament zugunsten des nichtehelichen Partners vorhanden ist, erbt er nichts. Darüber sollten sich die Partner einer nichtehelichen Lebensgemeinschaft im Klaren sein. Sie können diese Rechtsfolge nur durch ein Testament ändern. Dazu muss jeder Partner eigenhändig ein Testament schreiben oder vom Notar beurkunden lassen.

Zur Erinnerung: Der Erbanspruch des überlebenden Ehegatten fällt weg, sobald die Voraussetzungen für die Scheidung der Ehe gegeben sind und der Erblasser die Scheidung beantragt oder ihr zugestimmt hat (siehe Seite 38). Mit dem Wegfall des Erbrechts eines überlebenden Ehegatten ergibt sich jedoch keineswegs automatisch ein Erbrecht des nichtehelichen Partners. Dieser wird nur Erbe, wenn er durch Testament oder Erbvertrag bedacht ist.

Will der Erblasser seinem nichtehelichen Partner etwas zukommen lassen, muss er also ein Testament verfassen und ihn als Erben oder Vermächtnisnehmer einsetzen. Er kann z. B. bestimmen, dass seine Freundin seine Alleinerbin wird und dass seine Ehefrau und seine Kinder nur einen Pflichtteil erhalten sollen. Er kann auch so testieren, dass die Hälfte seines Erbes an seine Freundin, die andere Hälfte an seine Kinder fallen soll. Dann bleibt der Ehefrau nur der Pflichtteil. Dies ist ein Geldanspruch gegen die Erben, also gegen die Freundin und die Kinder.

In beiden Fällen wird es – das lässt sich mit Sicherheit voraussagen – Ärger geben. Im ersten Fall deshalb, weil Frau und Kinder sich zu Unrecht auf den Pflichtteil gesetzt fühlen, und im zweiten Fall deshalb, weil die Freundin und die Kinder zusammen eine Erbengemeinschaft bilden. Das birgt Zündstoff.

Es wäre in jedem Fall besser, wenn der Mann rechtzeitig die Scheidung betreiben würde, damit im Fall seines Todes seine Frau nicht mehr erb- und pflichtteilsberechtigt ist. Der Mann muss sich aber darüber im Klaren sein, dass er im Rahmen des Scheidungsverfahrens seiner Frau den Zugewinn auszahlen muss. Er muss also aufgrund der Scheidung die Hälfte des während der Ehezeit erworbenen Vermögens an seine Frau zahlen, vorausgesetzt natürlich, dass er während der Ehezeit ein gewisses Vermögen erworben hat und dass die Ehegatten in Zugewinngemeinschaft gelebt haben. Mit der Auszahlung des Zugewinns wäre die Frau dann vermögensmäßig abgefunden. Im Fall des Todes des geschiedenen Ehemannes bleiben jedoch die Kinder pflichtteilsberechtigt.

Es ist dringend zu empfehlen, rechtzeitig mit allen Beteiligten über eine vernünftige erbrechtliche Regelung zu sprechen und dementsprechend zu testieren. Es spielt dabei keine Rolle, ob der Erblasser ein privatschriftliches (eigenhändiges) oder ein öffentliches (notarielles) Testament hinterlässt.

Bis vor einigen Jahren galt ein Testament zugunsten eines nichtehelichen Lebenspartners noch als sittenwidrig. Erst in den letzten 20 Jahren hat sich hier die Rechtsprechung gewandelt. Man kann jetzt seinen Partner unter Zurücksetzung seiner erbberechtigten Familienangehörigen im Testament berücksichtigten. Voraussetzung ist, dass die nichteheliche Lebensgemeinschaft längere Zeit bestanden hat und auf gegenseitiger Zuneigung beruhte. Die Beziehungen dürfen sich nicht nur im Sexualbereich erschöpft haben oder kommerzielle Hintergründe gehabt haben.

Damit das Testament keinesfalls als sittenwidrig und damit als nichtig angesehen wird, sollte man jeden Hinweis auf das Sexuelle vermeiden. Schon eine Belohnung für Treue in dieser Hinsicht ist nicht ungefährlich. Der Erblasser könnte wie folgt testieren:

> Hiermit setze ich meine Lebenspartnerin, Frau Else Müller, die mich seit vielen Jahren aufopferungsvoll versorgt und gepflegt hat, zu meiner alleinigen Erbin ein.
>
> Meine Ehefrau setze ich nur auf den Pflichtteil, weil ich mich schon vor Jahren von ihr getrennt habe und die Ehe nur aufrechterhalten habe, damit sie eines Tages meine Pension/Rente bekommen kann.
>
> Meine beiden Söhne setze ich ebenfalls auf den Pflichtteil, weil sie sich seit der Trennung von meiner Frau überhaupt nicht mehr um mich gekümmert und jeden Kontakt abgebrochen haben.
>
> Datum, Unterschrift

Man kann noch folgenden Zusatz in das obige Testament einfügen:

> Dieses Testament wird in vollem Umfang ungültig, wenn mich - was ich allerdings nicht erwarte - Frau Else Müller vor meinem Tode verlassen sollte. Dann soll für mich die gesetzliche Erbfolge für meine Frau und meine Kinder gelten.

Kein gemeinschaftliches Testament bei nichtehelicher Partnerschaft

Wenn man seinem Partner in der nichtehelichen Lebensgemeinschaft nach seinem Tod irgendetwas zukommen lassen will, muss man ein Testament errichten. Dabei ergibt sich aber eine weitere Schwierigkeit: Nach den gesetzlichen Vorschriften dürfen nur Eheleute und neuerdings auch eingetragene Lebenspartner ein gemeinschaftliches Testament errichten. Verlobte können hingegen kein gemeinschaftliches Testament verfassen. Wenn sie ein solches gemeinschaftliches Testament trotzdem machen und später heiraten, dann wird durch die Heirat ihr ursprüngliches Testament ungültig und muss neu verfasst werden.

> *Wichtig:* Nichteheliche Lebensgemeinschaft und Verlobung sind etwas Verschiedenes. In nichtehelicher Lebensgemeinschaft lebt man, weil man nicht heiraten will, die Verlobung hingegen ist ein Eheversprechen. Trotzdem kann man in nichtehelicher Lebensgemeinschaft leben und miteinander verlobt sein, weil man vielleicht demnächst heiraten will.

Es gibt noch ein weiteres Problem bei der testamentarischen Erbeinsetzung des nichtehelichen Partners. Bei Ehegatten wird im Fall einer Scheidung und schon bei der Einreichung des Scheidungsantrags die Erbeinsetzung des anderen Ehegatten hinfällig. Bei der Trennung der nichtehelichen Partner kennen wir einen solchen, quasi automatischen Wegfall des Erbrechts nicht. Hier hilft nur eine sofortige Änderung der testamentarischen Verfügung.

Ausweg: Erbvertrag

Die einzige Möglichkeit für nichteheliche Partner, gemeinsam die erbrechtlichen Verhältnisse tatsächlich verbindlich und dauerhaft zu regeln, liegt im Abschluss eines Erbvertrags. Ein solcher Erbvertrag hat zahlreiche Vorteile. An erster Stelle ist die Möglichkeit der wechselseitigen Verfügungen zu nennen. Die Partner können sich gegenseitig zu Erben einsetzen. Wenn ein Partner seine Verfügung zugunsten des anderen Partners aufheben will, fällt auch die wechselseitige Verfügung des anderen Partners weg. Kein Partner kann heimlich, ohne dass der andere davon erfährt, seine Verfügung ändern. Der Erbvertrag ist auf Dauer angelegt, er bleibt wirksam und kann grundsätzlich überhaupt nicht geändert werden, es sei denn, die Partner haben sich einen Rücktritt vorbehalten. Da der Vertrag notariell beurkundet werden muss, erfolgt eine Beratung durch den Notar über den zulässigen und vernünftigen Inhalt eines solchen Vertrages. Der einzige Nachteil sind die notariellen Gebühren. Sie belaufen sich immerhin auf eine doppelte Gebühr nach dem Gegenstandswert. Der Erbvertrag ist also nicht ganz billig.

Ein Erbvertrag ist grundsätzlich für beide Partner bindend, kann also nicht einseitig durch Testament oder auf andere Weise aus der Welt geschafft oder verändert werden. Auch die Trennung der Parteien macht einen Erbvertrag nicht unwirksam. Daher sollte man sich den Abschluss eines Erbvertrages sehr reiflich überlegen und sich unbedingt den Rücktritt für den Fall der Trennung vorbehalten.

Der Rücktritt ist für den gesamten Vertrag oder auch nur für einzelne Verfügungen möglich. Der Rücktritt erfolgt durch Erklärung gegenüber dem anderen Vertragspartner. Die Erklärung bedarf der notariellen Beurkundung. Wenn man sich im Vertrag den Rücktritt nicht vorbehalten hat, kommt ein Rücktritt nur beim Vorliegen schwerwiegender Gründe in Betracht oder dann, wenn der Partner seine Verpflichtungen aus dem Vertrag nicht erfüllt. Häufig ist nach einem solchen Vertrag die Frau verpflichtet, dem Partner den Haushalt zu führen und ihn zu versorgen und zu pflegen. Wenn der Partner dieses Versprechen nicht einhält, gibt das Gesetz die Möglichkeit, vom Erbvertrag zurückzutreten. Das führt allerdings meist zu Auseinandersetzungen vor Gericht.

Gesetzliches Erbrecht des Staates (Fiskus)

Ist zur Zeit des Erbfalls weder ein Verwandter noch ein Ehegatte des Erblassers vorhanden und ist auch kein Erbe durch ein Testament bestimmt, dann erbt der Staat. Der Staat wird in diesem Zusammenhang und im Gesetz als Fiskus bezeichnet. Der Sinn dieser Vorschrift liegt darin, dass der Staat so genannte herrenlose Erbschaften vermeiden will. Reichtümer wird der Staat auf diesem Wege nur in seltenen Ausnahmefällen erwerben. Das liegt daran, dass das Nachlassgericht zunächst sehr gewissen-

haft zu prüfen hat, ob nicht doch irgendein, wenn auch noch so weit ent-
fernter Verwandter des Erblassers vorhanden ist.

Erst nach fruchtloser öffentlicher Aufforderung, eventuell bestehende
Erbrechte anzumelden, hat das Nachlassgericht durch Beschluss festzustellen, dass kein anderer Erbe vorhanden ist. Berufen ist dann als
gesetzlicher Erbe der Fiskus desjenigen Landes der Bundesrepublik
Deutschland, dem der Erblasser zur Zeit seines Todes angehört hat.

Der Fiskus kann die Erbschaft weder ausschlagen noch auf sie verzichten. Er haftet aber für die Nachlassverbindlichkeiten nur beschränkt. Das
bedeutet, dass der Fiskus im Falle der Überschuldung des Nachlasses
nicht mehr an die Nachlassgläubiger zu zahlen hat, als er aus der Erbschaft erlösen kann.

TESTAMENTARISCHE (GEWILLKÜRTE) ERBFOLGE, ERBVERTRAG UND ERBVERZICHT

Testamentsformen und Erbvertrag

Die testamentarische Erbfolge tritt ein, wenn der Erblasser eine letztwillige Verfügung hinterlassen hat. Letztwillige Verfügungen sind das Testament, eventuell ein gemeinschaftliches Testament der Ehegatten oder der eingetragenen Lebenspartner und der Erbvertrag.

Wird beim Tod eines Menschen keine letztwillige Verfügung aufgefunden, dann tritt die gesetzliche Erbfolge ein. Die gesetzliche Erbfolge kann man also durch eine letztwillige Verfügung ausschließen. In einem solchen Fall spricht man von testamentarischer oder gewillkürter Erbfolge.

Bei den Testamenten unterscheidet man zwischen den *privatschriftlichen,* also von dem Erblasser selbst handschriftlich geschriebenen und unterschriebenen Testamenten, und den *öffentlichen* Testamenten, die von einem Notar beurkundet sein müssen. Das privatschriftliche und das öffentliche Testament sind so genannte ordentliche Testamente.

Daneben gibt es außerordentliche Testamente. Das sind die so genannten Nottestamente, die aber in Friedenszeiten relativ selten vorkommen.

Schließlich sind die Erbverträge zu nennen, die von mindestens zwei Personen vor einem Notar abgeschlossen werden. Die Vertragschließenden müssen nicht miteinander verheiratet oder verwandt sein. Das Besondere am Erbvertrag ist die Bindungswirkung für die Vertragschließenden.

Zentrale Inhalte eines Testaments oder Erbvertrags sind die Erbeinsetzung und die anderen vermögensrechtlichen Anordnungen des Erblassers, wie die Bestimmung von Vermächtnissen und Auflagen. Eventuell finden sich im Testament auch familienrechtliche Bestimmungen, wie etwa die Beschränkung der Vermögensverwaltung der Eltern, falls ihr minderjähriges Kind großes Vermögen erben sollte.

Sittliche Ermahnungen des Erblassers sind erbrechtlich ohne Bedeutung und auch ohne Einfluss auf die Wirksamkeit eines Testaments. Nicht selten findet sich die Ermahnung an die Hinterbliebenen, sich in guten und schlechten Zeiten gegenseitig Hilfe zu leisten, sich eines geordneten Lebenswandels zu befleißigen und das Andenken des Verstorbenen zu ehren. Eigentlich gehören solche Ausführungen nicht in ein Testament. Besser ist es, wenn der Erblasser an seine Hinterbliebenen einen persönlichen Brief schreibt, eventuell verbunden mit Anweisungen für seine Beerdigung.

Kommentar: Das richtige und gerechte Testament

Experten schätzen, dass 90 % aller Testamente inhaltlich verfehlt, unklar, widersprüchlich, sinnwidrig oder gänzlich unwirksam sind. Dabei kann man durchaus unterstellen, dass sich die meisten Erblasser bemühen, ein richtiges und vor allem ein gerechtes Testament aufzusetzen. Wie ein „formrichtiges" Testament auszusehen hat, ist eindeutig geregelt.

Viel schwieriger ist die Frage, wie man in seinem Testament seine Hinterbliebenen gerecht behandelt. Nach der gesetzlichen Erbfolge bekommen – außer dem überlebenden Ehegatten – zunächst die Kinder und dann die weiteren blutsverwandten Angehörigen jeweils gleiche Anteile. Nach Auffassung des Gesetzgebers ist es gerecht, gleich nahe Verwandte zu gleichen Anteilen erben zu lassen, und zwar ohne Ansehen von Alter, Geschlecht, Verdienst oder sonstigen Eigenheiten. Wer aber ein Testament verfasst, will in der Regel von dieser gesetzlichen Gleichbehandlung abweichen. Er kann sehr vernünftige Gründe dafür haben, wenn er z. B. dem Sohn sein Geschäft und der Tochter sein Wohnhaus überträgt. Selbst wenn Geschäft und Haus dem Wert nach vergleichbar sind, ist diese Entscheidung doch eine unterschiedliche Behandlung der Geschwister.

Es gibt noch andere durchaus vernünftige Gründe für eine ungleiche Behandlung der Kinder. Beispielsweise kümmert sich das eine Kind rührend um die Eltern, von dem anderen Kind hat man seit Jahren nichts mehr gehört und gesehen. Soll man einem Kind, das keinerlei Interesse an seinen Eltern zeigt, einen gleichen Anteil geben? Ist nicht der Pflichtteil schon zu viel? Weitere mögliche Argumente: Das eine Kind ist sehr fleißig und erfolgreich, das andere lebt in den Tag hinein und es ist zu befürchten, dass es das ererbte Vermögen verschleudern wird. Oder ein Kind ist verheiratet und hat wiederum mehrere Kinder, also Enkel, die unterstützungsbedürftig sind, während das andere Kind allein lebt, berufstätig ist und sein gutes eigenes Einkommen hat. Soll man all diese Kinder gleich behandeln?

Sinnvoll ist es, wenn der Erblasser zu seinen Lebzeiten denjenigen Kindern eine besondere Unterstützung zukommen lässt, die einer solchen Hilfe bedürfen oder sie „verdienen". In solchen Fällen sollte man „mit warmer Hand" austeilen.

Hinsichtlich des Erbes ist dagegen die Gleichbehandlung der Kinder angebracht, um Streitigkeiten zu vermeiden. Der Erblasser kann schließlich nicht mehr begründen, warum er von der Gleichbehandlung abgewichen ist.

Oft ist beim Tod des Erblassers sein Testament schon „veraltet". Die tatsächlichen Verhältnisse haben sich völlig verändert. Deshalb empfehlen sich auch keine Teilungsanordnungen. Jedes Kind sollte seinen Erbanteil erhalten und ihn nutzen, verwalten, vermehren oder verbrauchen können, wie es ihm beliebt.

Ein Erblasser, der seine Kinder gleich behandeln will, sollte überlegen, ob er überhaupt ein Testament verfassen muss. Vielleicht genügt es, klarzustellen, wie die Anrechnung der Vorausempfänge geregelt werden soll. Es hat sich immer wieder gezeigt, dass „unrichtige" und „ungerechte" Testamente die Hinterbliebenen in böse Streitigkeiten verwickeln, die oft über Generationen andauern oder die Familienbande endgültig zerstören.

Höchstpersönlicher Charakter von Testament und Erbvertrag

Der Erblasser kann ein Testament nur persönlich errichten. Das gilt auch für den Erbvertrag. Während bei Rechtsgeschäften unter Lebenden eine Stellvertretung grundsätzlich möglich ist, liegen die Verhältnisse bei den Verfügungen von Todes wegen anders. Der Erblasser kann nur höchstpersönlich handeln. Dieser Grundsatz der Höchstpersönlichkeit ergibt sich aus der großen Bedeutung, die die Verfügungen von Todes wegen für die Erben haben.

Natürlich kann sich der Erblasser bei der Ausgestaltung seines Testaments beraten lassen; er kann seine Familienangehörigen, Freunde oder Juristen hinzuziehen. Es ist sogar zweckmäßig und empfehlenswert, wenn der Erblasser mit seinem Ehegatten und seinen Kindern die Abfassung seines Testaments rechtzeitig erörtert. Er kann so auf die Wünsche seiner Erben eingehen und eventuellen Streitigkeiten vorbeugen. Überraschende Testamente, die der Erblasser in einer einsamen und vielleicht alkoholisierten Stunde abgefasst hat, lösen oft Streitigkeiten unter den Erben aus.

Der Erblasser muss immer bedenken, dass er nicht mehr gefragt werden kann, dass aber trotzdem sein „letzter Wille" erfüllt werden soll. Er sollte sich seiner Verantwortung bewusst sein und erst nach reiflicher Überlegung und gegebenenfalls Beratung seinen letzten Willen höchstpersönlich niederlegen.

Testierfähigkeit

Die Fähigkeit, ein Testament zu errichten, bezeichnen die Juristen als Testierfähigkeit. Wer geschäftsfähig ist, der ist auch testierfähig. Das heißt: Wer das 18. Lebensjahr vollendet hat und im Vollbesitz seiner geistigen Kräfte ist, kann ein gültiges Testament errichten.

Von dieser grundsätzlichen Regelung gibt es allerdings einige Abweichungen: Ein Minderjähriger, der das 16. Lebensjahr vollendet hat, ist bereits testierfähig, allerdings nur in der Form eines notariellen Testamentes. Der Zustimmung seiner Eltern bedarf er dabei nicht; die Eltern brauchen von dem Testament überhaupt nichts zu wissen. Hat ein Minderjähriger ein privatschriftliches Testament verfasst, das also keine Gültigkeit hat, und lässt er dieses Testament bei Eintritt seiner Volljährigkeit bestehen, dann wird es dadurch nicht gültig; der nunmehr Volljährige muss sein Testament nochmals niederschreiben, selbst wenn der Inhalt völlig gleich bleibt.

Testierunfähig ist dagegen, wer wegen krankhafter Störung der Geistestätigkeit, wegen Geistesschwäche oder wegen Bewusstseinsstörung nicht in der Lage ist, nach dieser Einsicht zu handeln. Früher bestand eine in dieser Hinsicht klare Regelung: Wer entmündigt war, konnte nicht testieren. Seit Einführung des Betreuungsgesetzes gibt es aber keine Entmündigung mehr, sondern nur noch die Betreuung. Wer aber betreut wird, kann grundsätzlich testieren, falls er sich dazu in der Lage sieht. Das Vormundschaftsgericht hat dazu nichts zu bestimmen.

Leider werden Testamente oft erst in letzter Stunde verfasst, wenn der Erblasser bereits sehr alt oder krank und vom Tode gezeichnet ist. Testamente werden häufig auch in depressiver Stimmung geschrieben, wobei sich der Erblasser manchmal durch Beruhigungsmittel oder Alkohol in einen Schwebezustand zwischen geistiger Klarheit und Benommenheit versetzt. In solchen Fällen ist nach dem Tod schwer festzustellen, ob der Erblasser bei der Abfassung des Testaments testierfähig war oder nicht.

Ob ein Testament gültig ist, insbesondere wenn es unklar abgefasst ist, löst häufig Streit aus. Im Zweifelsfall ist dem Erblasser zu empfehlen, ein notarielles Testament zu errichten, weil der Notar bei der Protokollierung eines solchen Testaments eingangs zu bemerken pflegt: „Der Notar hat sich von der Testierfähigkeit des Erblassers überzeugt." Aber auch eine solche Erklärung des Notars ist im späteren Prozessfall keine unbedingte Garantie dafür, dass das Testament als wirksam anerkannt wird. Beispielsweise legt ein „übergangener" Erbe ein ärztliches Gutachten vor, nach dem der Erblasser „unerkannt geisteskrank" war. Dem kann der Erblasser vorbeugen, indem er seinem Testament ein ärztliches Attest über seinen Geisteszustand beifügt.

Öffentliches (notarielles) Testament

Das vor einem Notar errichtete Testament heißt in juristischen Lehrbüchern und Kommentaren stets „öffentliches" Testament. Diese Bezeichnung ist irreführend, denn dieses Testament wird nicht öffentlich aufgesetzt und auch nicht öffentlich bekannt gemacht. Es heißt so, weil es vor einem Notar errichtet wird, der ein öffentliches Amt hat. Der Notar unterliegt – wie ein Arzt und ein Rechtsanwalt – der Schweigepflicht. Wenn der Erblasser nicht selbst davon spricht, erfährt niemand etwas von dem Inhalt des öffentlichen Testaments, bis es – nach dem Tod des Erblassers – amtlich eröffnet wird.

Der Vorzug des notariellen Testaments besteht darin, dass nur selten Zweifel an der Echtheit des Dokuments aufkommen. Der Notar ist verpflichtet, das vor ihm errichtete Testament unverzüglich in die besondere amtliche Verwahrung beim Amtsgericht (Nachlassgericht) zu bringen. Somit ist das Testament vor Fälschungen geschützt. Außerdem ist dadurch sichergestellt, dass das Testament nach dem Tod des Erblassers aufgefunden wird.

Andererseits sind dem Notar für seine Arbeit Gebühren zu entrichten, die man bei einem eigenhändigen Testament sparen kann. Man kann auch das eigenhändige Testament selbst in die besondere amtliche Verwahrung zum Amtsgericht bringen und es dadurch gegen Fälschung und Verschwinden schützen.

Das notarielle Testament hat für die Erben einen großen Vorzug. Es erspart ihnen unter Umständen die Kosten und Mühen der Beschaffung eines Erbscheins. Es dient – in Verbindung mit der Niederschrift über die Eröffnung des Testaments – dem Grundbuchamt als ausreichendes Dokument für die Umschreibung des Eigentumswechsels auf die Erben. Auch von den Banken wird es in der Regel als ausreichende Legitimation angesehen, sodass die Erben meist keinen Erbschein benötigen.

Errichtung des notariellen Testaments

Das notarielle Testament wird von einem Notar zu Protokoll genommen. Der Erblasser kann zu jedem beliebigen Notar gehen und ihm mündlich seinen letzten Willen erklären oder ihm eine Schrift übergeben, die seinen letzten Willen enthält. Der Erblasser kann die Schrift offen oder verschlossen übergeben, sie braucht nicht handschriftlich und nicht von ihm selbst geschrieben zu sein, der Erblasser muss dem Notar nur eindeutig erklären, dass diese Schrift seinen letzten Willen enthält.

Die übliche Art, ein notarielles Testament aufzusetzen, ist die mündliche Erklärung gegenüber dem Notar. In der Praxis geht das meist so vonstatten, dass der Erblasser einen Termin mit dem Notar vereinbart, mit dem Notar seinen letzten Willen bespricht, wobei der Notar den Erblasser berät und einen entsprechenden Entwurf aufsetzt, der in einem weiteren Termin beurkundet wird. Handelt es sich um ein ganz einfaches Testament oder eilt es mit der Abfassung des Testaments wegen des schlechten Gesundheitszustands des Erblassers, wird der Notar die Beurkundung des Testaments sofort vornehmen. Falls es erforderlich ist, wird der Notar zum Erblasser ins Haus oder Krankenhaus gehen.

Die mündliche Erklärung zur Niederschrift des Notars muss mit verständlich gesprochenen Worten abgegeben werden. Sie darf nicht nur durch Zeichen oder Gebärden zum Ausdruck kommen. Unverständliches Lallen genügt nicht; auch Kopfnicken oder sonstige Zeichen reichen nicht aus. Es genügt aber ein abschnittsweises Vorlesen des zuvor niedergeschriebenen Testamentsentwurfs und die mündlich erklärte Bejahung der Richtigkeit dieses Textes durch den Erblasser.

Es mag verwundern, dass sich die Rechtsprechung sehr ausführlich mit der Frage beschäftigt hat, ob der Erblasser ein deutliches „Ja" gesprochen oder nur mit dem Kopf genickt hat. Der Notar muss völlig sicher sein, dass er den letzten Willen des Erblassers zuverlässig erfasst hat. Dem Erblasser soll nichts untergeschoben werden, er soll klar und deutlich seinen Willen dem Notar gegenüber äußern, der diesen Willen in gehöriger Form beurkundet.

Beurkundungsvorgang beim Notar

Die Einzelheiten des Beurkundungsvorgangs sind im Beurkundungsgesetz geregelt. Danach ist die Beurkundung allein Aufgabe der Notare. (Ausnahmsweise kann bei einem Auslandsaufenthalt ein solches Testament vor einen deutschen Konsul errichtet werden.) Der Notar muss über die Errichtung des Testaments eine Niederschrift aufnehmen. Diese Niederschrift muss den Namen des Notars und des Erblassers enthalten, außerdem die mündliche Erklärung des letzten Willens des Erblassers. Wird das Testament nicht durch mündliche Erklärung, sondern durch Übergabe einer offenen oder verschlossenen Schrift errichtet, dann muss dies in der Niederschrift festgestellt werden.

Die Niederschrift muss sodann in Gegenwart des Notars dem Erblasser vorgelesen, von diesem genehmigt und eigenhändig unterschrieben werden. Sodann hat auch der Notar die Niederschrift eigenhändig zu unterschreiben. Wenn auch nur eine der erwähnten Vorschriften verletzt oder nicht beachtet wird, so wird dadurch das Testament nichtig.

Nach dem Beurkundungsvorgang soll der Notar die Niederschrift in einen Umschlag stecken, diesen mit dem Prägesiegel verschließen, auf dem Umschlag das Testament näher bezeichnen und diese Aufschrift selbst noch einmal unterschreiben. Danach soll der Notar den verschlossenen Umschlag mit dem Testament unverzüglich in die besondere amtliche Verwahrung beim Amtsgericht bringen lassen.

Man kann davon ausgehen, dass jeder deutsche Notar die Formvorschriften für die Errichtung eines Testaments beherrscht und dass dabei kaum ein Fehler vorkommt.

Sonderfälle

Es gibt einige Sonderfälle, die bei der Errichtung eines notariellen Testaments beachtet werden müssen:

➤ Der Notar soll bis zu zwei Zeugen oder einen zweiten Notar zuziehen, wenn der Erblasser dies verlangt. Als Zeugen dürfen keine an der Erbschaft irgendwie interessierten oder sonstwie ungeeigneten Personen hinzugezogen werden. Selbstverständlich darf auch der Notar selbst nicht an der Erbschaft beteiligt sein.

➤ Ist der Erblasser nach seinen Angaben oder nach der Überzeugung des Notars nicht imstande, Geschriebenes zu lesen, so kann er das Testament nur durch mündliche Erklärung errichten. Vermag der Erblasser nicht zu sprechen, kann er sein Testament nur durch Übergabe einer Schrift errichten. In diesem Fall muss es die eigenhändige Schrift des Erblassers sein, da er die mündliche Erklärung nicht abgeben kann, dass diese Schrift seinen letzten Willen enthält.

➤ Vermag der Erblasser nach seinen Angaben oder der Überzeugung des Notars nicht hinreichend zu hören, zu sprechen oder zu sehen, soll zur Beurkundung ein Zeuge oder ein zweiter Notar zugezogen werden, falls der Erblasser nicht ausdrücklich darauf verzichtet.

➤ Kann der Erblasser seinen Namen nicht schreiben, muss beim Vorlesen und der Genehmigung ein Zeuge oder ein zweiter Notar hinzugezogen werden.

➤ Ist der Erblasser der Sprache, in der die Niederschrift aufgenommen wird, nicht hinreichend kundig, muss ihm die Niederschrift übersetzt werden. Falls der Notar die Übersetzung nicht selbst vornehmen kann, muss ein Dolmetscher hinzugezogen werden.

Beispiel für ein notarielles Testament

Verhandelt zu Mönchengladbach am 31. Januar 2002.

Vor mir, dem Notar Dr. jur. Franz Müller, erschien in meinen Amtsräumen in Mönchengladbach Frau Amanda Schulze, geb. Meier, wohnhaft Brucknerallee 104 in Mönchengladbach,
    ausgewiesen zu meiner Gewissheit durch Vorlage ihres Bundespersonalausweises vom 1.7.1993, ausgestellt vom Oberstadtdirektor der Stadt Mönchengladbach unter der Kennummer J 921765,
    und nach meiner Überzeugung aufgrund der eingehenden Unterhaltung und nach meinem persönlichen Eindruck voll geschäfts- und testierfähig. Die Hinzuziehung von Zeugen wurde von der Erb-

lasserin nicht verlangt. Auf Ansuchen beurkunde ich die mündlichen und persönlich abgegebenen Erklärungen der Erblasserin wie folgt:

1. Ich, Amanda Schulze, bin am 27.7.1920 in Berlin geboren. Ich bin verwitwet und habe keine Kinder. Ich bin in meiner freien Verfügung über mein Vermögen in keiner Weise beschränkt. Vorsorglich widerrufe ich alle früheren Verfügungen von Todes wegen.

2. Hiermit setze ich meinen Neffen Oskar Müller, wohnhaft Niddastraße 1 in Frankfurt am Main, zu meinem alleinigen Erben ein. Sollte der genannte Erbe nicht zur Erbfolge gelangen, bestimme ich als Ersatzerben seine Abkömmlinge nach den Regeln der gesetzlichen Erbfolge.

3. Kommt hiernach niemand zur Erbfolge, dann nenne ich als weitere Ersatzerben die Abkömmlinge meines im Jahre 1990 in Frankfurt am Main verstorbenen Bruders Otto Meier.

4. Weitere Bestimmungen treffe ich nicht.
    Den Wert meines gegenwärtigen Vermögens gebe ich mit 100 000 Euro an.

Das vorstehende Protokoll wurde vorgelesen, genehmigt und eigenhändig unterschrieben.

Amanda Schulze
Franz Müller, Notar

Eigenhändiges Testament

Unterschied zwischen notariellem und eigenhändigem Testament

Jede voll geschäftsfähige Person kann ein Testament durch eigenhändig geschriebene und unterschriebene Erklärung errichten. Die Mitwirkung eines Notars oder irgendeiner anderen Person ist dazu nicht erforderlich. Es brauchen auch keine Zeugen hinzugezogen zu werden. Ein privatschriftliches Testament hat erbrechtlich die gleiche Wirkung wie ein notarielles Testament. Es spielt keine Rolle, ob man aufgrund eines notariellen oder privatschriftlichen Testaments Erbe geworden ist.

Vorteil der Errichtung eines notariellen Testaments ist die rechtskundige Hilfe des Notars. Man kann sich auch darauf verlassen, dass der Notar den letzten Willen des Erblassers in gehöriger Form zum Ausdruck bringt und formgültig beurkundet. Das notarielle Testament ist durch die amtliche Verwahrung beim Nachlassgericht fälschungssicher und es wird nach dem Tod des Erblassers aufgefunden.

Diesen Vorzügen des notariellen Testaments stehen die Kosten gegenüber. Die Arbeit des Notars muss bezahlt werden. Auch wenn jemand ein Testament aufsetzt, es sich nach einiger Zeit anders überlegt und wieder ein neues Testament verfasst, sind für alle Änderungen jeweils wieder neue notarielle Gebühren fällig. Das kann auf die Dauer recht teuer werden. Wer diese Gebühren sparen will und selbst schreiben und lesen kann, der kann ein Testament eigenhändig verfassen und – falls er es für erforderlich hält – selbst in die amtliche Verwahrung beim Nachlassgericht bringen.

Eigenhändige Niederschrift des Testaments

Das Gesetz verlangt beim eigenhändigen Testament die vollständige handschriftliche Niederschrift durch den Erblasser persönlich. Durch die Handschrift des Erblassers soll die Echtheit des Testaments sichergestellt werden. Es soll gewährleistet werden, dass der Erblasser dieses Testament von Anfang bis Ende mit eigener Hand geschrieben hat und dass ihm nicht ein fertiges Schriftstück zur Unterzeichnung „untergeschoben" worden ist. Die Handschrift eines jeden Menschen weist persönliche Züge auf. An den charakteristischen Merkmalen der Schrift kann man später im Vergleich mit anderen Schriftstücken des Erblassers feststellen, ob er wirklich der Verfasser dieses Testaments ist.

Außerdem lässt sich unter Umständen an den Schriftzügen feststellen, ob der Erblasser bei der Niederschrift des Testaments im Vollbesitz seiner geistigen Kräfte war. Zumindest liefert die Schrift dafür gewisse Anhaltspunkte.

Ein Testament, das vom Erblasser mit Schreibmaschine oder Computer geschrieben ist, ist ebenso ungültig wie ein Testament, das von einer anderen Person nach Diktat des Erblassers niedergeschrieben wurde. *Der Erblasser muss sein Testament selbst schreiben und unterschreiben!* Er darf es auch nicht von einer Vorlage, die ein anderer geschrieben hat, abpausen oder sich die Hand führen lassen. Das Testament muss ein vom Erblasser individuell verfasstes Schriftstück sein und seinen wirklichen Willen wiedergeben.

In welchem Umfang der Erblasser bei der Abfassung des Testaments unter dem Einfluss anderer Personen gestanden hat, ist nicht nachprüfbar. Der Erblasser muss diese Einflussnahme aber in seinen eigenen Willen umsetzen und diesen niederschreiben.

Dem Erblasser steht es frei, mit der Hand, mit dem Mund oder mit dem Fuß zu schreiben. Er kann auf Papier, auf die Tapete seines Zimmers oder eine sonstige Unterlage schreiben. Er kann Tinte, Bleistift, Kugelschreiber oder Tusche verwenden. Selbst Kreide ist von der Rechtsprechung als genügend angesehen worden. Das Testament kann in Stenografie, Sütterlin, in deutscher oder fremder Sprache geschrieben werden. Auf Rechtschreibfehler kommt es nicht an. Auch Abkürzungen dürfen benutzt werden, nur müssen sie verständlich und eindeutig sein.

Der Erblasser sollte bei der Abfassung des Testaments stets bedenken, dass er später nicht mehr gefragt werden kann. Deshalb sollte er unbedingt Testamentsentwürfe unverzüglich vernichten, damit keine Verwechslungsgefahr besteht.

Der Erblasser muss das von ihm eigenhändig verfasste Testament unbedingt *selbst unterschreiben.* Durch die Unterschrift bestätigt er, dass er der Urheber des Testaments und die Erklärung damit abgeschlossen ist. Wenn z. B. die alte Bäuerin ihren letzten Willen in folgender Form aufsetzt: „Testament. Ich, Anna Pichelmaier, bestimme meinen Neffen Otto Pichelmaier zu meinem einzigen Erben" und keine Unterschrift darunter setzt, dann ist das ein ungültiges Testament. Eine „Oberschrift" ist keine Unterschrift.

Es ist üblich – früher wurde es vom Gesetz sogar ausdrücklich verlangt –, mit Vor- und Familiennamen zu unterschreiben. Eine solche Unterschriftsleistung mit Vor- und Familienname ist nur noch eine gesetzliche Soll-Vorschrift. Heutzutage kann der Erblasser ohne weiteres mit seinem Künstlernamen oder einem Pseudonym unterschreiben. Es genügt sogar der Vorname. Wenn an der Identität des Erblassers keine

Zweifel bestehen, ist eine Verwandtschaftsbezeichnung wie etwa „Euer Vater", ja sogar ein Kose- oder Spitzname zulässig. Eine solche Unterschrift kommt bei den so genannten Brieftestamenten häufig vor.

Als Testament genügt eine Ansichtspostkarte, die man vielleicht aus einer Urlaubsreise an seinen Freund schickt, wenn sie – wie bei solchen Ansichtskarten üblich – mit der Hand geschrieben und auch unterschrieben ist.

Beispiel für ein Brieftestament

Mallorca, den 02.02.2002

Lieber Fritz, falls mir was zustößt,   Herrn
sollst du mein einziger Erbe sein.   Fritz Müller
Bitte kümmere dich um meine   Niddastraße 1
Beerdigung und meinen Hund.

                                 60329 Frankfurt/Main
Dein treuer Freund Oskar   Germany

Gibt der Erblasser in seinem Testament Ort und Zeitpunkt seiner Errichtung nicht an, so wird das Testament dadurch nicht ungültig. Das Fehlen von Ort und Zeit ist ohne Einfluss, wenn nur ein einziges Testament aufgefunden wird und wenn der Erblasser zu keiner Zeit testierunfähig war.

Werden dagegen mehrere Testamente aufgefunden, so kann es sehr wichtig sein, welches Datum auf dem Testament steht, weil grundsätzlich nur das letzte Testament gilt. Sind alle aufgefundenen Testamente undatiert, wird man anhand von Indizien herauszufinden versuchen, welches das letzte Testament ist. Ein undatiertes Testament muss dabei hinter einem datierten Testament zurückstehen, es sei denn, es könnte eindeutig und zweifelsfrei festgestellt werden, dass das undatierte Testament das neuere und damit letztendlich gültige Testament ist.

Nachträgliche Änderungen
Nachträgliche Änderungen eines eigenhändigen Testaments bedürfen eigentlich einer erneuten Unterschrift. Man geht aber in der Regel davon

aus, dass die Änderungen im Text durch die bereits vorhandene Unterschrift gedeckt sind. Insbesondere verlangt die Rechtsprechung bei bloßen Streichungen keine erneute Unterschrift. Es muss aber in diesem Zusammenhang ausdrücklich darauf hingewiesen werden, dass durch solche Streichungen, die möglicherweise von fremder Hand vorgenommen worden sind, ein Testament in wichtigen Bestimmungen verfälscht werden kann. Deshalb ist als letzter Satz in einem Testament folgende Formulierung empfehlenswert: *„Dieses vorstehende, von mir selbst niedergeschriebene Testament enthält keine Änderungen oder Streichungen."* Erst dann sollte der Erblasser seine Unterschrift folgen lassen.

Wenn der Erblasser später das Testament in einzelnen Punkten ändern oder ergänzen will, müsste er es entweder noch einmal ganz neu schreiben oder unter dieses Testament einen Nachtrag setzen und diesen Nachtrag mit Ort, Datum und erneuter Unterschrift versehen.

Beispiel für ein geändertes eigenhändiges Testament

Mönchengladbach, den 4. April 2002

Mein letzter Wille

Mit diesem Testament setze ich zu meinen Erben zu gleichen Teilen, nämlich zu je $1/2$
1.	Frau Edeltraut Brahms
	Bergstraße 111, 81539 München
2.	Herrn Franz Josef Schumann
	Deichgrafenallee 212, 67980 Frankfurt
ein.

Herrn Franz Josef Schumann mache ich zur Auflage, mein Grab und das meiner Ehefrau Wilhelmine Bach auf dem Zentralfriedhof Frankfurt/Main auf seine Kosten bis 10 Jahre nach meinem Tode zu pflegen. Das von mir selbst niedergeschriebene Testament enthält keinerlei Streichungen und Änderungen.

Johann G. Bach

Änderung

In Abänderung meines obigen Testaments vom 4. April 2002 setze ich zusätzlich

    Frau Katharina Schubert
    Lessingstraße 121, 41061 Mönchengladbach

zu meiner Miterbin ein. Damit sollen alle drei Erben zu je einem Drittel zur Erbschaft berufen sein. Diese von mir selbst niedergeschriebene Änderung enthält keinerlei Streichungen und Änderungen.

Mönchengladbach, den 23. Juni 2002
Johann G. Bach

Amtliche Verwahrung des Testaments

Das eigenhändig geschriebene Testament kann – ebenso wie ein notarielles Testament – vom Erblasser beim Amtsgericht/Nachlassgericht in die amtliche Verwahrung gegeben werden. Zuständig ist das Amtsgericht des Wohnortes des Erblassers. Das Testament ist so vor Fälschungen und insbesondere vor Verlust geschützt. Es soll schon vorgekommen sein, dass Erben oder Nichterben nach dem Tod des Erblassers ein Testament aufgefunden und vernichtet haben, weil ihnen der Inhalt des Testaments nicht gefallen hat. Das kann mit einem amtlich verwahrten Testament nicht passieren.

Wenn der Erblasser sein Testament ändern will, dann braucht er nur zum Amtsgericht zu gehen und es dort zurückzufordern. Selbstverständlich darf das Amtsgericht das Testament nur an den Erblasser persönlich aushändigen. Wird ein eigenhändiges Testament aus der amtlichen Verwahrung beim Nachlassgericht genommen, behält es trotzdem seine Gültigkeit (wenn es zum Beispiel beim Tod des Erblassers zu Hause aufgefunden wird). Dagegen wird ein notarielles Testament durch die Rücknahme aus der amtlichen Verwahrung ungültig, denn die Rücknahme eines notariellen Testaments gilt als Widerruf dieses Testaments.

Für die Verwahrung eines Testaments erheben die Amtsgerichte Gebühren, die sich nach dem Wert des Nachlasses richten. Der Erblasser muss also beim Amtsgericht angeben, wie viel sein Nachlass ungefähr wert ist. Dabei empfiehlt es sich aus Gründen der Kostenersparnis, den Nachlass nicht zu hoch zu bewerten.

Gemeinschaftliches Testament

Ein gemeinschaftliches Testament konnte früher nur von Ehegatten errichtet werden, seit dem 1.8.2001 ist das auch bei eingetragenen Lebenspartnern möglich.

Die Ehe und die eingetragene Lebenspartnerschaft müssen zum Zeitpunkt der Errichtung des Testaments bereits bestehen. Deshalb können Verlobte „für den Fall der Eheschließung" noch kein gemeinschaftliches Testament errichten.

Ein gemeinschaftliches Testament enthält die letztwilligen Verfügungen des Ehemannes und der Ehefrau bzw. der beiden Partner einer eingetragenen Lebensgemeinschaft. Sehr häufig setzen sich die Ehegatten in dem gemeinschaftlichen Testament wechselseitig zu Erben ein und bestimmen darüber hinaus, dass der gesamte Nachlass nach dem Tod des Letztversterbenden der beiden Ehegatten zu gleichen Teilen an die gemeinsamen Kinder fallen soll. Das ist das so genannte Berliner Testament (siehe Seite 68).

Ein gemeinschaftliches Testament muss aber keine derartigen wechselseitigen Verfügungen enthalten. Es ist durchaus denkbar, dass der Ehemann seinen Neffen zum Alleinerben bestimmt, während die Ehefrau ihre Nichte als Alleinerbin einsetzt.

Die Besonderheit des gemeinschaftlichen Testaments liegt nur darin, dass die Ehegatten in einer einzigen Urkunde ihr Testament aufsetzen und damit gemeinschaftlich ihren Willen bekunden, wie ihre Vermögensverhältnisse für den Fall des Todes eines jeden Ehegatten geregelt werden sollen.

Ein gemeinschaftliches Testament wird unwirksam, wenn die Ehe für nichtig erklärt oder vor dem Tod einer der beiden Ehegatten geschieden worden ist. Es genügt allerdings, wenn zum Zeitpunkt des Todes eines der Ehegatten dieser Ehegatte die Scheidung bei Gericht beantragt oder der andere Ehegatte ihr zugestimmt hatte. Die Eheleute können jahrelang getrennt gelebt haben, sodass die Voraussetzung für die Scheidung gegeben sind, aber solange der Scheidungsantrag nicht bei Gericht eingereicht und zugestellt ist, wird das gemeinschaftliche Testament nicht unwirksam. Ausnahmsweise kann ein gemeinschaftliches Testament trotz Scheidungsantrages wirksam bleiben, wenn anzunehmen ist, dass es selbst bei Scheidung der Ehe bestehen bleiben soll. Für eine solche Ausnahmeregelung müssen sich aber Anhaltspunkte aus dem Text ergeben.

Form des gemeinschaftlichen Testaments

Das gemeinschaftliche Testament kann ebenso wie das Einzeltestament als öffentliches (notarielles) Testament oder als privates (eigenhändiges) Testament errichtet werden. Ein solches gemeinschaftliches Testament unterscheidet sich vom Einzeltestament nur dadurch, dass es zwei Erblasser gibt, die in einer Urkunde ihren letzten Willen festlegen.

Für das gemeinschaftliche eigenhändige Testament gilt die Formerleichterung, dass nur einer der beiden Ehegatten das Testament handschriftlich niederschreiben und unterschreiben muss, während der andere Ehegatte lediglich zu unterschreiben braucht. Es ist also nicht nötig, dass der andere Ehegatte noch einmal den gesamten Wortlaut des Testaments wiederholt. Er sollte bei der Mitunterschrift Ort und Datum angeben, das ist aber nicht zwingend erforderlich. Üblich ist ein Satz wie: *„Das vorstehende Testament soll auch mein Testament sein. Unterschrift."*

Ein gemeinschaftliches Testament kann auch als Nottestament errichtet werden. Die Voraussetzungen sind schon dann gegeben, wenn nur bei einem Ehegatten die nahe Todesgefahr vorliegt. Das wird aber ein ganz seltener Ausnahmefall sein.

Inhalt des gemeinschaftlichen Testaments

Das gemeinschaftliche Testament kann den gleichen Inhalt haben wie jedes Einzeltestament. Es enthält jedoch meistens voneinander abhängige Verfügungen. Diese wechselseitigen Verfügungen liegen nur dann vor, wenn die Verfügungen des einen nicht ohne die Verfügung des anderen Ehegatten getroffen sein würde. Ob ein derartiges Verhältnis anzunehmen ist, muss nach allgemeinen Auslegungsgrundsätzen beurteilt werden.

Das Gesetz gibt dazu eine Auslegungsregel: Danach ist Wechselbezüglichkeit „im Zweifel" anzunehmen, wenn sich die Ehegatten gegenseitig bedenken oder wenn dem einen Ehegatten von dem anderen eine Zuwendung gemacht wird. Als wechselbezügliche Verfügungen kommen nur die Erbeinsetzung, Vermächtnisse und Auflagen in Betracht. Andere Verfügungen, wie z. B. die Einsetzung eines Testamentsvollstreckers, die Teilungsanordnungen oder der Ausschluss der Auseinandersetzung, sind immer einseitige Verfügungen, die jeder Ehegatte frei widerrufen und ändern kann, auch wenn sie in einem gemeinschaftlichen Testament getroffen worden sind.

Die Nichtigkeit oder der Widerruf einer wechselseitigen Verfügung des einen Ehegatten führt automatisch zur Unwirksamkeit der mit ihr korrespondierenden wechselbezüglichen Verfügung des anderen Ehegatten. Will ein Ehegatte nicht mehr an dem gemeinschaftlichen Testament festhalten, dann kann er die einseitigen Verfügungen, wie Teilungsanordnungen oder Benennung des Testamentsvollstreckers, ohne Zustimmung des anderen Ehegatten ändern, nicht aber die wechselbezüglichen Verfügungen.

Problemlos ist allerdings die Aufhebung eines gemeinschaftlichen Testaments, und zwar auch der wechselseitigen Verfügungen, wenn beide Ehegatten sich einig sind. Sie können sogar durch ein privatschriftliches gemeinschaftliches Testament ein vorausgegangenes notarielles Testament aufheben.

Kein Ehegatte kann aber durch einseitiges Testament – also ohne Zustimmung des anderen Ehegatten – wechselbezügliche Verfügungen aufheben. Er kann jedoch zu Lebzeiten wechselseitige Verfügungen widerrufen. Dazu muss er eine notarielle Widerrufserklärung aufsetzen und diese Erklärung dem anderen Ehegatten zustellen lassen. Das gemeinschaftliche Testament wird mit Zugang der Ausfertigung der Widerrufserklärung bei dem anderen Ehegatten hinfällig. Die Zustellung der notariell beurkundeten Widerrufserklärung erfolgt in der Regel durch den Gerichtsvollzieher und muss zu Lebzeiten des anderen Ehegatten erfolgen. Mit dem Tod des anderen Ehegatten erlischt das Widerrufsrecht. Es tritt somit die Bindungswirkung ein wie bei einem Erbvertrag.

Jede spätere Verfügung von Todes wegen, die mit einer wechselbezüglichen Verfügung des überlebenden Ehegatten in Widerspruch steht, ist unwirksam. Das bedeutet nicht, dass jede Verfügung in einem neuen Testament unwirksam ist. Sie ist nur dann und insoweit unwirksam, als sie die Rechte des durch eine wechselbezügliche Verfügung Begünstigten beeinträchtigen würde.

Befreiung von der Bindungswirkung und Ausschlagung

Die Bindungswirkung beim gemeinschaftlichen Testament, die nach dem Tod des einen Ehegatten eintritt, hat sich in der Praxis oft für den überlebenden Ehegatten als sehr nachteilig erwiesen.

Beispiel

Die kinderlosen Eheleute haben sich zunächst wechselseitig als Alleinerben eingesetzt und weiterhin bestimmt, dass nach dem Tod des Letztlebenden ein Neffe des Ehemannes Schlusserbe sein soll. Der Ehemann stirbt zunächst. Die Ehefrau wird Alleinerbin. Aufgrund der Bindungswirkung muss nach ihrem Tod der Neffe ihres Mannes ihr Alleinerbe und damit praktisch auch Erbe des Vermögens des Ehemannes werden, soweit dieses Vermögen von der überlebenden Ehefrau erhalten worden ist. Während die Ehefrau bisher ein recht gutes Verhältnis zu dem Neffen hatte, verschlechtert es sich schon deshalb, weil der Neffe genau weiß, dass er Alleinerbe wird und dass er keinerlei Rücksicht auf seine Tante zu nehmen braucht. Wenn die Witwe deshalb eine andere Person als Erben einsetzen will, ist sie infolge der Bindungswirkung des gemeinschaftlichen Testaments gehindert.

Um dieses Problem zu umgehen, ist dringend zu empfehlen, in einem gemeinschaftlichen Testament eine Freistellungsklausel aufzunehmen, etwa mit folgender Formulierung:

> Der überlebende Ehegatte ist berechtigt, auch nach dem Tod des Erstversterbenden frei (gegebenenfalls unter bestimmten Einschränkungen, die aber genau zu bezeichnen sind) durch letztwillige Verfügung über sein eigenes und das ererbte Vermögen anders zu testieren.

Befindet sich im gemeinschaftlichen Testament keine solche Freistellungsklausel, kann der überlebende Ehegatte die Bindungswirkung nur

aufheben, wenn er das ihm Zugewendete ausschlägt. Die Ausschlagungserklärung muss form- und fristgerecht erfolgen. Die Ausschlagungsfrist
beträgt sechs Wochen, die Ausschlagung selbst muss durch Erklärung
gegenüber dem Nachlassgericht in öffentlicher Form erfolgen. Eventuell
kommt eine Anfechtung in Betracht, wenn der überlebende Ehegatte weitere Kinder zeugt oder gebiert (zu Einzelheiten siehe Seite 140).

Berliner Testament

Unter Ehegatten ist seit langem das so genannte Berliner Testament üblich. Dabei handelt es sich um ein gemeinschaftliches Testament, in dem
sich die Ehegatten gegenseitig zu Alleinerben und, wenn Kinder vorhanden sind, die Kinder zu gleichen Teilen zu Erben des Letztversterbenden
einsetzen.

Das bedeutet in der Praxis, dass die Kinder zunächst enterbt werden
und darauf warten müssen, dass ihnen nach dem Tod des Letztversterbenden der Eltern das gesamte Erbe anteilig zufällt. Das führt oft dazu,
dass Kinder nach dem Tod des Erstversterbenden den Pflichtteil fordern,
was aber Unruhe und meistens Streit in die Familie bringt. Deshalb versuchen die Eltern, Pflichtteilsforderungen der Kinder durch eine so genannte Strafklausel abzublocken:

> Sollte eines unserer Kinder nach dem Erstversterbenden den
> Pflichtteil fordern, soll es auch nach dem Letztversterbenden auf
> den Pflichtteil beschränkt sein.

Hinterlegung und Eröffnung des gemeinschaftlichen Testaments

Das gemeinschaftliche Testament kann wie ein Einzeltestament von den
Ehegatten beim Amtsgericht/Nachlassgericht in die besondere amtliche
Verwahrung gegeben werden.

Sollte das Testament nicht in die amtliche Verwahrung gegeben sein,
ist es nach dem Tod eines der beiden Ehegatten beim Gericht zur Eröffnung abzuliefern. Bei der Eröffnung werden vom Amtsgericht jedoch nur
die Verfügungen im gemeinschaftlichen Testament verkündet, die im Zusammenhang mit dem Tod des verstorbenen Ehegatten stehen. Was nach

dem Tod des überlebenden Ehegatten laut Testament zu geschehen hat, wird nicht bekannt gegeben, solange dieser Ehegatte noch lebt. Meist lässt sich eine klare Trennung der Texte jedoch nicht vornehmen. Sieht aber das gemeinschaftliche Testament beispielsweise vor, dass die Ehefrau ihren Schmuck ihrer Nichte vermachen will und der Ehemann seine Briefmarkensammlung seinem Neffen hinterlassen will, dann kann und muss das Amtsgericht nur den Teil des Testaments veröffentlichen, der den verstorbenen Ehegatten betrifft.

Der Rest des Testaments bleibt zunächst unverkündet. Das Testament wird wieder verschlossen und in die besondere amtliche Verwahrung zurückgebracht, bis es in vollem Umfang nach dem Tod des Letztversterbenden der beiden Ehegatten eröffnet wird.

Kommentar: Berliner Testament

Das unter Ehegatten beliebte Berliner Testament ist ein gemeinschaftliches Testament, in dem sich die Ehegatten gegenseitig zu Erben einsetzen. In seiner klassischen Form lautet es:

1. *Wir setzen uns gegenseitig zu Alleinerben ein.*
2. *Unsere Kinder sollen Erben des Letztversterbenden von uns zu gleichen Teilen sein.*
3. *Sollte eines unserer Kinder nach dem Erstversterbenden den Pflichtteil fordern, soll es auch nach dem Letztversterbenden auf den Pflichtteil beschränkt sein.*

Dieses Berliner Testament hat für den überlebenden Ehegatten unstreitig gewisse Vorteile. Er kann das gemeinsame eheliche Vermögen bis zu seinem Tod weiter behalten. In früheren Zeiten hatte es eine gewisse Berechtigung, denn vor In-Kraft-Treten des Gleichberechtigungsgesetzes erbte der überlebende Ehegatte nur ein Viertel. Der überlebende Ehegatte war in den meisten Fällen – wie statistisch erwiesen – die Ehefrau. Da früher üblicherweise das Vermögen in der Hand des Ehemannes lag, bekam also die Frau beim Tod des Mannes nur ein Viertel des Vermögens. Außerdem waren die Renten und Pensionen sehr niedrig, sodass die überlebende Ehefrau oft finanziell sehr schlecht dastand. Deswegen versuchten viele Ehegatten, soweit sie in intakter Ehe lebten, den überlebenden Ehegatten durch dieses Berliner Testament finanziell besser zu stellen.

Die Rechtslage hat sich mittlerweile wesentlich gewandelt. Der Überlebende bekommt nicht nur ein erbrechtliches Viertel des Nachlasses des verstorbenen Ehegatten, sondern – falls Zugewinngemeinschaft besteht – ein weiteres güterrechtliches Viertel, sodass er insgesamt die Hälfte des Nachlasses erhält. Außerdem sind die Renten- und Pensionsansprüche inzwischen so stark angehoben worden, dass dadurch meist eine finanziell gesicherte Existenz des überlebenden Ehegatten gewährleistet ist.

Folgendes kommt noch hinzu, wenn es auch nur für größeres Nachlassvermögen von Bedeutung ist: Durch das Berliner Testament entsteht ein doppelter Erbgang. Zunächst fällt das Vermögen des verstorbenen Ehegatten an den überlebenden Ehegatten und erst danach an die Kinder. Somit unterliegt das Vermögen des zuerst verstorbenen Ehegatten zweimal der Erbschaftsteuer. Da aber der überlebende Ehegatte einen Freibetrag von 307 000 Euro hat – gegebenenfalls noch einen Versorgungsfreibetrag und zusätzliche Freibeträge für Hausrat- und Kunstgegenstände –, wirkt sich dieser steuerliche Nachteil im Normalfall nicht aus. Nur große, die Freibeträge übersteigende Erbschaften sind durch den doppelten Erbgang steuerlich nachteilig betroffen.

Das ist aber nicht der entscheidende Nachteil. Durch das Berliner Testament werden die Kinder beim Tod des erstversterbenden Elternteils zunächst völlig enterbt. Gerade junge Leute benötigen aber ein gewisses Vermögen, um eine eigene Existenz aufbauen zu können. Deshalb finden sich längst nicht alle Kinder mit dem Berliner Testament ab und fordern alsbald nach dem Tod des Erstversterbenden den Pflichtteil.

Jede Pflichtteilsforderung löst Streit aus. Zudem belastet es den überlebenden Ehegatten stark, wenn er nach dem Tod des Erstversterbenden den Pflichtteil in Geld auszahlen muss. Wenn der Nachlass des Erstversterbenden im Wesentlichen aus Grundstücken besteht, muss für die Auszahlung des Pflichtteilsanspruchs – der ein reiner Geldanspruch ist – oft Grundbesitz veräußert oder belastet werden.

Weiteres Problem: Wenn mehrere Kinder vorhanden sind und nur ein Kind den Pflichtteil fordert, werden die Kinder ungleich behandelt. Das löst wiederum Ärger mit dem Überlebenden und unter den Geschwistern aus.

Eine andere Situation ruft noch viel mehr Ärger hervor: Die Kinder waren zunächst damit einverstanden, dass der überlebende Ehegatte – in den meisten Fällen die Mutter – alles erbt und dass er das Vermögen treusorgend für die Kinder verwalten und erhalten soll. Eines Tages aber lernt der Überlebende einen anderen Partner kennen, den er zunächst nicht heiratet, dem er aber viel zukommen lässt. Dann sehen die Kinder ihr Erbe gefährdet. Wegen des Fristablaufs (Dreijahresfrist) können sie den Pflichtteil später nicht mehr fordern. Noch gravierender: Wenn der überlebende Elternteil wieder heiratet, wird der neue Partner pflichtteilsberechtigt.

Viel sinnvoller ist es, die Kinder rechtzeitig am Erbe zu beteiligen, etwa in der Form, dass sie bereits beim Tod des Erstversterbenden ein entsprechendes Erbteil bekommen, das aber mit einem Nießbrauch- oder Wohnrecht zugunsten des überlebenden Ehegatten belastet ist.

Das Berliner Testament ist allerdings dann noch zweckmäßig, wenn aus der Ehe keine Kinder hervorgegangen sind. Allerdings ist zu bedenken, dass dadurch das Vermögen aus dem Familienstamm des erstversterbenden Ehegatten vollständig in den Familienstamm des anderen Ehegatten übergeht.

Inhalt eines Testaments

Erbeinsetzung

Zentraler Inhalt eines Testaments ist die Einsetzung eines oder mehrerer Erben. Durch diese testamentarische Erbeinsetzung wird in der Regel die gesetzliche Erbfolge geändert oder eingeschränkt. Wenn in dem Testament keine Erbeinsetzung enthalten ist, dann bleibt es bei der gesetzlichen Erbfolge. Ein solches Testament kann jedoch andere Verfügungen enthalten, z.B. Vermächtnisse und Auflagen oder die Einsetzung eines Testamentsvollstreckers.

Es liegt im freien Ermessen des Erblassers, ob er seine Kinder und/oder seinen Ehegatten als Erben berufen will. Er kann ohne Rücksicht auf irgendwelche Pflichtteilsberechtigungen beliebige Personen benennen. Wer pflichtteilsberechtigt ist, aber durch das Testament übergangen oder benachteiligt ist, kann jedoch nach dem Tod des Erblassers von dessen Erben den Pflichtteil fordern.

Der Erblasser sollte seine Erben (und auch die Vermächtnisnehmer und sonstigen Personen) so eindeutig bezeichnen, dass es später keine Verwechslungen gibt. Da die eingesetzten Erben nach Eröffnung des Testaments vom Amtsgericht/Nachlassgericht benachrichtigt werden müssen, sollten zweckmäßigerweise auch die Adressen der bedachten Personen angegeben werden.

Hat der Erblasser mehrere Personen als Erben eingesetzt, dann sollte er unbedingt den Bruchteil (Erbquote) angeben, zu dem der jeweilige Erbe beteiligt ist. Es ist nicht richtig und führt zu großen Auslegungsschwierigkeiten, wenn statt einer Erbquote dem oder den Erben bestimmte Gegenstände zugewandt werden, z. B. das Einfamilienhaus, die Bankkonten oder die Wertpapiere. Bei derartigen Einzelzuweisungen handelt es sich meist nicht um Erbeinsetzungen, sondern um Vermächtnisse oder Teilungsanordnungen. Wenn sich der Erblasser nicht klar ausgedrückt hat, führt das zu Auslegungsschwierigkeiten.

Bei der Festlegung der einzelnen Erbquoten ist zu beachten, dass die Bruchteile insgesamt ein Ganzes ergeben müssen. Wird das Ganze nicht erreicht, so tritt für den restlichen Nachlassteil in der Regel die gesetzliche Erbfolge ein. Übersteigen dagegen die einzelnen Erbquoten infolge eines Rechenfehlers des Erblassers das Ganze, so muss später verhältnismäßig gekürzt werden.

Für den Anfall einer Erbschaft muss der Erbe zum Zeitpunkt des Erbfalls leben oder gezeugt sein. Da der Erblasser dies bei Abfassung des Testaments nicht mit Sicherheit voraussehen kann, ist es empfehlenswert, eine oder mehrere Personen als Ersatzerben einzusetzen. Ist ein Abkömmling des Erblassers als Erbe eingesetzt, so ist nach der gesetzlichen Auslegungsregel anzunehmen, dass im Fall des Todes dieses Abkömmlings dessen Kinder nach der Regel der gesetzlichen Erbfolge berufen sind.

Bei der Erbeinsetzung einer fremden Person, z. B. eines Freundes, sollte der Erblasser unbedingt angeben, ob bei Wegfall dieses Freundes der Nachlass an dessen Abkömmlinge oder an andere Personen fallen soll.

Bei der testamentarischen Erbeinsetzung kann der Erblasser auch Vor- und Nacherbschaft anordnen (siehe Seite 83).

Vermächtnis

Das Vermächtnis ist eine testamentarische Zuwendung von Todes wegen. Es ist weder Erbeinsetzung noch Auflage. Der Vermächtnisnehmer wird also nicht Erbe. Er hat als Bedachter lediglich einen schuldrechtlichen Anspruch gegen den oder die Erben auf Leistung eines bestimmten

Gegenstandes, eines Geldbetrages, einer Sache (Bild, Kraftfahrzeug) oder eines Rechtes (Nießbrauchrecht). Es kann im Einzelfall zweifelhaft sein, ob der Erblasser dem Bedachten ein Vermächtnis zukommen lassen oder ihn als Erben einsetzen wollte. Wenn der Erblasser in seinem Testament beispielsweise bestimmt, dass sein Neffe seine Briefmarkensammlung bekommen soll, dann ist davon auszugehen, dass er dem Neffen die Briefmarkensammlung als Vermächtnis zugedacht hat, während das gesamte übrige Vermögen seinen Erben zufallen soll. Sind im Testament keine Erben genannt, dann sind die gesetzlichen Erben berufen. Der Neffe als Vermächtnisnehmer kann von diesen Erben die Herausgabe der Briefmarkensammlung als Vermächtnis verlangen, falls sie beim Tod des Erblassers noch vorhanden ist.

Eine andere Auslegung kommt nur dann in Betracht, wenn der Nachlass praktisch nur aus einem wertvollen Gegenstand besteht. Wenn der Erblasser in seinem Testament z. B. bestimmt hat, dass sein Neffe sein Einfamilienhaus bekommen soll und damit praktisch den einzigen wesentlichen Nachlassgegenstand (der übrige Nachlass ist nichts wert), dann ist im Zweifel anzunehmen, dass der Neffe alleiniger Erbe und nicht nur Vermächtnisnehmer werden soll.

Der Erblasser kann mehrere Vermächtnisnehmer bestimmen. Vermächtnisnehmer kann jede rechtsfähige Person sein, ebenso eine juristische Person oder auch – wie bei der Erbeinsetzung – das noch ungeborene Kind. Der Vermächtnisnehmer braucht zum Zeitpunkt des Erbfalls nicht zu leben oder gezeugt zu sein. Das Vermächtnis wächst ihm im Augenblick der Geburt an. Ein Vermächtnis wird grundsätzlich 30 Jahre nach dem Erbfall unwirksam.

Sehr häufig setzen Eheleute ihre Kinder als Erben und ihre Enkelkinder als Vermächtnisnehmer ein. Eine entsprechende Anordnung könnte so lauten:

> Unsere Enkelkinder, und zwar auch die Enkelkinder, die uns noch geboren werden, sollen nach dem Tod des Letztlebenden von uns ein Vermächtnis von je 5000 Euro ausgezahlt bekommen.

Jeder Vermächtnisnehmer kann durch formlose Erklärung gegenüber dem Beschwerten, also in der Regel gegenüber den Erben oder gegenüber dem Testamentsvollstrecker, das Vermächtnis ausschlagen. Die Ausschlagung ist an keine Frist gebunden, solange der Bedachte das Vermächtnis noch nicht angenommen hat. Ein Vermächtnis wird unwirksam, wenn der Bedachte zur Zeit des Erbfalls nicht mehr lebt. Das Vermächtnis geht also nicht auf die Erben des Vermächtnisnehmers über, sondern fällt weg.

Der Erblasser kann aber Ersatzvermächtnisnehmer bestimmen, etwa durch folgende Formulierung:

> Mein Freund Fritz Müller, wohnhaft Inselstraße 2 in Düsseldorf, soll als Vermächtnis die große alte Standuhr bekommen, die in meinem Hause in der Diele steht. Sollte mein Freund vor mir versterben, soll diese Standuhr sein Sohn bekommen.

Wenn zum Zeitpunkt des Todes des Erblassers der vermachte Gegenstand nicht mehr vorhanden ist, dann fällt das Vermächtnis ersatzlos fort. Der Erbe oder die Erbengemeinschaft sind nicht verpflichtet, dem Vermächtnisnehmer Wertersatz zu leisten. Anders verhält es sich bei dem so genannten Verschaffungsvermächtnis. Der Erblasser kann beispielsweise bestimmen, dass sein Sohn und Erbe dem Enkelsohn ein Auto zu kaufen hat, sobald dieser den Führerschein gemacht hat.

Ein Vermächtnis, das auf eine zur Zeit des Erbfalls unmögliche Leistung gerichtet ist oder gegen ein zu dieser Zeit gesetzliches Verbot verstößt, ist unwirksam. Ein gesetzliches Verbot könnte z. B. ein Einfuhrverbot oder einen Verstoß gegen Devisenbestimmungen betreffen. Ebenso ist ein Vermächtnis unwirksam, wenn es gegen die guten Sitten verstößt. Werden Kinder oder Enkel ungleichmäßig behandelt, ist diese Ungerechtigkeit alleine allerdings noch nicht sittenwidrig.

Vorausvermächtnis

Wenn mehrere Erben vorhanden sind, hat der Erblasser oft den Wunsch, einem der Miterben bestimmte Nachlassgegenstände oder Vermögenswerte „extra" zuzuwenden. Eine solche Zuwendung wird als Vorausvermächtnis bezeichnet. Hier ein Beispiel für ein Vorausvermächtnis:

> Ich setze meine drei Kinder als Erben ein. Mein ältester Sohn Hans soll das große Familienbild (Ölgemälde der Großeltern) als Vorausvermächtnis bekommen. Er ist nicht verpflichtet, den Wert dieses Bildes auf seinen Erbteil anrechnen zu lassen.

Durch dieses Vorausvermächtnis wird eine Doppelstellung des Bedachten, also in diesem Falle des Sohnes Hans, begründet. Der Sohn ist einerseits Erbe zu einem Drittel und gleichzeitig Vermächtnisnehmer. Er kann von seinen Miterben die Herausgabe des Ölgemäldes verlangen. Die Miterben haften als Gesamtschuldner. Da das Vorausvermächtnis von der Erbschaft unabhängig ist, kann der Vorausbedachte die Erbschaft ausschlagen, ohne gleichzeitig seinen Anspruch auf das Vermächtnis zu verlieren.

Teilungsanordnungen

Der Erblasser kann in seiner letztwilligen Verfügung auch so genannte Teilungsanordnungen bestimmen. Er kann also in seinem Testament anordnen, wie der Nachlass auf die einzelnen Erben verteilt werden soll. Bei einer Teilungsanordnung kann es beispielsweise heißen:

> Ich setze meine drei Kinder als Erben zu gleichen Teilen ein. Ich ordne an, dass mein Sohn Hans unser Einfamilienhaus auf der Taubenstraße bekommen soll, wenn er an der Übernahme des Hauses interessiert ist. Er ist aber verpflichtet, den Wert dieses Hauses, der gegebenenfalls durch einen Sachverständigen festzustellen ist, mit seinen Geschwistern auszugleichen. Maßgeblich ist der Wert des Hauses zum Zeitpunkt meines Todes.

Eine derartige Teilungsanordnung ist für Geschäfts- und Firmeninhaber besonders wichtig, zumal der Firmenerbe einen besonderen steuerlichen Freibetrag genießt.

Im Rahmen einer Teilungsanordnung kann der Erblasser auch verfügen, dass die Auseinandersetzung des Nachlasses oder einzelner Nachlasswerte auf einen späteren Zeitpunkt innerhalb von 30 Jahren nach Eintritt des Erbfalls hinausgeschoben wird oder erst bei einem besonderen Ereignis erfolgen soll, z. B. anlässlich der Heirat des Sohnes oder der Geburt des ersten Enkelkindes. Derartige Teilungsanordnungen des Erblassers sind jedoch für die Erbengemeinschaft nicht zwingend. Die Erben können, wenn sie sich einig sind, sich über diese Teilungsanordnungen hinwegsetzen.

Es hat sich als unzweckmäßig erwiesen und belastet die Erben unnötig, wenn der Erblasser zu viele Teilungsanordnungen verfügt. Bei der Geschäfts- oder Firmenfortführung sind Teilungsanordnungen sinnvoll. Der Erblasser meint es meist gut mit seinen Kindern, wenn er ihnen vorschreibt, wie sie das Erbe zu teilen haben. In anderen Fällen sind Teilungsanordnungen eher hinderlich. Der Erblasser weiß ja gar nicht, wie sich die tatsächlichen Verhältnisse entwickeln, welche Bedürfnisse seine Kinder haben und ob z. B. der Sohn das ihm zugedachte Einfamilienhaus überhaupt bewohnen kann. Womöglich ist er inzwischen an einen anderen Ort versetzt.

Teilungsanordnungen erschweren eine einverständliche Auseinandersetzung der Erbengemeinschaft, insbesondere wenn der Erblasser in seinem Testament bestimmte Übernahmewerte festgelegt hat. Soweit diese Übernahmewerte den tatsächlichen Verkehrswerten der zugewiesenen Nachlassgegenstände entsprechen, handelt es sich um einfache Teilungsanordnungen. Liegt der Übernahmewert niedriger als der Verkehrswert, so gilt der Differenzbetrag zum Verkehrswert als Vorausvermächtnis zugunsten des Bedachten.

Der Erblasser könnte z. B. bestimmen, dass der Sohn das Einfamilienhaus mit einem tatsächlichen Verkehrswert von 300 000 Euro zu einem Preis von nur 200 000 Euro übernehmen kann und seine Geschwister nur auf der Basis diese Preises auszahlen muss.

Noch problematischer ist eine solche Teilungsanordnung, wenn dieses Einfamilienhaus, das der Sohn zu einem günstigen Preis übernehmen könnte, zum Zeitpunkt des Todes des Erblassers nicht mehr vorhanden ist, weil er es nach Errichtung des Testaments verkauft hat, um sich selbst in einem Altersheim einzukaufen und das übrige Geld zu verleben.

Bei der Auslegung vieler Testamente bleibt unklar, ob der Erblasser eine einfache Teilungsanordnung oder ein nicht anrechnungspflichtiges

Vorausvermächtnis bestimmt hat. Da der Erblasser nicht mehr gefragt werden kann, sein Wille aber erfüllt werden muss, liegt hier einer der häufigsten Streitpunkte unter Miterben. Es kann nur jedem Erblasser dringend empfohlen werden, sich klar auszudrücken, ob er ein Vorausvermächtnis oder eine Teilungsanordnung wünscht. Der Erblasser sollte sehr gründlich überlegen, ob er nicht am besten generell auf Vorausvermächtnisse und Teilungsanordnungen verzichtet. Eine Ausnahme stellt die Regelung der Firmennachfolge dar.

Auflagen

Der Erblasser kann in seiner letztwilligen Verfügung neben der Erbeneinsetzung und Vermächtniszuwendungen die Erben oder Vermächtnisnehmer mit Auflagen beschweren. Damit verpflichtet er sie, bestimmte Leistungen zu erbringen. Üblich ist beispielsweise die Auflage an den oder die Erben, für eine 30-jährige Erhaltung und Pflege des Grabes zu sorgen. Solche Auflagen sind für den Beschwerten verbindlich, allerdings ist die Durchsetzung solcher Auflagen äußerst problematisch. Grundsätzlich können Erben, Miterben oder der Testamentsvollstrecker die Vollziehung einer Auflage verlangen, mit der Durchführung in der Praxis sieht es aber häufig anders aus.

Liegt die Auflage allerdings im öffentlichen Interesse – z.B. eine Kunstsammlung allgemein zugänglich zu machen, was auch steuerlich sehr günstig wäre –, so kann die zuständige Behörde die Erfüllung der Auflage verlangen. Hier ein Beispiel für Auflagen:

> Ich mache meinen beiden Kindern als Erben die Auflage, für meine standesgemäße Beerdigung zu sorgen und auf meinem Grab einen großen Grabstein aus schwarzem Granit aufzustellen.
>
> Ich bestimme weiterhin, dass mein Sohn Hans unseren Hund Bello bis zu dessen Lebensende zu versorgen und in guter Pflege zu behalten hat. Der Hund darf keinesfalls in ein Tierheim abgegeben werden.

Auslegung eines Testaments

Eigenschriftliche Testamente sind oft unklar und missverständlich abgefasst. Da man den Erblasser nach seinem Tod nicht mehr fragen kann, muss sein Testament in Zweifelsfällen ausgelegt werden. Die meisten und schwierigsten Zweifelsfragen und Unklarheiten entstehen, wenn sich die tatsächlichen Verhältnisse beim Erblasser geändert haben und sein Testament dadurch überholt ist.

Beispiel

Der Erblasser hat sein Testament ganz auf seinen ältesten Sohn ausgerichtet, der das Geschäft übernehmen und weiterführen soll. Der älteste Sohn stirbt vor dem Erblasser und keines der Geschwister ist zur Fortführung des Unternehmens bereit. Der Erblasser hat es nach dem Tod seines ältesten Sohnes versäumt, sein Testament noch einmal zu ändern, sodass es nun nicht mehr „passt".

Der Erblasser sollte bei einer wesentlichen Änderung seiner persönlichen oder wirtschaftlichen Verhältnisse sein Testament ändern oder ein neues Testament abfassen, das den geänderten Verhältnissen entspricht.

Auslegungsregeln

Leider gerät eine solche Änderung aber oft in Vergessenheit oder wird auf die lange Bank geschoben, bis es dann eines Tages zu spät ist. Wenn ein solches nicht geändertes Testament nach dem Tod des Erblassers eröffnet wird, rätseln die Angehörigen und Erben, was der Erblasser für den geänderten Fall wohl gewollt hätte. Es bleibt dann nur der Weg, den Willen des Erblassers auszulegen.

Dafür gibt es im Gesetz Auslegungsregeln. Da jede Verfügung von Todes wegen eine Willenserklärung des Erblassers ist, gilt für sie zunächst die allgemeine Auslegungsregel von § 133 BGB:

> Bei der Auslegung einer Willenserklärung ist der wirkliche Wille zu erforschen und nicht am buchstäblichen Sinn des Ausdrucks zu haften.

Diese allgemeine Auslegungsregel wird für Testamente und Erbverträge durch die Sondervorschrift von § 2084 BGB ergänzt:

> Lässt der Inhalt einer letztwilligen Verfügung verschiedene Auslegungen zu, so ist im Zweifel diejenige Auslegung vorzuziehen, bei welcher die Verfügung Erfolg haben kann.

Das heißt mit anderen Worten: Es gilt der Grundsatz der wohlwollenden Auslegung. Dazu ein schönes Beispiel aus der Rechtsprechung: Der Erblasser setzt „Maria" zu seiner Alleinerbin ein. Da sowohl seine Ehefrau wie auch seine Geliebte Maria heißen, ist es zweifelhaft, wen er gemeint hat. Nach der Rechtsprechung wird seine Ehefrau Maria Alleinerbin. Nach früherer Rechtsprechung wäre ein Testament zugunsten der Geliebten sogar sittenwidrig und damit nichtig gewesen. Ein anderer Fall: Der Erblasser bestellt, was rechtlich unzulässig ist, einen Pfleger für seinen Nachlass. Dies kann man als die zulässige Ernennung eines Testamentsvollstreckers auslegen.

Nach der Rechtsprechung des Bundesgerichtshofes muss der Wille des Erblassers in seinem Testament irgendwie Ausdruck gefunden haben. Es genügt nicht, dass der Erblasser außerhalb des Testaments seinen Willen geäußert und nur „versehentlich" vergessen hat, im Testament seinen Wunsch zu artikulieren. Hierzu ein Fall, den der Bundesgerichtshof entschieden hat:

Beispiel

Die Eheleute hatten ein gemeinschaftliches Testament errichtet, nach dessen Wortlaut ihre Kinder ihre Erben sein sollten. Bei der Niederschrift aus dem vorliegenden Testamentsentwurf hatten die Eltern versehentlich den Satz vergessen: „Wir setzen uns zunächst gegenseitig als Alleinerben ein." Der Bundesgerichtshof hat den Fall dahingehend entschieden, dass die gegenseitige Erbeinsetzung im Testament keinen Niederschlag gefunden habe und deshalb eine Erbeinsetzung des überlebenden Ehegatten im Testament nicht enthalten, ja nicht einmal angedeutet sei. Der überlebende Ehegatte sei deshalb nicht vor den Kindern Erbe geworden.

Diese Rechtsprechung ist nicht unumstritten, wie überhaupt alle mit der Auslegung zusammenhängenden Fragen. Bieten die Auslegungsmittel keine eindeutige Lösung, so ist der Auslegung der Vorzug zu geben, die sich für den Bedachten günstiger auswirkt. Kann ein Testament sowohl angefochten als auch ausgelegt werden, so muss zuerst eine Auslegung versucht werden.

Nach der allgemeinen Regel des BGB gilt bei Teilnichtigkeit, dass im Zweifel das gesamte Rechtsgeschäft nichtig ist. Im Erbrecht ist es genau umgekehrt: Die Nichtigkeit einer von mehreren letztwilligen Anordnungen führt nicht zur Nichtigkeit der anderen letztwilligen Anordnungen (§ 2985 BGB).

Beispiel

Ein eigenhändig geschriebener Erbvertrag ist nichtig, weil er eigentlich notariell beurkundet sein müsste. Er kann aber als eigenhändiges Testament aufgefasst werden und wäre insoweit durchaus gültig.

Neben diesen allgemeinen Regeln enthält das Bürgerliche Gesetzbuch einige Sondervorschriften über die Auslegung letztwilliger Verfügungen. Hat der Erblasser sein Vermögen oder einen Bruchteil seines Vermögens einer bestimmten Person zugewandt, so ist dies als Erbeinsetzung anzusehen, selbst wenn die betroffene Person nicht als Erbe bezeichnet ist. Der Erblasser hat beispielsweise geschrieben: *„Nach meinem Tod soll mein Freund Fritz Müller mein ganzes Vermögen erhalten.“* Durch eine solche letztwillige Verfügung wird Fritz Müller Alleinerbe, obwohl er nicht ausdrücklich als Erbe bezeichnet wurde.

Andererseits heißt es im Erbrecht (§ 2087, Absatz 2):

> Sind dem Bedachten nur einzelne Gegenstände zugewendet, so ist im Zweifel nicht anzunehmen, dass er Erbe sein soll, auch wenn er als Erbe bezeichnet ist.

Wenn der Erblasser also im Testament geschrieben hat: *„Nach meinem Tod soll mein Freund Fritz Müller meinen PKW erben“*, so ist dies keine Erbeinsetzung, sondern ein Vermächtnis zugunsten des Freundes Fritz Müller. Allerdings ist der Fall wiederum anders zu beurteilen, wenn der Erblasser lediglich einen PKW und keine sonstigen Gegenstände oder Werte hinterlassen hat.

Gesetzliche Erben und Kinderabkömmlinge

Hat der Erblasser seine „Erben", seine „Verwandten" oder seine „nächsten Verwandten" bedacht, ohne auszuführen, wen genau er meint, so erben die zum Zeitpunkt des Erbfalls gesetzlichen Erben. Dazu gehören auch die Adoptivkinder und die nichtehelichen Kinder. Bei der Einsetzung der „Verwandten" als Erben ist jedoch umstritten, ob auch der Ehegatte dazu gehört, denn er ist eigentlich kein Verwandter.

An die Stelle vorverstorbener Kinder treten im Zweifelsfall deren Abkömmlinge nach den Regeln der gesetzlichen Erbfolge.

Personengruppen

Hat der Erblasser ohne nähere Bestimmung eine Gruppe von Personen bedacht oder Personen, die zu ihm in einem Dienst- oder Geschäftsverhältnis stehen, so sind im Zweifel diejenigen bedacht, die zur Zeit des Erbfalls zu dem erwähnten Kreis gehören. Wenn also der Erblasser die Mitarbeiter in seinem Unternehmen bedenkt, sind nur diejenigen gemeint, die zur Zeit des Erbfalls in dem Unternehmen beschäftigt sind.

Passt die Bezeichnung der Bedachten auf mehrere Personen und lässt sich nicht ermitteln, wer von ihnen bedacht werden soll, so gelten sie als zu gleichen Teilen bedacht.

Bedingungen

Hat der Erblasser eine letztwillige Zuwendung „unter einer aufschiebenden Bedingung" gemacht, so ist im Zweifel anzunehmen, dass die Zuwendung nur gelten soll, wenn der Bedachte den Eintritt der Bedingung erlebt. Der Erblasser hat z. B. so formuliert: *„Falls der Rechtsstreit um mein Grundstück in der früheren DDR von meinem Rechtsanwalt Fritz Müller erfolgreich zu Ende geführt wird, soll dieser Anwalt dieses Grundstück bekommen."* Stirbt der Anwalt, bevor der Rechtsstreit entschieden ist, fällt das Grundstück nicht an dessen Erben, selbst wenn der Rechtsstreit schließlich erfolgreich endet, denn der Anwalt selbst erlebt den positiven Ausgang ja nicht mehr.

Legt der Erblasser Wert auf ein fortgesetztes Tun oder Unterlassen und verknüpft er eine Zuwendung mit einer aufschiebenden Bedingung, soll ein entgegengesetztes Verhalten im Zweifel als auflösende Bedingung ausgelegt werden.

Der Erblasser ist ein verbissener Kämpfer gegen das Rauchen. Er bestimmt, dass sein Neffe 10 000 Euro bekommen soll, wenn er sein Leben lang nicht raucht. Bei getreuer Auslegung dieser Bestimmung dürfte man dem Neffen die 10 000 Euro bis an sein Lebensende nicht aushändigen. Das wäre natürlich völlig unsinnig. Deshalb sagt der Gesetzgeber, im Zweifel sei anzunehmen, dass die Zuwendung unter der auflösenden Bedingung stehe, dass der Neffe das Rauchen unterlässt. Wenn er trotzdem mit dem Rauchen beginnt, muss er das Geld an einen Ersatzerben oder Ersatzvermächtnisnehmer zurückgeben.

Dass solche letztwilligen Verfügungen Missstimmigkeiten und möglicherweise einen Prozess auslösen, dürfte jedem einleuchten. Deshalb sollte man solche „unsinnigen" Bestimmungen und Bedingungen in kein Testament aufnehmen.

Ehegatten und Verlobte

Hat der Erblasser in seinem Testament seinen Ehegatten bedacht, ist diese Verfügung nur wirksam, solange die Ehe besteht. Wenn zur Zeit des Todes des Erblassers die Voraussetzungen für die Scheidung der Ehe gegeben sind und der Erblasser die Scheidung beantragt oder ihr zugestimmt hat, fällt das Erbrecht des Ehegatten weg. Das Gleiche gilt für Verlobte. Zuwendungen an Verlobte sind im Zweifel unwirksam, wenn das Verlöbnis nichtig oder vor dem Erbfall aufgelöst worden ist.

Ausnahmsweise kann angenommen werden, dass der Erblasser eine letztwillige Verfügung auch für den Fall der Scheidung seiner Ehe und der Auflösung des Verlöbnisses getroffen haben würde. Der frühere Ehegatte oder der Verlobte kann dann den Beweis führen, der Erblasser habe zum Zeitpunkt der Testamentserrichtung zu erkennen gegeben, er wolle entgegen der allgemeinen Lebenserfahrung die letztwillige Verfügung trotzdem aufrechterhalten. Dies ist aber ein seltener Ausnahmefall, der in der Praxis kaum vorkommt.

Bei der nichtehelichen Lebensgemeinschaft dagegen bleiben letztwillige Verfügungen auch nach Trennung der Partner wirksam. Nach der Rechtsprechung sind die für die Ehegatten und Verlobte geltenden Vorschriften insoweit nicht entsprechend anwendbar. Deshalb müssen nichteheliche Partner, falls sie sich trennen, bestehende testamentarische Regelungen ändern oder aufheben.

Verwirkung

Manche Erblasser wollen auf jeden Fall verhindern, dass ihr letzter Wille angezweifelt oder angegriffen wird. Sie bestimmen deshalb, dass der Bedachte eine Zuwendung nicht erhalten oder wieder verlieren soll, wenn er das Testament angreift. Eine mögliche Formulierung: *„Wer von meinen Kindern das Testament gerichtlich angreift, bekommt nur den Pflichtteil."* Noch massiver und falls der Erbe nicht pflichtteilsberechtigt ist, kann man schreiben: *„Wer das Testament angreift, bekommt nichts."*

Auslegungsfrage wäre es hier, ob schon ein Angriff außerhalb des gerichtlichen Verfahrens ausreicht oder ob eine Klage erforderlich ist. Auszulegen ist außerdem, ob der Erblasser mit solch einer Formulierung den angreifenden Erben allein oder seinen ganzen Stamm treffen wollte.

Vor- und Nacherbschaft

Der Erblasser kann anordnen, dass sein Vermögen zunächst an einen Vorerben fällt, und gleichzeitig bestimmen, dass bei einem späteren Ereignis – etwa beim Tod des Vorerben oder seiner Wiederheirat – die Erbschaft einem Nacherben zufallen soll. Eine solche Vor- und Nacherbschaft tritt nicht kraft Gesetzes ein, sondern nur aufgrund einer letztwilligen Verfügung des Erblassers.

Der Vorerbe und der Nacherbe gelten als Erben des Erblassers. Der Vorerbe übernimmt den Nachlass wie ein Durchgangserwerber. Er und sein Nacherbe beerben den Erblasser hintereinander und nicht gleichzeitig. Sie bilden keine Erbengemeinschaft miteinander.

Allerdings ist es möglich, dass mehrere Personen Vor- bzw. Nacherben sind. Beispielsweise ist die Mutter Vorerbin, die Nacherbschaft fällt jeweils zum 25. Geburtstag eines Kindes an. Vor- und Nacherbschaften sind nicht auf Ehegatten, Eltern und Kinder beschränkt. Vor- und Nacherben müssen nicht miteinander verwandt sein. Jede Person kann als Vor- oder Nacherbe eingesetzt werden.

Die rechtliche Konstruktion der Vor- und Nacherbschaft hat erhebliche steuerliche Auswirkungen (zu Einzelheiten siehe Seite 274).

Die Vor- und Nacherbschaft führt oft zu Streitigkeiten zwischen Vor- und Nacherben und ist deshalb nicht zu empfehlen.

Bei der Vorerbschaft unterscheidet man zwischen nicht befreiter Vorerbschaft und befreiter Vorerbschaft.

Nicht befreite Vorerbschaft

Der Vorerbe wird zwar Erbe des Erblassers, aber nicht freier Herr über den Nachlass. Mit Rücksicht auf den Nacherben unterliegt er erheblichen Verfügungsbeschränkungen. Eigentlich hat der Vorerbe nur die Nutzungen des Nachlasses. Er darf nicht über die Substanz des Nachlassvermögens verfügen. Er ist gesetzlich verpflichtet, dem Nacherben die Erbschaft möglichst ungeschmälert zu erhalten. Der Vorerbe darf aus dem Nachlass mit Ausnahme der üblichen Gelegenheitsgeschenke nichts verschenken.

Über Grundstücke und Grundstücksrechte, also über Hypotheken und Grundschulden, darf der Vorerbe nicht anderweitig verfügen, wenn hierdurch die Rechte des Nacherben vereitelt oder beschränkt werden. So darf er ein zum Nachlass gehörendes Grundstück nicht belasten oder veräußern, falls der Nacherbe nicht zustimmt.

Damit Dritte nicht gutgläubig vom Vorerben Grundstücke oder Grundstücksrechte erwerben können, sieht das Gesetz die Eintragung eines Nacherbenvermerks im Grundbuch vor.

Wenn der überlebende Ehegatte als Vorerbe des gemeinsamen Einfamilienhauses eingesetzt ist, kann er die ererbte Grundstückshälfte nicht ohne Zustimmung der Nacherben, meist seiner Kinder, verkaufen. Ein halbes Grundstück ist aber praktisch unverkäuflich.

Wenn der Vorerbe nach dem Tod seines Ehegatten nicht mehr allein im Einfamilienhaus wohnen und stattdessen in ein Altersheim ziehen will, kann er das Haus ohne Zustimmung seiner Kinder nicht verkaufen. Besser wäre es gewesen, den überlebenden Ehegatten zum befreiten Vorerben zu machen. Dann dürfte er das Haus wenigstens verkaufen. Eine andere Lösung dieses häufig auftretenden Konfliktfalls besteht darin, dem überlebenden Ehegatten ein lebenslanges unentgeltliches Wohnrecht oder einen Nießbrauch einzuräumen und die Kinder bereits zu Vollerben einzusetzen.

Der nicht befreite Vorerbe ist also in jeder Hinsicht eingeschränkt. Geldbeträge, die nach den Regeln einer ordnungsgemäßen Wirtschaft dauernd anzulegen sind, darf der Vorerbe nur nach den Vorschriften über die Anlegung von Mündelgeld anlegen. Gehören zum Nachlass Wertpapiere, so kann der Nacherbe die Hinterlegung dieser Papiere auf einem Sperrkonto verlangen. Der Vorerbe darf nur über die Erträge, nicht aber über die Papiere selbst verfügen.

Der Vorerbe hat auf Verlangen des Nacherben ein Verzeichnis der zur Erbschaft gehörenden Gegenstände aufzustellen. Der Nacherbe kann fordern, dass er bei der Aufnahme des Verzeichnisses zugezogen wird. Der Vorerbe ist berechtigt und auf Verlangen des Nacherben verpflichtet, das Verzeichnis durch die zuständige Behörde oder durch einen zuständigen Beamten oder Notar aufnehmen zu lassen.

Der Vorerbe trägt die gewöhnlichen Erhaltungskosten des Grundbesitzes und anderer Erbschaftsgegenstände. Außergewöhnliche Aufwendungen braucht er jedoch nicht zu übernehmen. Für ein Einfamilienhaus muss er die Grundsteuer, die städtischen Abgaben und die laufenden Ausgaben tragen, nicht jedoch die Kosten eines Umbaues oder eines neuen Dachstuhls. Der Vorerbe ist verpflichtet, den Nachlass mit der Sorgfalt zu verwalten, mit der auch in seinen eigenen Angelegenheiten vorgeht. Der Vorerbe haftet allerdings nicht für Veränderungen und Verschlechterungen von Nachlassgegenständen, die trotz ordnungsgemäßer Nutzung und Verwaltung eintreten.

Hat der Vorerbe die Erbschaft ganz oder teilweise für sich verwendet, z. B. das vorhandene Bargeld zur Tilgung eigener Schulden benutzt, ist er dem Nacherben zum Zeitpunkt des Nacherbfalles ersatzpflichtig. Da der Nacherbfall oft mit dem Tod des Vorerben zusammenfällt, müsste sich der Nacherbe wegen solcher Ersatzansprüche an die Erben des Vorerben halten, falls er nicht selbst Erbe des Vorerben ist – eine äußerst unglückliche rechtliche Konstruktion.

Der Nacherbe kann von dem Vorerben Auskunft über den Bestand der Erbschaft verlangen, wenn Grund zu der Annahme besteht, dass der Vorerbe durch seine Verwaltung die Rechte des Nacherben beeinträchtigt. Der Nacherbe kann sogar eine Sicherheitsleistung verlangen und dem Vorerben die Verwaltung entziehen, wenn die Sicherheitsleistung nicht erbracht wird. In einem solchen Fall ist eine Auseinandersetzung zwischen Vor- und Nacherben vor Gericht unvermeidbar.

Zusammenfassend: Der nicht befreite Vorerbe hat eine sehr beschränkte Rechtsstellung, die ihm oft mehr Ärger als Vorteile bringt. Die nicht befreite Vorerbschaft empfiehlt sich allenfalls, wenn der Vorerbe hoch verschuldet ist. Wenn nämlich persönliche Gläubiger des Vorerben Vollstreckungsmaßnahmen in das Vorerbenvermögen einleiten, so werden diese Maßnahmen spätestens zum Zeitpunkt des Nacherbfalles unwirksam, soweit hierdurch die Rechte des Nacherben geschmälert werden. Der Nacherbe braucht nur solche Zwangsvollstreckungsmaßnahmen gegen sich gelten zu lassen, die sich gegen Vor- und Nacherben richten. Er muss also z. B. die städtischen Abgaben auf den Grundbesitz bezahlen.

Befreite Vorerbschaft

Der Erblasser kann die Rechtsstellung des Vorerben wesentlich verbessern, indem er ihn von den gesetzlichen Beschränkungen und Verpflichtungen, soweit zulässig, befreit. Ob oder in welchem Umfang der Erblasser den Vorerben befreien will, ist gegebenenfalls durch Auslegung der letztwilligen Verfügung zu ermitteln. Der Erblasser kann den Vorerben praktisch von allen Verfügungsbeschränkungen befreien, mit zwei Ausnahmen: Der Vorerbe darf den Nachlass nicht verschenken und der Vorerbe ist verpflichtet, auf Verlangen des Nacherben ein Verzeichnis der zur Erbschaft gehörenden Gegenstände zu erstellen.

Wenn der Erblasser den Vorerben weitestmöglich befreien will, kann er in seinem Testament schreiben, dass der Nacherbe auf den Überrest eingesetzt wird.

> Hiermit setzen wir uns gegenseitig zu befreiten Vorerben ein. Unsere Kinder sollen Erben auf den Überrest sein.

Das bedeutet praktisch, dass der Vorerbe völlig frei schalten und walten kann. Er kann also Grundstücke veräußern und den Kaufpreis anderweitig anlegen oder verbrauchen. Er darf lediglich den Nachlass oder einzelne Gegenstände nicht verschenken, soweit es sich nicht um Pflicht- und Anstandsschenkungen handelt.

Der Erblasser kann die Stellung des Vorerben noch weiter verbessern, indem er ihm bestimmte Nachlassgegenstände vorweg vermacht, z. B. durch Vorausvermächtnis das gesamte Bargeld, die Wertpapiere, die Haushaltseinrichtung und das Kraftfahrzeug. Der Vorerbe ist insoweit Vermächtnisnehmer und nicht an den Nacherben gebunden. Diese Gegenstände könnte der Vorerbe sogar verschenken oder anderweitig vererben. Eine solche Regelung ist denkbar, wenn der Erblasser dem Vorerben praktisch alles zukommen lassen will und seinen Familienangehörigen nur den Grundbesitz erhalten will.

Die befreite Vorerbschaft gibt also dem Vorerben eine starke Stellung gegenüber dem Nacherben.

Nacherbschaft

Der Nacherbfall tritt zu dem Zeitpunkt oder mit dem Ereignis ein, das vom Erblasser im Testament bestimmt ist. Hat er dazu keine Bestimmung getroffen, so tritt der Nacherbfall mit dem Tod des Vorerben ein. Üblich ist etwa nachfolgende testamentarische Regelung:

> Ich setze meine Frau als Vorerbin ein. Sie soll von allen gesetzlichen Beschränkungen befreit sein. Meine Kinder setze ich als Nacherben ein. Der Nacherbfall soll eintreten, wenn meine Frau wieder heiratet oder verstirbt.

Bei dem vorstehenden Testament könnten die Kinder befürchten, dass die überlebende Ehefrau, um den Nacherbfall zu vermeiden, lediglich ein eheähnliches Verhältnis eingeht. Der nichteheliche Partner des überlebenden Ehegatten hat aber kein gesetzliches Erbrecht. Der überlebende Ehegatte darf ihm als Vorerbe auch nichts schenken, sodass der nicht verheiratete Partner erbrechtlich keine allzu große Gefahr für die Kinder darstellt.

Trotzdem ist die Wiederverheiratungsklausel problematisch. Man kann durchaus geteilter Ansicht darüber sein, ob man den überlebenden

Ehegatten durch eine solche Klausel an einer möglichen Wiederheirat hindern und in ein eheähnliches Verhältnis drängen soll. Dies erzeugt meist nur Missstimmung mit den Kindern.

Nach dem Gesetz ist es grundsätzlich zulässig, mehrere Nacherben hintereinander zu benennen. Auf diese Weise könnte aber das Nachlassvermögen durch das Testament des Erblassers bis in fernste Zukunft gebunden werden. Dies will der Gesetzgeber durch eine Dreißigjahresfrist verhindern. Die Einsetzung eines Nacherben wird deshalb mit dem Ablauf von 30 Jahren nach dem Erbfall unwirksam, wenn nicht vorher der Nacherbfall eingetreten ist. Ausnahmsweise kann die Frist überschritten werden, wenn der Nacherbfall an eine Person gebunden ist, die zur Zeit des Erbfalls lebt. Wenn beispielsweise die als Vorerbin eingesetzte Ehefrau ihren Mann länger als 30 Jahre überlebt, bleibt die Einsetzung des Sohnes zum Nacherben wirksam.

Tritt der Nacherbfall zu Lebzeiten des Vorerben ein, muss er dem Nacherben die Erbschaft in dem Zustand herausgeben, in dem sie sich bei ordnungsgemäßer Verwaltung befinden würde. Auf Verlangen muss der Vorerbe dem Nacherben Rechenschaft ablegen, denn der Vorerbe haftet für eine ordnungsgemäße Verwaltung. Die Rechenschaftsablegung ist für den befreiten Vorerben insofern einfacher, als er nur nachzuweisen braucht, dass er fehlende Gegenstände ordnungsgemäß verkauft und nicht verschenkt hat. Gegebenenfalls muss er dem Nacherben Schadensersatz leisten.

Der Nacherbe tritt in die laufenden Miet- und Pachtverträge ein, außerdem in Verträge, die mit dem Vorerben in Zusammenhang stehen, z.B. Zins- und Tilgungsleistungen für eine Hypothek, die noch vom Erblasser auf dem Einfamilienhaus bestellt worden ist.

Auch in andere Verträge tritt der Nacherbe ein, etwa in Versicherungsverträge, die zum Zeitpunkt des Nacherbfalls noch wirksam sind und die sich auf Erbschaftsgegenstände beziehen, z.B. die Hausratsversicherung oder die Kfz-Versicherung. Gegebenenfalls kann der Nacherbe diese Verträge kündigen.

Der Nacherbe muss auch bestehende Nachlassverbindlichkeiten übernehmen, dagegen wird der Vorerbe zum Zeitpunkt des Übergangs des Nachlasses auf den Nacherben von einer Haftung für Nachlassverbindlichkeiten befreit.

Nottestamente

Das Bürgerliche Gesetzbuch kennt neben dem notariellen und dem eigenhändigen Testament drei außerordentliche Testamentsformen für besondere Notlagen: das Nottestament vor dem Bürgermeister, das Drei-Zeugen-Testament und das Seetestament. Solche Nottestamente kommen in Friedenszeiten allerdings sehr selten vor.

Bürgermeister- oder Dorftestament

Über das Nottestament vor dem Bürgermeister heißt es im Gesetz (§ 2249 BGB):

> Ist zu besorgen, dass der Erblasser früher sterben werde als die Errichtung eines Testamentes vor einem Notar möglich ist, so kann er das Testament zur Niederschrift des Bürgermeisters der Gemeinde, in der er sich aufhält, errichten. (Statt des Bürgermeisters kann auch sein Stellvertreter tätig werden.) Der Bürgermeister muss zur Beurkundung zwei Zeugen zuziehen. Als Zeuge kann nicht zugezogen werden, wer in dem zu beurkundenden Testament bedacht oder zum Testamentsvollstrecker ernannt wird.

Die Niederschrift muss vom Erblasser, dem Bürgermeister und den beiden Zeugen unterschrieben werden. Ist der Erblasser nach seinen Angaben oder nach Überzeugung des Bürgermeisters nicht in der Lage, seinen Namen zu schreiben, so muss dies in der Niederschrift ausdrücklich vermerkt werden.

Der Bürgermeister soll den Erblasser darauf hinweisen, dass das Testament seine Gültigkeit verliert, wenn der Erblasser den Ablauf einer Dreimonatsfrist überlebt, und diesen Hinweis ebenfalls in der Niederschrift vermerken.

Grundsätzlich besteht für ein solches Testament nur dann ein Bedürfnis, wenn der Erblasser selbst nicht schreiben kann, weil er etwa durch einen Unfall schwer verletzt ist. Ein solches Nottestament kann auch dann errichtet werden, wenn der Erblasser sich an einem Ort aufhält, der infolge außerordentlicher Umstände abgesperrt ist, sodass man einen Notar nicht oder nur unter großen Schwierigkeiten herbeirufen kann. Ein solcher Fall kann z. B. eintreten, wenn ein Gebirgsort durch eine Lawine abgeschnitten ist.

Der Bürgermeister, sein Ehegatte und die mit ihm in gerader Linie Verwandten dürfen in diesem Testament nicht bedacht oder als Testamentsvollstrecker eingesetzt werden. Das gilt auch für die Zeugen. Der Bürgermeister darf jedoch eine Zuwendung für seine Gemeinde beurkunden.

Die Geltungsdauer eines außerordentlichen Testaments ist eingeschränkt. Wenn nach der Errichtung eines solchen Testaments drei Monate verstrichen sind und der Erblasser noch lebt, wird das Testament ungültig.

Drei-Zeugen-Testament

Wer sich an einem Ort aufhält, der infolge außerordentlicher Umstände so abgesperrt ist, dass die Errichtung eines Testaments vor einem Notar oder Bürgermeister nicht möglich ist, kann sein Testament durch mündliche Erklärung vor drei Zeugen errichten. Dasselbe gilt auch, wenn sich der Erblasser in so naher Todesgefahr befindet, dass weder Notar noch Bürgermeister rechtzeitig herbeigeholt werden können.

Wird ein solches Testament durch mündliche Erklärung vor drei Zeugen errichtet, so muss hierüber eine Niederschrift aufgenommen werden. Die Zeugen übernehmen die Beurkundungsfunktion, weil eine amtliche Beurkundung durch Notar oder Bürgermeister nicht möglich ist.

Die Zeugen müssen deshalb während des gesamten Errichtungsvorgangs anwesend sein. Als Zeugen sind ausgeschlossen der Erblasser selbst, sein Ehegatte und die mit ihm in gerader Linie verwandten Personen. Den Zeugen, dessen (auch früheren) Ehegatten oder einem nahen Angehörigen des Zeugen darf durch das Testament kein Vorteil gewährt oder dieser nicht als Testamentsvollstrecker benannt werden. Ferner dürfen keine minderjährigen oder geistesschwachen Personen als Zeugen hinzugezogen werden. Dies würde das Testament ungültig machen.

Das Drei-Zeugen-Testament wird ebenfalls nach drei Monaten ungültig, falls der Erblasser diese drei Monate überlebt.

Seetestament

Wer sich auf einer Seereise auf einem deutschen Schiff außerhalb eines inländischen Hafens befindet, kann ebenfalls ein Testament durch mündliche Erklärung vor drei Zeugen errichten. Eine besondere Notlage oder Todesbesorgnis muss in diesem Fall nicht vorliegen. Das Seetestament wird drei Monate nach seiner Errichtung ungültig, falls der Erblasser nicht vor Ablauf der Frist eine neue Seereise antritt.

Beispiel für die Errichtung eines Drei-Zeugen-Testaments

Es gelten folgende Vorschriften. Zunächst muss der Erblasser vor den drei Zeugen mündlich seinen letzten Willen erklären. Die Übergabe einer Schrift ist nicht zulässig. Sprechunfähige sind von einem solchen Nottestament ausgeschlossen. Dieser letzte Wille muss noch zu seinen Lebzeiten niedergeschrieben werden. Abschließend muss die angefertigte Niederschrift dem Erblasser vorgelesen, von ihm genehmigt und – falls er schreibfähig ist – unterschrieben werden. Wenn der Erblasser nicht mehr schreiben kann, ist das in der Niederschrift ausdrücklich festzustellen. Alle Zeugen müssen während der Erklärung des Erblassers, dem Vorlesen der Niederschrift, ihrer Genehmigung und der Unterschriftsleistung ständig anwesend sein. Nur während der Anfertigung der Niederschrift (z. B. im Büro des Krankenhauses oder in einem Nebenzimmer) ist das nicht erforderlich. Stirbt der Erblasser nach der Erklärung seines letzten Willens, bevor die Niederschrift vorgelesen, genehmigt und unterschrieben worden ist, liegt kein wirksames Testament vor.

Testament

Ich, Maria Müller, setze hiermit meine Tochter, Frau Hanni Müller, zu meiner alleinigen Erbin ein. Meine anderen Kinder sollen nur den Pflichtteil bekommen.

Vorgelesen, genehmigt	Als Zeugen:
und unterschrieben	Hans Schreiber
Maria Müller	Maria Schreiber
	Fritz Otto

Frankfurt, den 27.03.2002

Nach Niederschrift und Genehmigung des Nottestaments empfiehlt es sich für den Zeugen/Schriftführer, ein Protokoll anzufertigen über die Umstände, die zur Abfassung eines Nottestaments geführt haben. Der Text eines solchen Protokolls könnte zum Beispiel folgendermaßen abgefasst werden:

Protokoll

Heute, am 12.02.2002, gegen 17:00 Uhr wurde der unterzeichnende Fritz Otto, wohnhaft Birkenstraße 1 in Niederndorf, von Frau Hanni Müller, wohnhaft Tannenstraße 1 in Niederndorf, angerufen. Frau Hanni Müller sagte mir, dass ihre Mutter im Sterben liege und noch unbedingt ein Testament machen wolle. Sie rufe mich als ihren früheren Lehrer an, weil sie einen Notar oder den Bürgermeister nicht erreichen könne. Ich begab mich daraufhin sofort zu ihrer Mutter, der Frau Maria Müller, wohnhaft Tannenstraße 1 in Niederndorf, die ich persönlich gut kenne. Frau Maria Müller lag im Bett und erklärte mir, dass sie wohl bald sterben müsse. Sie war nach meiner Überzeugung bei vollem Bewusstsein und konnte deutlich sprechen.

Ich habe daraufhin ihre Nachbarn, Herrn Hans und Frau Maria Schreiber, wohnhaft Tannenstraße 3 in Niederndorf, die mit der Familie Müller nicht verwandt und verschwägert sind, hinzugerufen. In Gegenwart der Zeugen erklärte mir Frau Maria Müller, dass sie zwar fünf Kinder hätte, aber dass sich nur ihre Tochter Hanni um sie kümmere. Sie wolle deshalb ihre Tochter Hanni zur Alleinerbin einsetzen. Die anderen Kinder sollten nur den Pflichtteil bekommen.

Ich habe daraufhin ihren letzten Willen folgendermaßen niedergeschrieben und Frau Maria Müller vorgelesen. Sie hat den Text genehmigt und unterschrieben. Während des ganzen Beurkundungsvorgangs waren die beiden Zeugen Hans und Maria Schreiber anwesend.

Niederndorf, den 12.02.2002   Fritz Otto

Kommentar: Abfassung eines Testaments

1. *Bevor Sie ein Testament errichten, überlegen Sie, ob Sie nicht darauf verzichten können und die gesetzliche Erbregelung für Ihren Fall ausreicht.*

2. *Sollten Sie ein Testament für erforderlich halten, nehmen Sie sich für die Abfassung genügend Zeit. Die Mustertestamente ab Seite 94 können als Richtschnur dienen.*

3. *Errichten Sie Ihr Testament so früh wie möglich; Sie kennen den Zeitpunkt Ihres Todes nicht.*

4. *Testamente können veralten, wenn sich die persönlichen und wirtschaftlichen Verhältnisse eines Menschen im Laufe seines Lebens ändern. Überarbeiten Sie Ihr Testament deshalb von Zeit zu Zeit und passen Sie es den veränderten Verhältnissen an.*

5. *Aus Kostengründen empfiehlt sich das eigenhändige (handschriftliche) Testament. Spätere Änderungen des Testaments verursachen keine Kosten.*

6. *Zweckmäßig ist es, ein Testament vor der Errichtung mit seinen Angehörigen und Erben zu besprechen, damit später „überraschende" Testamente keinen Streit auslösen.*

7. *Sorgen Sie für eine sichere Aufbewahrung Ihres Testaments und hinterlegen Sie es gegebenenfalls beim Amtsgericht. Die Gerichtsgebühren, die sich nach dem Wert des Nachlasses richten, sind nur gering.*

8. *Es ist nicht zweckmäßig, das Testament einem Miterben zur Aufbewahrung zu geben. Falls Sie später eine Änderung des Testaments beabsichtigen, müssten Sie es eigentlich zurückfordern und das kann ziemlich unangenehm sein. (Notfalls können Sie aber ohne Rückforderung durch ein neues, datiertes Testament das alte Testament außer Kraft setzen.)*

9. *Vermeiden Sie im Testament herabsetzende und beleidigende Äußerungen über Ihre Angehörigen und Erben.*

10. *Fassen Sie Ihr Testament so ab, dass Ihre Hinterbliebenen nicht miteinander in Streit geraten und in Dankbarkeit und Liebe an Sie denken.*

Testamentsmuster

1. Testament eines Alleinstehenden

> Düsseldorf, den 01.04.2002
>
> **Mein letzter Wille!**
>
> Ich setze meinen Neffen, Herrn Fritz Müller, wohnhaft Wilhelm-straße 3 in 40210 Düsseldorf, zu meinem alleinigen Erben ein.
>
> Otto Müller

1. Dieses Testament macht den Neffen Fritz Müller zum Alleinerben. Hat der Erblasser aber noch einen Ehegatten, Kinder oder Eltern, dann sind diese Personen durch dieses Testament enterbt und damit pflichtteilsberechtigt. Sie könnten also vom Neffen den Pflichtteil fordern. Die Pflichtteilsberechtigten sind dazu natürlich nicht verpflichtet, aber berechtigt, ihren Anteil einzufordern.
2. Hat der Erblasser bei seinem Tod keinen Ehegatten und keine Blutsverwandten hinterlassen und kein Testament geschrieben, dann würde nach der gesetzlichen Erbfolge sein ganzes Erbe an den Staat fallen. Der Alleinstehende muss also, wenn er sein Erbe irgendeiner Person zukommen lassen will, durch ein Testament einen Erben bestimmen. Das ist besonders wichtig für die Partner einer nichtehelichen Lebensgemeinschaft, weil sie kein gegenseitiges gesetzliches Erbrecht haben.
3. Die angeheiratete Verwandtschaft (Schwägerschaft) wird niemals von Gesetzes wegen Erbe. Wenn der Erblasser keine blutsverwandten Angehörigen und keinen Ehegatten hinterlassen hat und beispielsweise seinen Schwager einsetzen will, dann muss er ihn durch Testament als Erben bestimmen.

2. Testament mit Einsetzung mehrerer Erben

Düsseldorf, 01.04.2002

Mein letzter Wille!

Ich, Otto Müller, setze meinen Neffen Fritz Müller – wohnhaft in 40210 Düsseldorf, Wilhelmstraße 3 – und seine Schwester Frieda Krause, geb. Müller – wohnhaft in 40210 Düsseldorf, Wilhelmstraße 3 – als meine Erben zu gleichen Teilen ein. An die Stelle eines vorverstorbenen Erben treten dessen gesetzliche Erben.

Ich bestimme, dass mein Neffe Fritz Müller das erste Anrecht haben soll, mein Haus auf der Ottostraße als Alleineigentum zu übernehmen. Falls er dazu bereit ist, soll das Haus von einem amtlichen Sachverständigen abgeschätzt und mein Neffe verpflichtet werden, seiner Schwester einen entsprechenden Betrag auszuzahlen.

Otto Müller

1. Der Erblasser hat das Recht, beliebig viele Erben einzusetzen. Er sollte angeben, welchen Anteil (Erbquote) jeder bekommen soll. Das hat folgenden Sinn: Das Gericht stellt einen Erbschein nicht derart aus, dass der eine Erbe das Haus und der andere das Auto bekommt, sondern das Gericht stellt den Erbschein nach Anteilen aus. Ein Erbschein lautet in diesem Fall: Fritz Müller $1/2$, Frieda Krause $1/2$. In diesem Testament hätte der Erblasser auch bestimmen können, dass der Neffe Fritz Müller zu $3/4$ und die Nichte zu $1/4$ eingesetzt wird. Dann brauchte der Neffe entsprechend weniger an die Miterbin auszuzahlen.

2. Wenn der Erblasser bestimmen will, wer von den Erben einzelne Gegenstände bekommen soll, dann muss er in seinem Testament eine so genannte Teilungsanordnung niederlegen. Es ist meist nicht zweckmäßig, zu strenge und zu genaue Teilungsanordnungen im Testament aufzunehmen, weil der Erblasser bei Abfassung des Testaments nicht voraussehen kann, welche Wertobjekte bei seinem späteren Tod vorhanden sind. Im Übrigen können die Erben, wenn sie untereinander einig sind, sich über Teilungsanordnungen hinwegsetzen.

3. Gemeinschaftliches Testament für Ehegatten mit/ohne Kinder(n)

Düsseldorf, den 01.04.2002

Unser letzter Wille!

Wir setzen uns gegenseitig zu Alleinerben ein. Erben des Überlebenden sollen unsere Kinder zu gleichen Teilen sein.
Oder, falls keine Kinder vorhanden sind:
Erbe des Überlebenden soll unser Neffe Fritz Müller oder dessen gesetzlicher Erbe sein. Der überlebende Ehegatte ist berechtigt, nach dem Tode des Erstversterbenden von uns die Erbeinsetzung des Neffen durch eine andere Erbeinsetzung zu ändern.

Otto Müller

Das vorstehende Testament soll auch mein Testament sein.
Düsseldorf, den 01. 04. 2002

Elke Müller

1. Dies ist ein gemeinschaftliches Testament in der Form des Berliner Testaments. Gemeinschaftliche Testamente können nur Ehegatten und eingetragene Lebenspartner errichten, nicht Verlobte und nichteheliche Partner. Ehegatten brauchen aber kein gemeinschaftliches Testament zu errichten, sie können auch jeder ein Einzeltestament aufsetzen.
2. Beim gemeinschaftlichen Testament genügt es, wenn ein Ehegatte das ganze Testament handschriftlich schreibt und unterschreibt. Der andere Ehegatte braucht lediglich zu unterschreiben. Üblich ist allerdings der Zusatz „Dies soll auch mein Testament sein" oder Ähnliches. Der Zusatz ist aber nicht erforderlich, nur die Unterschrift des anderen Ehegatten ist notwendig.
3. Der Nachteil des Berliner Testaments besteht darin, dass die Kinder zunächst (nach dem Erstversterbenden) enterbt sind und ihren Pflichtteil fordern können.

4. Gemeinschaftliches Testament

Düsseldorf, den 01.04.2002

Unser letzter Wille!

Wir setzen uns gegenseitig zum Alleinerben ein. Erben des Überlebenden sollen unsere Kinder zu gleichen Teilen sein. Sollte eines
unserer Kinder nach dem Erstversterbenden den Pflichtteil fordern,
dann soll es auch nach dem Letztversterbenden nur den Pflichtteil
erhalten.

Otto Müller
Elke Müller

Dies ist ebenfalls ein Berliner Testament, erweitert um die Pflichtteils-
klausel. Der Sinn dieser Formulierung liegt darin, die Kinder von der Forderung nach dem Pflichtteil abzuhalten. Das Kind, das den Pflichtteil fordert, wird dadurch erheblich benachteiligt.

5. Gemeinschaftliches Testament für Ehegatten mit Kindern (befreite Vorerb-schaft und Nacherbschaft)

Düsseldorf, den 01.04.2002

Unser letzter Wille!

Wir setzen uns gegenseitig zu befreiten Vorerben ein. Unsere Kinder sollen im Zeitpunkt des Todes des Vorerben unsere Nacherben
werden.

Otto Müller
Elke Müller

1. Diese Form des gegenseitigen Testaments soll die Nachteile des üblichen Berliner Testaments vermeiden.

2. Der überlebende Ehegatte erhält die gesamte Erbschaft, allerdings nur als befreiter Vorerbe. Als Vorerbe kann er über die Erbschaft nicht letztwillig anderweitig verfügen. Er darf das Erbe auch nicht verschenken oder verschleudern.
3. Man kann zusätzlich die Klausel einsetzen, dass im Falle der Wiederheirat des überlebenden Ehegatten der Nacherbfall eintreten soll (siehe nächstes Muster).

6. Gemeinschaftliches Testament für Ehegatten mit Kindern (nicht befreite Vorerbschaft und Nacherbschaft)

> Düsseldorf, den 01.04.2002
>
> **Unser Testament!**
>
> Wir setzen uns gegenseitig zu nicht befreiten Vorerben ein. Nacherben sollen unsere Kinder zu gleichen Teilen sein. Sollte der überlebende Ehegatte wieder heiraten, tritt ebenfalls der Nacherbfall ein.
>
> Otto Müller
> Elke Müller

1. Wenn man den überlebenden Ehegatten zum nicht befreiten Vorerben einsetzt, dann darf dieser über das Vorerbe nicht verfügen. Er darf es nicht verkaufen, sondern nur den Nutzen daraus ziehen. Er kann also das Wohnrecht nutzen oder die Zinsen des Kapitals verbrauchen. Die Stellung des nicht befreiten Vorerben ist im Interesse des Nacherben sehr stark eingeschränkt. Dies hat z. B. folgenden Nachteil: Wenn der überlebende Ehegatte in einen anderen Ort ziehen oder ins Altersheim gehen und deshalb das gemeinschaftliche Haus verkaufen will, dann bedarf er dazu der Zustimmung der Nacherben.
2. Zugunsten der Kinder ist eine weitere Sicherung eingebaut. Wenn der Überlebende wieder heiratet, tritt automatisch der Nacherbfall ein.

7. Vermächtnisse

Düsseldorf, den 01.04.2002

Mein Testament!

Ich setze meinen Neffen Fritz Müller, wohnhaft 40210 Düsseldorf, Wilhelmstraße 3, zum Alleinerben ein.

Ich bestimme folgende Vermächtnisse:
1. Meine Nichte Frieda Krause, geb. Müller, wohnhaft Wilhelmstraße 3 in 40210 Düsseldorf, soll meinen gesamten Hausrat und den von meiner Frau hinterlassenen Schmuck erhalten.
2. Mein Freund Oskar Schulze, wohnhaft Bismarckstraße 2 in 40210 Düsseldorf, soll meinen PKW bekommen. Sollte der PKW nicht mehr vorhanden sein, soll er zum Ausgleich die alte Standuhr aus meinem Wohnzimmer bekommen.

Otto Müller

1. Bei diesem Testament ist nicht von Bedeutung, wer als Erbe eingesetzt ist. Das kann eine beliebige Person sein. Es kann sich auch um ein gemeinschaftliches Testament handeln. Wichtig sind die Vermächtnisse. Mit einem Vermächtnis wird einer Person, die nicht Erbe wird, ein bestimmter Gegenstand zugewandt. Der Vermächtnisnehmer kann den zugewandten Gegenstand, wenn der Erbe oder die Erbin ihn nicht freiwillig herausgibt, notfalls im Klageweg herausfordern.
2. Es können beliebig viele Vermächtnisse in einem Testament ausgesetzt werden. Mit einem Vermächtnis will der Erblasser einem Verwandten oder Bekannten ein Extra zukommen lassen, z. B. wegen Ableistung einer Dankesschuld, zur Erinnerung usw.
3. Man sollte darauf achten, dass die Vermächtnisse den Erben nicht so stark beeinträchtigen, dass er wertmäßig unter den Pflichtteilsanspruch gedrückt wird. Dadurch könnten sich schwierige Komplikationen ergeben. Ein Vermächtnis sollte von Erben leichten Herzens „erfüllbar" sein.

8. Auflagen

Düsseldorf, den 01.04.2002

Mein letzter Wille!

Ich setze meinen Neffen Fritz Müller, wohnhaft 40210 Düsseldorf, Wilhelmstraße 3, zum Alleinerben ein.

Ich bestimme folgende Vermächtnisse:

...

Ich mache meinem Neffen Fritz Müller zur Auflage,

1. dass er meinen Hund Bello gut versorgt und nicht in ein Tierheim gibt,

2. dass er mir eine würdige Grabstelle auf dem Nordfriedhof in Düsseldorf beschafft und mein Grab Zeit seines Lebens ordnungsgemäß pflegt oder pflegen lässt.

Otto Müller

Mit der Auflage wird der Erbe beschwert. Der oder die Erben sollen irgendeinen Wunsch des Verstorbenen erfüllen. Die Erfüllung dieser Auflage ist meist nicht durchsetzbar, aber ein Appell an das Pietätsgefühl der Angehörigen.

9. Gemeinschaftliches Testament

Unser letzter Wille!

Wir setzen unsere Kinder zu gleichen Teilen zu Alleinerben nach dem erstversterbenden Ehegatten ein. Unsere Kinder sind zur Ausgleichung derjenigen Geldbeträge verpflichtet, die sie nach dem Abitur von uns erhalten haben (die Beträge sind gesondert aufgezeichnet).

Wir bestimmen als Vorausvermächtnis für den überlebenden Ehegatten, dass er voraus erhalten soll:

1. die persönlichen Sachen, insbesondere den Schmuck des verstorbenen Ehegatten,
2. die gesamte Wohnungseinrichtung einschließlich aller Kunstgegenstände,
3. das Auto,
4. das lebenslängliche unentgeltliche Wohnrecht am Einfamilienhaus Mühlenstraße (sollte der überlebende Ehegatte dieses Wohnrecht nicht mehr selbst nutzen, soll ihm die dafür erzielte oder fiktive Miete erstattet werden),
5. das vorhandene Bargeld und die Beträge, die sich beim Tod des Erstversterbenden auf den Bank- und Sparkonten befinden, außerdem das gesamte Wertpapiervermögen.

Wir setzen folgende Vermächtnisse aus:
1. Unser Freund Karl Schulze soll nach dem Tod des Letztversterbenden das Ölgemälde „Röhrender Hirsch" erhalten. Seine Ehefrau ist Ersatzvermächtnisnehmerin. Sollte auch diese vorverstorben sein, fällt das Vermächtnis fort.
2. Unser Neffe Fritz Müller soll nach dem Tod des Ehemannes dessen Briefmarkensammlung erhalten. Ersatzvermächtnisnehmer sind die gesetzlichen Erben des Neffen.

Wir machen unseren Kindern zur Auflage, dass sie nach dem Tod des Letztversterbenden das Familiengrab auf dem Nordfriedhof für 30 Jahre erhalten und pflegen sollen.

Der Text des vorstehenden Testaments enthält keine Streichungen oder Änderungen.

Düsseldorf, den 01.04.2002, Otto Müller

Dieses Testament soll auch mein Testament sein.

Düsseldorf, den 01.04.2002, Elke Müller

1. Dieses Testament ist für Ehegatten zu empfehlen, die in intakter Ehe leben und mit ihren erwachsenen Kindern ein gutes Verhältnis haben. Weniger sinnvoll ist es für junge Leute, die sich in der Aufbauphase befinden und minderjährige Kinder haben, denn es ist unzweckmäßig, minderjährige Kinder als Erben einzusetzen. Solange die Kinder klein sind, ist es besser, wenn das Vermögen in der Hand des überlebenden Ehegatten bleibt.

2. Durch dieses Testament wird erreicht, dass nach dem Tod des erstversterbenden Ehegatten die wirtschaftliche Stellung des überlebenden Ehegatten gesichert bleibt. Er kann nach seinem Belieben in dem Einfamilienhaus wohnen bleiben oder ausziehen und auch einen anderen Partner aufnehmen. Für die Kinder besteht keine Gefahr, das Haus zu verlieren. Wenn der überlebende Ehegatte aus dem Haus ausziehen und bei einem anderen Partner wohnen will, bekommt er eine der Miete entsprechende Entschädigung. Im Übrigen ist der überlebende Ehegatte meist durch Rente, Pension und/oder Lebensversicherung abgesichert.

3. Bei diesem Testament werden die Kinder sofort Erben, sodass sie nicht genötigt sind, den Pflichtteil zu fordern.

4. Bei diesem Testament ist die Klausel, dass es keine Streichungen enthält, besonders wichtig, weil es durch Streichungen der Vermächtnisse inhaltlich leicht zu verändern ist.

5. Man kann die Stellung des überlebenden Ehegatten noch verstärken, indem man ihn zum Testamentsvollstrecker bestimmt.

6. Diese Testamentsform ist bei größeren Nachlässen steuerlich günstig, weil ein doppelter Erbgang vom überlebenden Elternteil zu den Kindern vermieden wird.

7. Bei der Aufteilung von Geld- und Wertpapiervermögen kann man beliebig abweichende Anordnungen treffen. Beispielsweise ist es möglich, den Kindern bereits bei Tod des erstversterbenden Elternteils durch Vorausvermächtnisse Geldbeträge und Wertpapiervermögen zukommen zu lassen.

10. Einsetzung eines Testamentvollstreckers

Düsseldorf, den 01.04.2002
Mein letzter Wille!

Ich setze meinen Neffen Fritz Müller, wohnhaft Wilhelmstraße 3 in 40210 Düsseldorf, zum Alleinerben ein.

Ich bestimme folgende Vermächtnisse:

...

Ich mache meinen Erben folgende Auflagen:

...

Ich setze meinen Freund Oskar Schulze, wohnhaft Bismarckstraße 2 in 40210 Düsseldorf, zum Testamentsvollstrecker ein.
Sollte mein Freund vor mir versterben oder zur Übernahme des Amtes nicht bereit sein, soll das Amtsgericht einen geeigneten anderen Testamentsvollstrecker bestimmen.

Otto Müller

1. Die Abwicklung einer Erbschaft erfolgt grundsätzlich durch den oder die Erben. Da dies bei mehreren Erben und wegen der Vermächtnisse und Auflagen oft schwierig ist, setzt man zweckmäßigerweise einen Testamentsvollstrecker ein.
2. Ein Testamentsvollstrecker wird nicht von Amts wegen oder vom Nachlassgericht bestimmt, sondern nur, wenn der Erblasser es im Testament anordnet.
3. Als Testamentsvollstrecker kommt jede beliebige Person (Freunde, Verwandte, Rechtsanwälte) oder auch der Erbe selbst in Betracht.
4. Der Testamentsvollstrecker braucht das Amt nicht zu übernehmen. Womöglich stirbt er auch vor dem Erblasser. Es ist deshalb zweckmäßig, einen Ersatztestamentsvollstrecker zu bestellen oder das Amtsgericht damit zu beauftragen.

Erbvertrag

Ein Erbvertrag kann nur vor einem Notar abgeschlossen werden. Die Besonderheit eines Erbvertrages gegenüber einem Testament besteht darin, dass der Erblasser durch diesen Vertrag gebunden ist.

Ein Testament kann vom Erblasser jederzeit widerrufen werden. Bei einem gemeinschaftlichen Testament ist dieses Widerrufsrecht erheblich eingeschränkt, eine noch stärkere Bindung besteht beim Erbvertrag. Hier sind die Vertragspartner zu Lebzeiten an ihre vertraglich niedergelegten Verfügungen von Todes wegen gebunden. Sie können nur in Ausnahmefällen anders testieren. Unter Umständen können sie den Erbvertrag anfechten oder von ihm zurücktreten, wenn eine solche Möglichkeit dazu im Vertrag vorgesehen ist. Die grundsätzliche Unwiderruflichkeit eines Erbvertrags soll in erster Linie den anderen Vertragspartner sichern.

Ein Erbvertrag wird häufig in Verbindung mit einem Ehevertrag abgeschlossen, da er ebenfalls der notariellen Beurkundung bedarf. Erbverträge können aber nicht nur zwischen Ehegatten, sondern zwischen beliebigen Personen abgeschlossen werden (Verlobten, Freunden, Verwandten).

Arten des Erbvertrags

Grundsätzlich unterscheidet man folgende Arten von Erbverträgen.

➤ Im einseitigen Erbvertrag trifft nur der Erblasser vertragsmäßige Verfügungen. Der andere Teil nimmt die Erklärung des Erblassers mit bindender Wirkung an.

➤ Im zweiseitigen Erbvertrag treffen beide Teile erbrechtliche Verfügungen, an die sie gebunden sind.

➤ Der Erbverzichtsvertrag ist ein Sonderfall des Erbvertrags und meistens auch mit einem Pflichtteilsverzicht und Abfindung des weichenden Erben verbunden.

➤ Der Erbvertrag kann auch eine vorweggenommene Erbfolge festschreiben, meist in Form einer Schenkung, verbunden mit Erb- und Pflichtteilsverzicht.

➤ Der Erbvertrag kann mit Grundstücks- und Firmenübertragungen kombiniert sein.

➤ Eine besondere Art des Erbvertrags ist der Hofübergabe- und Altenteilsvertrag.

> *Wichtig:* Zuwendungen, die aufgrund eines Erbvertrags erfolgen, unterliegen wie Schenkungen und andere Zuwendungen von Todes wegen der Erbschaftsteuer.

Beispiel

Ein allein stehender älterer Herr ist Eigentümer eines schönen Einfamilienhauses. Er muss an diesem Haus erhebliche Reparaturen durchführen, die ihn sehr viel Geld kosten. Die Bank gewährt ihm jedoch kein Darlehen, weil er wegen seiner relativ geringen Rente keine Kreditraten zahlen kann. Er möchte das lieb gewonnene Haus aber nicht verkaufen, sondern weiter dort wohnen.

Der Neffe des älteren Herrn verfügt über genügend Geld oder kann wegen seines hohen laufenden Einkommens einen Kredit bei der Bank aufnehmen. Ein Erbvertrag ist die geeignete Lösung. Der Neffe gibt seinem Onkel die notwendigen Gelder für die Hausreparatur – er kann sie grundbuchlich auf dem Haus absichern – und der Onkel verpflichtet sich erbvertraglich gegenüber seinem Neffen, ihm als Alleinerben das Haus zu vermachen. Diese Verpflichtung kann durch eine Vormerkung im Grundbuch gesichert werden. Das ist eine im beiderseitigen Interesse liegende vernünftige erbrechtliche Regelung.

Eines Tages lernt der ältere Herr eine Frau kennen, die ihn aufopferungsvoll pflegt und schließlich sogar heiratet. Jetzt tut es ihm Leid, dass er dem Neffen das Haus versprochen hat. Er kann das Haus seiner neuen Frau nicht mehr vererben. Er darf es auch nicht verschenken, denn damit würde er dem Erbvertrag zuwider handeln. Der Erbanspruch des Neffen ist grundbuchlich abgesichert. Das Problem ist fast unlösbar. Wenn sich die Beteiligten nicht irgendwie verständigen, bleibt als zulässige Möglichkeit, den Erbvertrag anzufechten, weil ein bei Vertragsschluss unbekannter Pflichtteilsberechtigter, nämlich die neue Ehefrau, nicht berücksichtigt worden ist.

Beispiel

Der verwitwete Vater hat einen einzigen Sohn. Er besitzt ein schönes Einfamilienhaus. Der Vater hat nur eine geringe Rente. Der Vater will in ein privates Altersheim gehen, das er aber mit seiner geringen Rente nicht bezahlen kann. Er spricht deshalb mit seinem Sohn und bittet ihn um einen monatlichen Zuschuss. Der Vater verspricht ihm dafür erbvertraglich, dass er auf jeden Fall Alleinerbe des Hauses werden soll. Durch den Erbvertrag wird also vermieden, dass der Vater das Haus verkaufen muss. Es bleibt dem Sohn erhalten.

Stirbt der unverheiratete Sohn vor dem Vater, fällt das Haus nach der gesetzlichen Erbfolge an den Vater zurück, wenn der Sohn nicht anderweitig testiert hat. Der Vater kann wieder frei über das Haus verfügen.

Angenommen, das Haus hat einen erbschaftsteuerlichen Wert von 200 000 Euro. Da der Sohn einen erbschaftsteuerlichen Freibetrag von 205 000 Euro hat, konnte der Vater dem Sohn das Haus schenkung- und erbschaftsteuerfrei übertragen. Der Vater hat aber gegenüber seinem Sohn nur einen Freibetrag von 51 200 Euro. Aufgrund des erbrechtlichen Rückfalls muss der Vater jetzt für sein eigenes Haus Erbschaftsteuer zahlen. Diese Folgen hätten vermieden werden können, wenn der Vater sich im Übertragungsvertrag den Rücktritt vorbehalten hätte für den Fall, dass sein Sohn vor ihm verstirbt.

Beispiel

Der Vater hat eine gut gehende Fabrik, die sein Sohn fortführen soll (was übrigens steuerlich begünstigt wäre). Er hat auch noch eine Tochter und möchte vermeiden, dass sie später durch Geltendmachung von Erb- und Pflichtteilsansprüchen dem Sohn die Fortführung der Firma erschwert. Deshalb findet er seine Tochter großzügig mit Wohnhaus, Auto, Segeljacht und Geldvermögen ab. Dafür verzichtet sie auf Erb- und Pflichtteilsansprüche nach ihrem Vater.

Ein Erbvertrag ist ein nützliches Rechtsinstrument. Wegen seiner Bindungswirkung sollte man sich aber vor Abschluss eines solchen Vertrages eingehend mit einem Notar und gegebenenfalls einem Steuerberater oder Wirtschaftsprüfer und den betroffenen Familienangehörigen beraten.

Formen des Erbvertrags

Ein Erbvertrag kann nur zur Niederschrift eines Notars bei gleichzeitiger persönlicher Anwesenheit beider Vertragspartner geschlossen werden. Die Vertragschließenden müssen unbeschränkt geschäftsfähig sein. Es gelten dieselben Formvorschriften wie für die Errichtung eines notariellen Testaments. Inhaltlich können alle Verfügungen von Todes wegen, die in einem Testament zulässig sind, auch in einem Erbvertrag getroffen werden. Dabei wird zwischen vertragsmäßigen und einseitigen Verfügungen unterschieden. Von der Bindungswirkung des Erbvertrags werden lediglich die vertragsmäßig getroffenen Verfügungen erfasst. Das sind die Erbeinsetzungen, Vermächtnisse und Auflagen. Die Bindung an vertragsmäßige Verfügungen kann durch beide Vertragspartner einverständlich aufgehoben werden. Eine einseitige Auflösung durch den Erblasser ist dagegen nur bei Vorliegen eines Rücktritts- oder Anfechtungsgrunds möglich.

Einverständliche Aufhebung

Die Personen, die den Erbvertrag geschlossen haben, können einzelne vertragsmäßige Verfügungen oder den gesamten Erbvertrag jederzeit durch einen neuen Vertrag aufheben. Ein solcher Aufhebungsvertrag muss in derselben Form wie der Erbvertrag, also notariell, abgeschlossen werden. Bei einem Erbvertrag zwischen Ehegatten lässt das Gesetz auch die Aufhebung durch gemeinschaftliches Testament zu. Nach dem Tod des Erblassers oder des Vertragspartners ist eine Aufhebung nicht mehr möglich.

Rücktritt

Das Gesetz kennt drei Gründe, die den Erblasser zum Rücktritt vom Erbvertrag berechtigen:

➤ Rücktrittsvorbehalt im Erbvertrag.
➤ Schwere Verfehlungen des Bedachten. Das sind Verfehlungen, die den Erblasser zur Entziehung des Pflichtteils berechtigen würde, z. B. Angriff auf sein Leben, aber auch ehrloser und unsittlicher Lebenswandels eines Abkömmlings wider Willen des Erblassers.
➤ Aufhebung der Gegenverpflichtung. Hier geht es um Fälle, in denen die erbvertragsmäßige Zuwendung deshalb erfolgt ist, weil sich der Bedachte seinerseits verpflichtet hat, auf Lebenszeit wiederkehrende Leistungen an den Erblasser zu erbringen (z. B. Unterhalt für die Unterbringung im Altersheim zu zahlen), diese Leistungen aber nicht erbringt.

Anfechtung des Erbvertrags

Für den Erbvertrag gelten dieselben Anfechtungsgründe wie für das Testament (zu Einzelheiten siehe Seite 140). So können z. B. enttäuschte Erwartungen des Erblassers über das künftige Verhalten einer bedachten Person oder über den harmonischen Verlauf einer Ehe mit dem Bedachten einen Anfechtungsgrund bilden. Eine solche Anfechtung stellt eine Abschwächung der Bindungswirkung dar. Die Anfechtungsfrist beträgt ein Jahr ab Kenntnis des Irrtums.

Einen Erbvertrag können auch Personen anfechten, denen der Wegfall der Verfügung von Todes wegen zustatten käme.

Die erfolgreiche Anfechtung führt zur Nichtigkeit der vertragsmäßigen Verfügung, auf die sich die Anfechtung bezieht. Ob dadurch auch die sonstigen Verfügungen unwirksam werden, ist von Fall zu Fall zu beurteilen. Meist ergibt sich die Unwirksamkeit des gesamten Erbvertrags.

Scheidung

Der Erbvertrag zwischen Ehegatten (oder Verlobten) steht und fällt mit der Gültigkeit und dem Bestand der Ehe (oder des Verlöbnisses). Wenn die Ehe geschieden ist oder der Erblasser den Scheidungsantrag eingereicht oder dem Scheidungsantrag des anderen Partners zugestimmt hat, ist der Erbvertrag hinfällig.

Diese Regelung gilt auch, wenn der Erbvertrag zugunsten eines Dritten abgeschlossen ist. Hat beispielsweise die Ehefrau aus ihrer ersten geschiedenen Ehe ein Kind mitgebracht und haben die Ehegatten in ihrem Erbvertrag dieses Kind als alleinigen Erben eingesetzt, fällt auch der Erbanspruch des Kindes der Ehefrau weg, wenn diese zweite Ehe geschieden wird.

Ausnahmsweise kann ein Erbvertrag trotz Scheidung der Ehe bestehen bleiben, wenn sich aus den Umständen ersehen lässt, dass er weiter gelten soll. Eine entsprechende Formulierung im Erbvertrag heißt: *„Dieser Erbvertrag soll auch dann weiter gelten, wenn unsere Ehe geschieden wird."*

Muster eines einseitigen Erbvertrags mit Pflegeverpflichtung

Urkunden Rolle Nr. 100/2002

Verhandelt in Mönchengladbach am 1. Februar 2002.

Vor Dr. Fritz Müller, Notar in Mönchengladbach, erschienen

1. Herr Horst Günter Schmitz, Rentner, geb. am 1. April 1930, wohnhaft in 41236 Mönchengladbach, Brucknerallee 104,
   Anwesender zu 1)

und

2. Frau Johanna, genannt Hanni, Schreiner, geb. am 10. Juni 1960, Hausfrau, wohnhaft ebenfalls Brucknerallee 104, 41236 Mönchengladbach,
   Anwesende zu 2)

beide dem Notar von Person bekannt.

Ich, der Notar habe heute mit beiden Anwesenden anlässlich dieser Beurkundung und bereits vorher, am 29. Januar 2001, eine ausführliche Unterredung über den Inhalt des nachstehend zu beurkundenden Erbvertrags geführt. Beide Beteiligten sind nach meiner Überzeugung zweifelsfrei geschäfts- und testierfähig.

Die Beiziehung von Zeugen oder eines zweiten Notars wird nicht gewünscht.

Sodann erklären Herr Horst Günter Schmitz und Frau Hanni Schreiner zu Protokoll:

Wir schließen folgenden Erbvertrag:

I.
Vertragsparteien und Rechtsverhältnisse

1) Herr Horst Günter Schmitz, hier Anwesender zu 1), handelt bei diesem Erbvertrag als Erblasser. Frau Hanni Schreiner, hier Anwesende zu 2), handelt als Vertragspartnerin und nicht als Erblasserin.

2) Der Anwesende zu 1) hat aufgrund Verkehrsunfalls ein Bein verloren und ist somit gehbehindert. Seit etwa fünf Jahren führt die Anwesende zu 2) den Haushalt des Anwesenden zu 1) und macht auch alle sonstigen Besorgungen. Dafür erhält die Anwesende zu 2) eine monatliche Vergütung von 300 Euro. Diese Vergütung ist, darüber sind sich beide einig, sehr gering bemessen.

3) Der Anwesende zu 1) ist verwitwet. Er erklärt, er habe mit seiner vorverstorbenen Ehefrau weder einen Erbvertrag geschlossen noch ein gemeinschaftliches Testament errichtet, auch mit anderen Personen habe er keinen Erbvertrag geschlossen. Er widerrufe vorsorglich alle früher etwa errichteten Verfügungen von Todes wegen. Er erklärt weiter, dass er zwei erwachsene Kinder habe und dass er in diesem Erbvertrag heute bezüglich dieser Kinder keine erbrechtlichen Bestimmungen trifft.

II.
Pflegeverpflichtung

1) Dienstleistungen von Frau Hanni Schreiner
Die Anwesende zu 2) verpflichtet sich hiermit, für den Anwesenden zu 1) auch in Zukunft alle Besorgungen im bisherigen Umfang zu tätigen und seine Eigentumswohnung auf der Brucknerallee 104 zu putzen, für ihn die Mahlzeiten zuzubereiten und seine Kleidung in Ordnung zu halten. Die Anwesende zu 2) übernimmt darüber hinaus alle Pflegeleistungen, die bei einer Einstufung des Anwesenden zu 1) in die Pflegestufen 1 und 2 im Sinne der Pflegeversicherung zu erbringen sind.

2)   Gegenleistungen des Herrn Horst Günter Schmitz

Die Anwesende zu 2) erhält als Gegenleistung ab sofort eine monatliche Zahlung von 500 Euro und darüber hinaus freie Kost und Logis. Sollten diese Leistungen der Lohn- bzw. Einkommensteuer und/oder Sozialversicherung unterliegen, so sind die dafür anfallenden Aufwendungen von dem Anwesenden zu 1) zu tragen.

3)   Nießbrauchvermächtnis

Zur weiteren Abgeltung der von der Anwesenden zu 2) erbrachten Dienstleistungen und aus Dankbarkeit wendet der Anwesende zu 1) der Anwesenden zu 2) im Wege des erbvertraglichen Vermächtnisses den lebenslangen unentgeltlichen Nießbrauch an seiner Eigentumswohnung im Hause Brucknerallee 104 in Mönchengladbach zu.

Diese Eigentumswohnung ist im Wohnungsgrundbuch von Rheydt, Band 12, Bestandsverzeichnis Nr. 2 eingetragen und unbelastet.

Dieses Vermächtnis ist an die Person der Anwesenden zu 2) gebunden. Deshalb wird ein Ersatzvermächtnisnehmer nicht eingesetzt. Die Anwesende zu 2) nimmt diese erbvertragliche Vermächtniszuwendung hiermit an.

4)   Rücktritt

Sollte die Anwesende zu 2) die in diesem Erbvertrag eingegangenen Dienstleistungen für den Anwesenden zu 1) für die Dauer von zwei zusammenhängenden Monaten oder länger nicht erbringen können oder den Anwesenden zu 1) verlassen, so hat der Anwesende zu 1) das Recht, von diesem Erbvertrag zurückzutreten.

Der Notar hat darauf hingewiesen, dass die Rücktrittserklärung der notariellen Beurkundung bedarf und dem anderen Vertragsteil zu Lebzeiten zugehen muss.

5)   Zahlungspflicht der Erben

Sollte die Anwesende zu 2) den Nießbrauch an der Eigentumswohnung des Anwesenden zu 1) nach dessen Tode nicht erhalten, gleichgültig aus welchem Grunde, so sind die Erben des Anwesenden zu 1) verpflichtet, an die Anwesende zu 2) bis zu deren Tode den Nettomietwert dieser Eigentumswohnung monatlich zu zahlen.

III

Verwahrung und Kosten

Dieser Erbvertrag soll beim Amtsgericht in Mönchengladbach-Rheydt verwahrt werden. Alle Beurkundungs- und Verwahrungskosten übernimmt der Anwesende zu 1).

Diese Niederschrift wurde den Anwesenden vom Notar vorgelesen, von ihnen genehmigt und sodann von ihnen und dem Notar wie folgt unterschrieben.

Horst Günter Schmitz   Hanni Schreiner
(mit Beglaubigungsvermerk des Notars)

Muster für einen Erbvertrag unter nichtehelichen Partnern
Beide Partner sind zusammen je zur Hälfte Eigentümer einer Eigentumswohnung im Hause Brucknerallee 104 in Mönchengladbach.

Notarielle Eingangsformalien wie im vorausgegangenen Muster.

Wir schließen folgenden Erbvertrag:
1)   Persönliche Verhältnisse der Vertragschließenden
     Wir sind beide deutsche Staatsangehörige. Wir leben seit sechs Jahren in nichtehelicher Lebensgemeinschaft zusammen in der Wohnung im ersten Obergeschoss des Hauses Brucknerallee 104 in 41236 Mönchengladbach. Diese Wohnung gehört uns hälftig und ist nicht belastet.
     Keiner von uns hat eigene Abkömmlinge.
     Jeder von uns handelt bei diesem Erbvertrag als Erblasser.

2) Vermächtnis

Im Wege des Vermächtnisses wendet jeder von uns dem jeweils anderen Partner seine Miteigentumshälfte der Eigentumswohnung in der Brucknerallee 104 in Mönchengladbach zu, eingetragen im Wohnungsgrundbuch von Rheydt, Band 12, Bestandsverzeichnis Nr. 1.

Das Vermächtnis fällt mit dem Tode des Erstversterbenden von uns an. Ersatzvermächtnisnehmer werden nicht genannt.

Der Erstversterbende von uns erteilt dem Überlebenden die Vollmacht, alle Erklärungen abzugeben und alle sonstigen Rechtshandlungen vorzunehmen, die zur Erfüllung des Vermächtnisses erforderlich sind. Der Bevollmächtigte ist insofern von den Beschränkungen des § 181 BGB befreit.

Das Vermächtnis dient der Sicherstellung des Wohnbedarfs des Überlebenden und ist Ausdruck der Beistandspflicht, die jeder für den anderen empfindet. Jeder von uns unterstützt den anderen in privaten und beruflichen Angelegenheiten.

Weitere erbrechtliche Verfügungen wollen wir heute nicht treffen.

3) Rücktritt

Die gegenseitig eingeräumten Vermächtnisse sind vertraglich und wechselbezüglich angeordnet. Jeder von uns behält sich das Recht zum Rücktritt von diesem Erbvertrag vor. Der Notar hat uns darüber belehrt, dass eine etwaige Rücktrittserklärung notariell zu beurkunden und dem Vertragspartner zu Lebzeiten zuzustellen ist.

4) Verwahrung

Dieser Erbvertrag soll in die besondere amtliche Verwahrung des Amtsgerichts Mönchengladbach-Rheydt verbracht werden.

Diese Niederschrift wurde vom Notar den Erschienenen vorgelesen, von ihnen genehmigt und von ihnen und dem Notar unterschrieben.

Horst Günter Schmitz   Hanni Schreiner
(mit Beglaubigungsvermerk des Notars)

Erbverzicht

Neben Testament und Erbvertrag kennt unser Gesetz den Erbverzicht als weiteres Rechtsgeschäft, das zu Lebzeiten des Erblassers abgeschlossen wird und die Berufung zum Erben beeinflusst.

Der Erbverzicht ist ein besonderer erbrechtlicher Verfügungsvertrag, mit dem Verwandte oder der Ehegatte des Erblassers auf ihr bzw. sein gesetzliches Erbrecht und/oder Pflichtteilsanspruch oder ein Vermächtnis verzichten. Der Erbverzicht ist keine Verfügung von Todes wegen, gehört aber in diesen Zusammenhang.

Der Zweck des Erbverzichtes besteht darin, einen Erb- oder Pflichtteilsanspruch des Verzichtenden zweifelsfrei auszuschließen. Ein Erbverzicht kommt vor allem im Zusammenhang mit Abfindungsverträgen vor.

Wenn etwa ein Vater einem seiner Kinder vorweg seinen voraussichtlichen späteren Erbteil auszahlt, liegt es nahe, dieses Kind auf seinen Erbteil verzichten zu lassen, damit es später nicht doppelt am Nachlass des Vaters beteiligt wird. Durch eine testamentarische oder erbvertragliche Enterbung dieses Kindes könnte ein solches Ergebnis nicht vollständig erzielt werden, da dem Kind das Pflichtteilsrecht erhalten bliebe. Selbst wenn der Vater in seinem Testament schreibt, das Kind solle nichts mehr bekommen, weil es seinen Erbteil vorweg erhalten habe, könnte das Kind trotzdem über den Pflichtteilsanspruch versuchen, noch etwas vom Nachlass zu erlangen. Ob ihm das gelingt, ist zwar zweifelhaft, aber durch einen notariell beurkundeten Verzicht ist die Lage eindeutig geklärt.

In der Regel wird der Erb- und Pflichtteilsverzicht mit einer entsprechenden Abfindung gekoppelt, die der Erblasser dem Verzichtenden gewährt. Es ist aber durchaus denkbar, dass der Erbe keine Abfindung fordert.

Beispiel

Ein Mann wird von einer Nichte aufopferungsvoll gepflegt. Er hat kein großes Vermögen, während sein einziger Sohn finanziell sehr gut gestellt ist und schon das elterliche Haus zu Eigentum erhalten hat. Auf Wunsch des Mannes verzichtet der Sohn deshalb mit einem notariellen Vertrag für sich und seine Abkömmlinge auf das Erbe nach dem Vater zugunsten dieser Nichte. Mit der Verzichtserklärung verzichtet der Sohn gleichzeitig auf seine Pflichtteilsansprüche.

Beispiel für einen Erbverzichtsvertrag

Anwesend sind Herr Fritz Müller und sein Sohn Otto Müller. Sie erklären mit der Bitte um notarielle Beurkundung folgenden Erbverzichtsvertrag:

I.
Vorbemerkung

Herr Fritz Müller ist verwitwet und wird seit vielen Jahren durch seine Nichte Emma Schulze, wohnhaft Brucknerallee 104 in 41236 Mönchengladbach, aufopferungsvoll gepflegt. Er möchte daher in einem noch zu errichtenden Testament seine Nichte zur Alleinerbin einsetzen. Der Sohn Otto Müller erklärt, dass er bereits zu Lebzeiten seiner Eltern deren Wohnhaus in Mönchengladbach mit einem Verkehrswert von 200 000 Euro zu Eigentum erhalten habe.

II.
Erbverzicht

Herr Otto Müller erklärt, dass er unter Berücksichtigung des ausdrücklichen Wunsches seines Vaters auf sein gesetzliches Erbrecht gegenüber seinem Vater verzichtet. Diesen Verzicht erklärt er für sich und seine Abkömmlinge. Der Verzicht steht unter der Bedingung, dass sein Vater die Nichte Emma Schulze testamentarisch zur Alleinerbin einsetzt und diese Alleinerbin wird.

III.
Annahmeverzicht

Herr Fritz Müller nimmt den Verzicht unter der genannten aufschiebenden Bedingung an.

Unterschriften

Der Erbverzicht bedarf der notariellen Beurkundung. Gleiches gilt auch für einen Abfindungsvertrag, wenn der Erbverzicht an eine Abfindung geknüpft ist. Der Erbverzicht kann vom Erblasser nur zu seinen Lebzeiten vertraglich abgeschlossen werden. Er muss den Vertrag persönlich abschließen, während sich der Verzichtende vertreten lassen kann. Der Erblasser muss grundsätzlich geschäftsfähig sein. Für ihn kann allerdings als gesetzlicher Vertreter ein Betreuer handeln, sofern der Erbverzicht zu seinem Aufgabenbereich gehört. Im Falle der Betreuung oder Vormundschaft ist zusätzlich die Genehmigung durch das Vormundschaftsgericht erforderlich.

Folgen des Erbverzichts

Durch die Vereinbarung des Erbverzichts scheidet der Verzichtende, also ein Verwandter oder der Ehegatte, aus der gesetzlichen Erbfolge aus. Der Verzichtende wird so gestellt, als wenn er zum Zeitpunkt des Erbfalls nicht mehr leben würde. Aus diesem Grunde entfällt auch sein Pflichtteilsrecht. Etwaige Pflichtteilsrestansprüche oder Pflichtteilsergänzungsansprüche bestehen dann ebenfalls nicht mehr.

Bei Verwandten des Erblassers, die nicht pflichtteilsberechtigt sind, bedarf es keines Verzichts, weil der Erblasser sie in seinem Testament ausschließen kann oder überhaupt nicht zu erwähnen braucht.

Ein Erbverzicht ist auch in der Form möglich, dass den Verzichtenden der Pflichtteilsanspruch verbleibt. Von dieser Variante wird allerdings in der Rechtspraxis sehr selten Gebrauch gemacht, da die gleiche Wirkung durch eine enterbende letztwillige Verfügung zu erreichen wäre. Wenn beispielsweise ein Kind seinen Pflichtteilsanspruch behalten soll, dann braucht es der Vater lediglich in seinem Testament zu enterben. So kann das Kind den Pflichtteilsanspruch noch geltend machen.

Durch den gesetzlich gewollten Wegfall des Verzichtenden erhöhen sich sowohl die Erbquoten der übrigen gesetzlichen Erben als auch die Pflichtteilsquoten. Das gilt nicht, wenn der Verzichtende nur auf den Pflichtteil verzichtet. Der Zugewinnausgleichsanspruch des überlebenden Ehegatten ist von einem solchen Verzicht nicht betroffen.

Aufhebung des Erbverzichts

Zur Aufhebung eines Erbverzichts bedarf es eines Vertrags zwischen den Parteien, die seinerzeit den Erbverzichtsvertrag geschlossen haben. Deshalb kann eine Aufhebung nur zu Lebzeiten des Erblassers und des Verzichtenden vereinbart werden. Ein Rücktritts- und Widerrufvorbehalt im Verzichtsvertrag ist unzulässig. Es ist jedoch möglich, den Verzicht von der Zahlung einer Abfindung abhängig zu machen.

Steuerliche Folgen

Der Erbverzicht selbst ist grundsätzlich erbschaftsteuerneutral, d. h., der Verzicht selbst löst keine Erbschaftsteuer aus. Dagegen ist die Abfindung, die aufgrund des Erbverzichts gezahlt wird, erbschaftsteuerpflichtig. Der Abfindungsbetrag wird wie eine Erbschaft behandelt. Wird die Abfindung durch einen Dritten, nicht durch den Erblasser gezahlt, so ist für die Ermittlung der Steuerklasse trotzdem das Verhältnis zwischen dem Verzichtenden und dem Erblasser ausschlaggebend.

Pflichtteilsverzicht

Der Pflichtteilsverzicht ist eine Unterart des Erbverzichts. In der Rechtspraxis hat sich der Pflichtteilsverzicht als ein sicheres Instrument zur Regelung von Unternehmensnachfolgen herausgebildet.

Beispiel

Ein Fabrikant ist verheiratet und hat drei Kinder. Er wünscht, dass sein Betrieb von seinem Sohn übernommen wird, während seine Ehefrau und seine beiden Töchter anderweitig testamentarisch bedacht werden sollen. Angesichts der erheblichen Pflichtteilsansprüche der Frau und der Töchter befürchtet der Unternehmer, dass durch Pflichtteilsforderungen die Liquidität seines Unternehmens erheblich beeinträchtigt werden könnte. Er bittet deshalb seine Frau und seine beiden Töchter, die anderweitig abgefunden werden, auf Pflichtteilsansprüche zu verzichten.

Durch den Verzicht auf Pflichtteilsansprüche ändert sich nichts am gesetzlichen Erbrecht. Der Erblasser behält seine vollständige Testierfreiheit. Die Verzichtenden bleiben gesetzliche Erben. Sie können auch aufgrund letztwilliger Verfügung Erben werden, sie können nur keinen Pflichtteil fordern.

Häufig wird in derartigen Fällen auch ein Pflichtteils-Teilverzicht erklärt, wonach der Pflichtteilsberechtigte darauf verzichtet, dass bei der Pflichtteilsberechnung z. B. das Unternehmen des Erblassers in den Nachlassbestand eingerechnet wird.

Gerade bei der Regelung einer Unternehmensnachfolge ist darauf zu achten, dass trotz Pflichtteilsverzicht der Zugewinnanspruch des überlebenden Ehegatten bestehen bleibt. Die Ehegatten können Gütertrennung vereinbaren, damit keine Zugewinnansprüche gegeben sind.

VOM ERBFALL BIS ZUM ERBSCHEIN

Annahme und Ausschlagung der Erbschaft

Anfall der Erbschaft

Mit dem Tod des Erblassers fällt die Erbschaft „von selbst" dem oder den Erben an, ohne dass es dazu einer besonderen Annahmehandlung der Erben bedürfte. Die Erben brauchen gar nichts davon zu wissen. Zum Zeitpunkt des Todes des Erblassers geht also der Nachlass „automatisch" auf den oder die Erben über.

Der Erwerb der Erbenstellung hängt lediglich von folgenden Voraussetzungen ab:

➤ Die Erben müssen durch Gesetz (gesetzliche Erbfolge) oder durch Verfügung von Todes wegen (testamentarische Erbfolge) berufen sein,

➤ die Erben müssen erbfähig sein, d. h., sie müssen zum Zeitpunkt des Erbfalls leben oder wenigstens gezeugt sein,

➤ es darf kein Erbverzicht vorliegen.

Dieser (automatische) Anfall der Erbschaft kann jedoch durch Ausschlagung, durch Erbunwürdigkeitserklärung oder durch Anfechtung der letztwilligen Verfügung des Erblassers wieder beseitigt werden.

Nur der Staat (Fiskus) kann eine ihm als gesetzlichen Erben angefallene Erbschaft nicht ausschlagen und auch nicht auf sie verzichten. Diese Vorschrift soll sicherstellen, dass eine Erbschaft nicht herrenlos wird. Der Staat als letzter gesetzlicher Erbe hat dafür Sorge zu tragen, dass nach dem Tod eines Bürgers seine Hinterlassenschaft zumindest ordnungsgemäß abgewickelt wird.

Annahme der Erbschaft

Es ist zwischen dem automatischen Anfall der Erbschaft und ihrer Annahme durch den Erben zu unterscheiden. Der Erbe braucht von dem Erbanfall zunächst nichts zu wissen, wenn er vom Tod des Erblassers keine Kenntnis erlangt hat. Auch ein Testament braucht ihm nicht bekannt zu sein, denn ein vom Erblasser hinterlassenes Testament muss beim Amtsgericht/Nachlassgericht zur Eröffnung abgeliefert werden. Erst danach erfährt der Erbe von seinem „Glück". Bis zur Annahme einer solchen Erbschaft ist der Erbe „vorläufiger" Erbe. Erst wenn er die Erbschaft angenommen hat, wird er zum „endgültigen" Erben und kann grundsätzlich nicht mehr ausschlagen.

Für die Annahme ist keine Form vorgeschrieben. Die Annahme kann auf verschiedene Weise erfolgen:

➤ durch ausdrückliche Annahmeerklärung, beispielsweise Erklärung der Annahme gegenüber dem Nachlassgericht, insbesondere durch den Antrag auf Erteilung eines Erbscheins oder durch mündliche oder schriftliche Erklärung gegenüber einem Nachlassgläubiger oder einem Miterben;

➤ durch stillschweigende Erklärung (so genanntes schlüssiges oder konkludentes Verhalten). Durch dieses Verhalten des Erben kann nach Treu und Glauben der Schluss gezogen werden, dass der Erbe die Erbschaft angenommen hat.

Konkludentes Verhalten liegt beispielsweise vor, wenn der Erbe mit dem Verkauf von Nachlassgegenständen begonnen hat. Dagegen stellen die Maßnahmen der vorläufigen Verwaltung, wie etwa die Versorgung der Wohnung oder der Haustiere des Erblassers, noch keine endgültige Annahme der Erbschaft dar. Selbst eine einstweilige Weiterführung des Geschäfts des Erblassers bedeutet nicht unbedingt, dass der Erbe die Erbschaft angenommen hat. Wer allerdings erhebliche Veränderungen in einem Betrieb oder Geschäft vornimmt, z. B. Mitarbeiter entlässt oder einstellt oder Umbauten anordnet, der handelt schon wie ein endgültiger Erbe. In manchen Fällen kann die Abgrenzung zwischen endgültiger Annahme der Erbschaft und vorläufigen Sicherungsmaßnahmen schwierig sein.

Solange der Erbe selbst Zweifel hat, ob er die Erbschaft endgültig annehmen oder ausschlagen soll, sollte er unbedingt gegenüber den anderen Beteiligten klar zum Ausdruck bringen, dass er nur vorläufige Sicherungsmaßnahmen für den Nachlass durchführt. Wenn er die Erbschaft aber auf jeden Fall annehmen will, braucht er insoweit keine besondere Rücksicht zu nehmen.

Annahme und Ausschlagung bei Geschäftsunfähigen und beschränkt Geschäftsunfähigen

Bei geschäftsunfähigen oder beschränkt geschäftsfähigen Personen bedürfen sowohl die Annahme als auch die Ausschlagung der Erbschaft der Einwilligung des gesetzlichen Vertreters. Außerdem muss im Falle der Ausschlagung auch die Genehmigung des Vormundschaftsgerichts eingeholt werden. Nur wenn ein Elternteil eine Erbschaft oder einen Erbteil ausgeschlagen hat und der Nachlass infolgedessen dem eigenen Kind anfällt, können die Eltern als Inhaber der elterlichen Sorge auch für ihr Kind ausschlagen, ohne dafür eine besondere Genehmigung des Vormundschaftsgerichtes einholen zu müssen.

Ausschlagungsrecht des Ehegatten

Die Erklärung, ob man eine Erbschaft annimmt oder ausschlägt, ist zwar grundsätzlich vermögensrechtlicher Natur; die Entscheidung über Annahme und Ausschlagung ist aber stark persönlicher Natur. Nicht nur die finanziellen Interessen spielen dabei eine Rolle, sondern auch die persönlichen Beziehungen des Erben zum Erblasser und den Miterben.

Aus diesem Grund kann jeder Ehegatte selbst über die Annahme und Ausschlagung einer ihm zugefallenen Erbschaft entscheiden, ganz gleich, in welchem Güterstand die Ehegatten leben. So kann der Ehemann auch bei Gütergemeinschaft nicht für seine Frau eine ihr anfallende Erbschaft annehmen oder ausschlagen. Mit anderen Worten: Die Ehe hat keinen Einfluss auf Annahme oder Ausschlagung einer Erbschaft.

Ausschlagungsrecht des Gemeinschuldners

Auch ein Erbe, der sich im Insolvenzverfahren befindet, kann selbstständig über die Annahme oder Ausschlagung einer Erbschaft entscheiden. Der Insolvenzverwalter kann ihn nicht dazu zwingen, eine Erbschaft anzunehmen.

Beispiel

Ein Mann ist hoch verschuldet und befindet sich im Insolvenzverfahren. Zu diesem Zeitpunkt fällt ihm eine große Erbschaft an. Damit diese Erbschaft nicht in die Konkursmasse fällt und seinen Gläubigern zugute kommt, schlägt er das Erbe aus, sodass seine Kinder Erben werden. Die Gläubiger des Mannes haben in diesem

Fall keine Möglichkeit, an die Erbschaft heranzukommen. Selbstverständlich ist er auch berechtigt, die Erbschaft anzunehmen, um sich somit vielleicht aus dem Insolvenzverfahren zu retten.

Wahlrecht bei mehreren Berufungsgründen

Nicht selten ist ein Erbe sowohl testamentarisch als auch gesetzlich berufen. Beispielsweise ist der einzige Sohn aufgrund eines Testaments berufen. Aufgrund gesetzlicher Erbfolge würde er alleiniger Erbe werden. In diesem Falle hat er das Wahlrecht. Er kann die testamentarische Erbfolge ausschlagen und die gesetzliche Erbfolge annehmen oder umgekehrt. Das kann durchaus einen Sinn haben, wenn er im Testament mit Auflagen beschwert ist, die ihn ausschließlich als testamentarisch eingesetzten Erben treffen würden. Große praktische Bedeutung hat dies allerdings nicht, da in der Regel die Beschwerungen auch bei Ausschlagung der testamentarischen Erbschaft bestehen bleiben und den gesetzlichen Erben belasten.

Ausschlagung

Der Erbe kann nach freiem Belieben die Erbschaft ausschlagen und dadurch den bereits erfolgten Anfall der Erbschaft wieder rückgängig machen. Die Gründe, warum jemand nicht Erbe werden will, sind vielfältig. Der häufigste Grund ist, dass der Nachlass überschuldet ist und sich deshalb der Erbschaftserwerb für den Erben finanziell nachteilig auswirkt. Dem Erben bleibt jedoch die Möglichkeit, wenn er die Erbschaft trotz Überschuldung angenommen hat, seine Haftung auf den Nachlass zu beschränken. Jedoch bringt ihm eine solche Haftungsbeschränkung meist viel Mühe und Ärger. Deshalb ist für ihn die Ausschlagung die bequemere Lösung.

Auch aus anderen Gründen kann ein Erbe eine Erbschaft ablehnen. Vielleicht will er mit der ganzen Erbschaftsangelegenheit nichts zu tun haben, weil ihm der Erblasser fern steht und weil er mit dessen Familie in Streit lebt. Die Ausschlagung kann aber auch dazu dienen, die Erbschaft einem anderen, z. B. einem Abkömmling des Ausschlagenden, zukommen zu lassen, weil dieser dadurch zum gesetzlichen Erben wird. Wenn die Erbschaft beispielsweise einem alten Herrn anfällt, der finanziell gut gestellt ist, kann er – wenn er will – die Erbschaft ausschlagen, damit sie unmittelbar seinem Sohn zukommt. Da der ausschlagende Erbe dafür keine Erbschaftsteuer zu zahlen braucht, kann dies bei größeren Vermögen aus erbschaftsteuerlichen Gründen zweckmäßig sein.

Zur Ausschlagung ist jeder Erbe berechtigt, gleichgültig, ob er durch Gesetz, Testament oder Erbvertrag berufen ist. Nur der Staat (Fiskus) kann, wie bereits erwähnt, als gesetzlicher Erbe nicht ausschlagen.

Ausschlagungsfrist

Die Ausschlagung kann nur innerhalb von sechs Wochen erfolgen, nachdem der Erbe vom Anfall der Erbschaft und vom Berufungsgrund Kenntnis erlangt hat. Durch diese knapp bemessene Ausschlagungsfrist soll – vor allem im Interesse der Nachlassgläubiger – eine rasche Klärung der Erbenstellung erreicht werden (Ausnahme siehe Seite 173).

Für die Ausschlagung ist eine Erklärung gegenüber dem Nachlassgericht erforderlich, und zwar zur Niederschrift des Gerichts oder in öffentlich beglaubigter Form. Wer eine Erbschaft ausschlagen will, muss also zum Nachlassgericht oder zum Notar gehen und dort die Ausschlagung erklären, und zwar innerhalb der Sechswochenfrist.

Wenn etwa der Sohn als einziger Erbe des Erblassers in Betracht kommt, dann kann er zunächst abwarten, bis das Testament des Erblassers eröffnet und ihm bekannt gemacht wird, denn erst dann erfährt der Sohn, ob er aufgrund gesetzlicher oder testamentarischer Erbfolge berufen ist. Erst von diesem Zeitpunkt an läuft die Sechswochenfrist.

Für die Ausschlagung genügt, wenn man beim Notar eine selbst mit der Hand oder Schreibmaschine/PC geschriebene und unterschriebene Erklärung beglaubigen lässt und diese innerhalb der Frist zum Amtsgericht/Nachlassgericht schickt. Üblich ist es, dass der Notar die gesamte Ausschlagungserklärung beurkundet und die Weiterleitung an das Amtsgericht veranlasst. Bei der Beurkundung durch den Notar entstehen allerdings höhere Gebühren. Außer im Land Baden-Württemberg, in dem das staatliche Notariat die Ausschlagungserklärung entgegennimmt, muss in den anderen Bundesländern die Ausschlagungserklärung dem Nachlassgericht zugeleitet werden.

Vertretung

Während die Testamentserrichtung persönlich erfolgen muss, kann die Ausschlagung durch einen Vertreter vorgenommen werden. Als Vertreter kann – muss aber nicht – ein Rechtsanwalt beauftragt werden. Der Bevollmächtigte des Ausschlagenden benötigt dazu eine öffentlich beglaubigte Vollmacht. Liegt diese der Ausschlagungserklärung nicht bei, muss sie innerhalb der Ausschlagungsfrist nachgereicht werden.

Beispiel für stellvertretende Ausschlagung

Rechtsanwalt Josef Müller   Köln, den 15.04.2002

An das Amtsgericht
Nachlassgericht

41236 Mönchengladbach

Ausschlagung der Erbschaft
Nachlasssache Müller

Am 15.03.2002 verstarb in Mönchengladbach, seinem letzten Wohnsitz, Herr Hans Schmitz. Der Erblasser war verwitwet und hinterließ außer seinem Sohn, Herrn Peter Schmitz, keine Abkömmlinge. Verfügungen von Todes wegen sind nicht bekannt.

Namens und in Vollmacht des Sohnes Peter Schmitz (notarielle Vollmacht ist beigefügt) schlage ich die ihm angefallene Erbschaft aus allen Berufungsgründen aus.

Rechtsanwalt
(notarielle Unterschriftsbeglaubigung)

Fristbeginn bei Auslandsberührung

Wenn der Erblasser seinen letzten Wohnsitz im Ausland hatte, muss der Erbe meist umfangreiche Ermittlungen anstellen, um sich Klarheit darüber zu verschaffen, ob er die Erbschaft annehmen oder ausschlagen soll.

Außerdem muss er zunächst einmal das zuständige Nachlassgericht ermitteln. Das kann unter Umständen recht schwierig sein.

Diesen zeitraubenden Umständen trägt das Gesetz dadurch Rechnung, dass in diesem Falle die Frist zur Ausschlagung sechs Monate beträgt. Das Gleiche gilt für im Ausland lebende Erben, die sich über den Nachlass im Inland erkundigen müssen. Auch für sie beträgt die Ausschlagungsfrist sechs Monate.

Ist der Erbe geschäftsunfähig oder in der Geschäftsfähigkeit beschränkt, so kommt es auf den Aufenthaltsort des gesetzlichen Vertreters an. Dieser Fall kann durchaus praktische Bedeutung haben, wenn sich z. B. das erbberechtigte minderjährige Kind in einem inländischen Internat befindet, während sich die Eltern aus beruflichen Gründen im Ausland aufhalten.

Frühestmögliche Ausschlagung/Annahme

Bevor die Erbschaft angefallen ist, kann der Erbe sie weder annehmen noch ausschlagen. Er kann lediglich einen Erbverzicht beurkunden lassen. Eine Besonderheit gibt es nur bei der Vor- und Nacherbschaft. Wenn die Vorerbschaft angefallen ist, kann der Nacherbe bereits seine Nacherbschaft ausschlagen. Der Nacherbe muss also nicht abwarten, ob der Vorerbe die Erbschaft annimmt oder ausschlägt. Er muss auch nicht warten, bis der Vorerbe verstirbt. Bereits wenn der Erblasser verstorben ist, kann der Nacherbe ausschlagen. Das hat zur Konsequenz, dass dem Vorerben die Erbschaft ohne Einschränkung verbleibt und dass er frei über den Nachlass verfügen kann, falls nicht der Erblasser für diesen Fall eine anderweitige Regelung getroffen hat. Hat der Nacherbe nicht vorzeitig ausgeschlagen, verbleibt ihm dieses Recht bis zum Eintritt des Nacherbfalls mit normaler Ausschlagungsfrist von sechs Wochen bzw. bei Auslandsberührung von sechs Monaten.

Eindeutigkeit der Annahme- und Ausschlagungserklärung

Die Erklärung, dass man eine Erbschaft ausschlagen oder annehmen will, muss eindeutig sein. Man kann die Annahme oder Ausschlagung einer Erbschaft nicht von irgendwelchen Bedingungen oder Fristen abhängig machen. Aus Gründen der Rechtssicherheit muss der Erbe klar erklären, ob er die Erbschaft annehmen oder ausschlagen will.

Anfechtung der Annahme oder Ausschlagung

Durch die Annahme oder Ausschlagung wird in relativ kurzer Zeit Klarheit darüber geschaffen, wer der endgültige Erbe ist. Nicht selten jedoch kommt es aufgrund falscher Vorstellung des Erben zu einer Annahme oder Ausschlagungserklärung, weil ihm die kurze Frist nicht genügend Zeit gelassen hat, sich sichere Informationen über den Nachlass zu verschaffen. In einem solchen Fall kann unter Umständen die Annahme oder Ausschlagung angefochten werden.

Eine Annahme ist auch dann anfechtbar, wenn sie durch konkludentes Verhalten oder durch Ablauf der Ausschlagungsfrist eingetreten ist. Ein Irrtum über den Inhalt der Erklärung kommt etwa dann in Betracht, wenn sich der Erbe nicht bewusst war, dass sein bestimmtes Verhalten, etwa die Bezahlung einer Nachlassschuld, bereits als Annahme der Erbschaft aufzufassen war. Die Anfechtungshandlung erfolgt durch eine Erklärung gegenüber dem Nachlassgericht, die zur Niederschrift des Gerichts oder in öffentlich beglaubigter Form abzugeben ist.

Eine erfolgreiche Anfechtung bewirkt die Nichtigkeit der Ausschlagung oder der Annahme oder anders ausgedrückt: Die Anfechtung der Ausschlagung gilt als Annahme und die Anfechtung der Annahme als Ausschlagung. Durch die Anfechtung ergibt sich keine erneute Wahlfreiheit zwischen Annahme und Ausschlagung.

Anfechtungsgründe

Die Anfechtungsgründe richten sich nach den allgemeinen Vorschriften des Bürgerlichen Gesetzbuches über die Anfechtung von Rechtshandlungen. Beispielsweise kann der Erbe irrtümlich der Meinung gewesen sein, der Nachlass sei völlig überschuldet, weshalb er die Erbschaft ausgeschlagen hat. Falls sich später herausstellt, dass er sich geirrt hat, kann er die Ausschlagung anfechten. Auch ein Irrtum über eine Erbteilsquote kann zur Anfechtung der Ausschlagung berechtigen. Hat sich der Ausschlagende allerdings über die Person des nach ihm berufenen Erben geirrt, ist die Ausschlagung nicht anfechtbar. Auch Irrtümer über die Höhe der Erbschaftsteuer berechtigen nicht zu einer Anfechtung. Bedingung ist nämlich, dass der Irrtum für die angefochtene Annahme oder Ausschlagung ursächlich gewesen ist. Das Anfechtungsrecht kann sich auch aus einem Rechtsirrtum ergeben, wenn der Erbe aufgrund fehlerhafter Beratung die Erbschaft ausgeschlagen hat, um den Pflichtteil zu erlangen.

Anfechtungsfrist

Die Anfechtungsfrist beträgt sechs Wochen seit Kenntnis vom Anfechtungsgrund. Das Versäumen der Anfechtungsfrist ist seinerseits nicht anfechtbar. Die Frist beträgt sechs Monate, wenn der Erblasser seinen Wohnsitz nur im Ausland gehabt oder wenn sich der Erbe bei Beginn der Frist im Ausland aufgehalten hat. Die Anfechtung ist ausgeschlossen, wenn seit der Annahme oder Ausschlagung 30 Jahre verstrichen sind.

Rechtsverhältnis zwischen ausschlagendem und endgültigem Erben

Wenn der vorläufige Erbe bereits Geschäfte getätigt hat, die sich auf die Erbschaft beziehen, wird er nach seiner Ausschlagung so behandelt wie ein Geschäftsführer ohne Auftrag. Er muss das durch seine Tätigkeit Erlangte an den Erben herausgeben, hat aber dafür Anspruch auf Ersatz seiner Aufwendungen.

Kommentar: Annahme und Ausschlagung der Erbschaft

Mit der Annahme und Ausschlagung der Erbschaft und gegebenenfalls der Anfechtung muss man sich sehr beeilen. Eine Frist von nur sechs Wochen ist schnell abgelaufen.

Deshalb der Rat: Zunächst sollte der vorläufige Erbe nur dringende Verwaltungs- und Sicherungsmaßnahmen am Nachlass vornehmen und sich innerhalb der Sechswochenfrist intensiv mit dem Nachlass beschäftigen und insbesondere eventuelle Schulden des Erblassers zu ermitteln versuchen. Nimmt er die Erbschaft an, obwohl sie überschuldet ist, bleibt ihm noch die Möglichkeit, später seine Haftung auf den Nachlass zu beschränken. Hat der Erbe seine diesbezügliche Haftung wirksam beschränkt, braucht er die finanziellen Nachlassverpflichtungen nur insoweit zu erfüllen, als der Erlös aus der Verwertung des Nachlasses dafür ausreicht. Er braucht also trotz Annahme der Erbschaft nicht mit seinem persönlichen Vermögen für die Schulden des Erblassers einzutreten.

Muster für Erklärung der Ausschlagung

An das Amtsgericht
Nachlassgericht

41236 Mönchengladbach-Rheydt

Betrifft: *Nachlass meines am 2. Februar 2002 verstorbenen Vaters*
Peter Müller, letzter Wohnsitz Mönchengladbach
Aktenzeichen 15 VI 27/02

Hiermit schlage ich die mir testamentarisch zugefallene Erbschaft
nach meinem Vater Peter Müller aus allen Berufungsgründen aus.

Mönchengladbach, den 28. Februar 2002

Unterschrift
(mit Beglaubigungsvermerk eines Notars)

Dies ist eine ganz „normale" Ausschlagung. Eine Begründung braucht
nicht angegeben zu werden. Im vorliegenden Fall hatte der Vater ein Testament zugunsten des ausschlagenden Erben errichtet. Es ist aus dieser
Ausschlagungserklärung nicht ersichtlich, ob noch andere Erben vorhanden sind und ausschlagen oder annehmen. Dieser Erbe schlägt jedenfalls
ohne weitere Begründung aus und scheidet damit aus der Erbschaft aus.
Er braucht für das ausgeschlagene Erbe auch keine Erbschaftsteuer zu
zahlen.

Muster für Ausschlagung als Testamentserbe und Annahme als gesetzlicher Vertreter

An das Amtsgericht
Nachlassgericht

41236 Mönchengladbach

Betrifft: *Nachlass meines am 2. Februar 2002 verstorbenen Vaters*
            Peter Müller, letzter Wohnsitz Mönchengladbach
            Aktenzeichen 15 VI 27/02

Mein Vater hat mich durch Testament vom 18. September 1995 zum Alleinerben berufen. Diese Erbschaft als Testamentserbe schlage ich hiermit aus.

Nach dem Gesetz bin ich zu $1/2$ Erbe geworden. Diese Erbschaft nehme ich hiermit an.

Mönchengladbach, den 28. Februar 2002

Unterschrift
(mit Beglaubigungsvermerk eines Notars)

Muster für die Ausschlagung der Eltern (zugleich für ein Kind, wenn das Kind erst durch Ausschlagung des einen Elternteils Erbe würde)

An das Amtsgericht
Nachlassgericht

41236 Mönchengladbach

Betrifft: *Nachlass meines am 2. Februar 2002 verstorbenen Vaters*
 Peter Müller, letzter Wohnsitz Mönchengladbach
 Aktenzeichen 15 VI 27/02

Ich, Klara Schreiner, geborene Müller, bin die alleinige gesetzliche Erbin meines Vaters Peter Müller aus Mönchengladbach. Ich schlage hiermit diese Erbschaft aus. Durch diese Ausschlagung würde mein Sohn Sven Schreiner, geboren am 01.01.2000, alleiniger Erbe meines Vaters werden.

 Wir, seine Eltern, die Eheleute Josef Schreiner und Klara, geborene Müller, handelnd hiermit als gesetzliche Vertreter unseres Sohnes Sven, schlagen auch für unseren Sohn diese Erbschaft aus.

 Als weiterer gesetzlicher Erbe kommt ein Neffe des Erblassers, Fritz Müller, Berliner Straße 12 in 41238 Mönchengladbach, infrage.

Mönchengladbach, den 28.02.2002

Unterschriften beider Eltern
(mit Beglaubigungsvermerk eines Notars)

Muster für eine Anfechtung der Annahme

An das Amtsgericht
Nachlassgericht

41236 Mönchengladbach

Betrifft: *Nachlass meines am 2. Februar 2002 verstorbenen Vaters*
        Peter Müller, letzter Wohnsitz Mönchengladbach
        Aktenzeichen 15 VI 27/02

Mein Vater, der am 2. Februar 2002 verstorbene Peter Müller, hat mich durch Testament zum alleinigen Erben berufen. Dieses Testament ist am 15. Februar 2002 eröffnet worden. Ich hatte durch Fristablauf die Erbschaft angenommen. Erst gestern erhielt ich von der Creditreform in München unter dem Aktenzeichen AM2001/17534 ein Schreiben, wonach mein Vater bei der Firma Brunnen-Warenhaus AG aus einer alten Versandhausbestellung noch mit über 50 000 EURO verschuldet ist. Ich füge das Schreiben der Creditreform in beglaubigter Abschrift bei. Von diesen Schulden habe ich nichts gewusst und nichts geahnt. Durch diese Schulden ist die Erbschaft weit überschuldet. Ich fechte deshalb meine durch Fristablauf eingetretene Annahme der Erbschaft wegen Irrtums über eine wesentliche Eigenschaft des Nachlasses an und schlage die Erbschaft aus allen Berufungsgründen, also auch als gesetzlicher Erbe aus.

Aufgrund dieser Ausschlagung fällt der Nachlass meinem volljährigen Sohn Heinz, wohnhaft Berliner Str. 10 in 41238 Mönchengladbach, als gesetzlichem Erben an.

Mönchengladbach, den 28. April 2002

Unterschrift
(mit Beglaubigungsvermerk eines Notars)

Rechtsstellung des Erben und des Nachlasspflegers

Vorläufiger Erbe

Der Erbe ist nur vorläufiger Erbe, solange er das Recht hat, die Erbschaft auszuschlagen. Hat er die Erbschaft ausgeschlagen, wird er dadurch zum Nichterben und verliert alle Rechte und Pflichten als Erbe. Zwischen dem Anfall der Erbschaft und der Ausschlagung oder dem Ablauf der Ausschlagungsfrist besteht ein Schwebezustand, zu dem der Gesetzgeber einige Vorschriften erlassen hat.

Schutz vor Passivprozessen

Solange der vorläufige Erbe weder angenommen noch ausgeschlagen hat, kann er wegen Erbschaftsschulden nicht prozessual in Anspruch genommen werden. Das muss das Gericht von Amts wegen beachten. Selbstverständlich kann er außergerichtlich aufgefordert werden, Erbschaftsschulden zu bezahlen. Wenn der Erbe dies tut, liegt darin grundsätzlich eine Annahme der Erbschaft.

Zur Fortsetzung eines durch den Tod des Erblassers unterbrochenen Prozesses ist der vorläufige Erbe nicht verpflichtet und ohne endgültige Annahme der Erbschaft auch nicht berechtigt. Für die Klage eines Nachlassgläubigers gegen den Erben ist also die Annahme der Erbschaft Prozessvoraussetzung.

Ebenso ist in dieser Zeit eine Zwangsvollstreckung wegen Nachlassverbindlichkeiten nur in den Nachlass, nicht dagegen in das Eigenvermögen des Erben zulässig. Ein vollstreckbarer Titel wegen einer Nachlassverbindlichkeit kann in dieser Zeit nicht gegen den Erben erwirkt oder umgeschrieben werden. Auch die Sicherung eines Anspruchs durch Arrest oder einstweilige Verfügung gegen den Erben ist nicht zulässig. Dagegen kann der vorläufige Erbe Aktivprozesse führen. Allerdings gilt der Beginn eines solchen Prozesses grundsätzlich als endgültige Annahme der Erbschaft. Diese Bestimmungen gelten nicht für den Testamentsvollstrecker und den Nachlasspfleger.

Ein Gläubiger kann Nachlassverbindlichkeiten außergerichtlich durch Mahnung, Kündigung, Anfechtung, Genehmigung, Rücktritt, Aufrechnung und Zurückbehaltungsrecht gegen den vorläufigen Erben geltend machen. Diese Maßnahmen bleiben gegenüber dem endgültigen Erben wirksam. Die Aufrechnung gegen eine zum Eigenvermögen des vorläufigen Erben gehörende Forderung ist aber in ihrer Wirkung davon abhängig, dass der Erbe die Erbschaft endgültig annimmt.

Geschäftsführung vor der Ausschlagung

Besorgt der vorläufige Erbe vor der Ausschlagung die Erbschaft betreffende Geschäfte, so ist er demjenigen gegenüber, welcher Erbe wird, wie ein Geschäftsführer ohne Auftrag berechtigt und verpflichtet. Wenn der vorläufige Erbe ohne Annahmewillen tätig wird und später ausschlägt, dann hat er dem Nachlass gegenüber wie eine Art Treuhänder gehandelt. Dabei muss er die Interessen des endgültigen Erben wahren und seinen mutmaßlichen Willen berücksichtigen.

Soweit nicht die Hinterbliebenen des Erblassers tätig werden, ist es die eiligste Verpflichtung des vorläufigen Erben, für eine ordnungsgemäße Bestattung des Verstorbenen zu sorgen. Die Bestattung findet meist wenige Tage nach dem Tod des Erblassers statt, also zu einem Zeitpunkt, zu dem der Erbe in der Regel – weil das Testament noch nicht eröffnet ist – von seinem Erbanfall noch nichts weiß.

> *Wichtig:* Die Beerdigung mit den Trauerfeierlichkeiten ist in erster Linie Aufgabe der Hinterbliebenen. Sie können sich aber zu gegebener Zeit ihre Aufwendungen vom Erben erstatten lassen.

Eilbedürftig sind meist auch die Versorgung der Wohnung und der Haustiere, eventuell die Kündigung und Auflösung der Wohnung und die vorläufige Weiterführung eines Geschäfts, insbesondere die Veräußerung oder Verwertung verderblicher Waren.

Bis zur Annahme der Erbschaft hat das Nachlassgericht für die Sicherung des Nachlasses zu sorgen, soweit ein Bedürfnis dafür besteht. Gegebenenfalls sollte ein entsprechender Antrag an das Nachlassgericht gestellt werden. Das Gleiche gilt, wenn ungewiss ist, ob der Erbe die Erbschaft angenommen hat. Das Nachlassgericht kann insbesondere die Anlegung von Siegeln, die Hinterlegung von Geld, Wertpapieren und Kostbarkeiten sowie die Aufnahme eines Nachlassverzeichnisses anordnen und für denjenigen, welcher Erbe wird, einen Pfleger bestellen.

Ersatzerbe

Setzt der Erblasser durch Testament oder Erbvertrag einen Erben ein, so kann er bei Testamentserrichtung noch nicht sicher sein, ob der eingesetzte Erbe wirklich sein Erbe wird. Der Berufene kann die Erbschaft ausschlagen oder bereits gestorben sein. Für einen solchen Fall kann der Erblasser vorsorgen, indem er einen Ersatzerben benennt. Er kann also einen Erben bestimmen, der nur dann zum Zuge kommt, wenn der zunächst gesetzlich oder testamentarisch berufene Erbe vor oder nach dem Erbfall wegfällt.

Neben dem Tod des Erben oder der Ausschlagung kommen als weitere Gründe für den Wegfall der Erbverzicht, die Erbunwürdigkeitserklärung, der Widerruf, die Nichtigkeit oder die wirksame Anfechtung der Erbeinsetzung in Betracht. Dagegen fällt der zunächst berufene Erbe dann nicht weg, wenn er *nach* dem Erbfall verstirbt. In diesem Fall geht die Erbschaft auf seine Erben über.

Beispiel

Der (vermögende) Vater setzt seinen einzigen (vermögenslosen) Sohn als Erben ein. Vater und Sohn haben eine schweren Verkehrsunfall. Infolge dieses Verkehrsunfalls verstirbt zunächst der Sohn und drei Tage später sein Vater. In diesem Fall ist der Sohn nicht Erbe seines Vaters geworden, weil er zum Zeitpunkt des Todes des Vaters bereits verstorben war.

Verhält es sich aber umgekehrt, dass zuerst der Vater stirbt und drei Tage später der Sohn, dann wird der Sohn Erbe seines Vaters und die weitere Erbfolge richtet sich nach diesem Sohn.

Der zeitliche Unterschied zwischen dem Versterben der beiden beteiligten Personen hat – selbst wenn er sehr gering ist – insbesondere für den Erbanspruch der Witwe des Sohnes erhebliche Bedeutung. Stirbt der Vater zuerst, erbt also der Sohn und nach dessen Tod hat seine Witwe einen Erbanspruch auf das Vermögen des Vaters. Sterben Vater und Sohn dagegen gleichzeitig, z. B. bei einem Flugzeugabsturz, dann beerbt keiner den anderen, also der Sohn nicht den Vater und der Vater nicht den Sohn. Da der Sohn das Vermögen des Vaters nicht geerbt hat, bekommt auch seine Witwe nichts davon. Hat der Sohn ein Kind, bekommt dieses als nächster berufene Erbe den Nachlass des Großvaters.

Nachlasspfleger

Sicherung des Nachlasses durch das Nachlassgericht

Wenn der Nachlassbestand in der Schwebezeit zwischen vorläufiger Annahme und endgültiger Annahme gefährdet erscheint, hat das Nachlassgericht die erforderlichen Sicherungsmaßnahmen zu treffen. Es kann z.B.
die Hinterlegung von Geld und Wertpapieren und die Aufnahme eines
Nachlassverzeichnisses anordnen oder einen Nachlasspfleger bestellen.

Die Bestellung eines Nachlasspflegers kommt nur in Betracht, wenn
der Erbe unbekannt ist oder wenn die Annahme der Erbschaft noch offen
ist. In solchen Fällen ist jeder Nachlassgläubiger berechtigt, die Bestellung eines Nachlasspflegers zu beantragen, um gegen diesen eine Nachlassverbindlichkeit geltend machen zu können. Dem Nachlasspfleger obliegt die Sicherung und Erhaltung des Nachlasses; er ist hinsichtlich des
Nachlasses gesetzlicher Vertreter des endgültigen Erben. Ist der Erbe ermittelt und die Erbschaft endgültig angenommen, so wird die Nachlasspflegschaft durch Beschluss des Nachlassgerichts aufgehoben. Damit endet die Nachlasspflegschaft und der Nachlasspfleger ist zur Herausgabe
des Nachlasses an den Erben verpflichtet.

Das Nachlassgericht greift aber ohne Anlass nicht in die Nachlassangelegenheiten ein. Nur wenn ein aktuelles Bedürfnis besteht, ist das
Nachlassgericht verpflichtet, vorübergehend für die Sicherung des Nachlasses zu sorgen. Liegen diese Voraussetzungen nur für einen Teil der
Erbschaft vor, sind die Maßnahmen des Nachlassgerichtes auf diesen Teil
zu beschränken, in der Regel durch die Bestellung eines Nachlasspflegers
für diesen einen bestimmten Erbteil.

Zuständig ist das Nachlassgericht des letzten Wohn- oder Aufenthaltsortes des Erblassers, unter Umständen auch jedes andere Nachlassgericht, in dessen Bezirk ein Fürsorgebedürfnis hervortritt. Auch zur Sicherung des inländischen Nachlasses eines ausländischen Erblassers kann
das deutsche Gericht befugt sein. Ob ein Bedürfnis besteht und welche
Maßnahmen geboten sind, richtet sich nach deutschem Recht. Eine Nachlasspflegschaft kann also auch dann angeordnet werden, wenn das maß-
gebliche ausländische Recht eine solche Regelung nicht kennt.

Die Kosten für die Nachlasspflegschaft müssen die Erben tragen, in einem Nachlassinsolvenzverfahren sind diese Kosten Masseschulden.

Muster für die Bestellung eines Nachlasspflegers durch das Gericht

Amtsgericht, Abt. VI   Mönchengladbach, den 02.02.2002
Gegenwärtig
… Rechtspfleger

Niederschrift

In Sachen Nachlass Müller, Fritz, Mönchengladbach, gest. am 15.01.2002.

Es erscheint Rechtsanwalt Kurt Meier, Mönchengladbach, Ottostraße 5, dem Rechtspfleger von Person bekannt.

Der Erschienene soll als Nachlasspfleger für die unbekannten Erben des am 15.01.2002 verstorbenen, zuletzt in Mönchengladbach wohnhaft gewesenen

Kaufmanns Fritz Müller

bestellt werden.

Der Wirkungskreis des Pflegers umfasst die Sicherung und Verwaltung des Nachlasses sowie die Ermittlung der unbekannten Erben. Der Erschienene erklärte sich zur Annahme des Amtes bereit und wurde deshalb zu treuer und gewissenhafter Führung des Amtes mittels Handschlages an Eides statt verpflichtet. Eine Bestallungsurkunde wurde ihm ausgehändigt.

Es erfolgte eine Belehrung über seine Pflichten und seine Verantwortlichkeit, insbesondere über die Pflicht zur Vorlage eines Nachlassverzeichnisses binnen sechs Wochen, zur Hinterlegung der Geldbeträge und Wertpapiere sowie zur Rechnungslegung.

Unterschrift

Gesamtrechtsnachfolge

Erbschaftsanspruch

Mit dem Erbfall geht das Vermögen des Erblassers, also die Gesamtheit seiner geldwerten Rechte, auf den oder die Erben über. Die Juristen sprechen von dem Grundsatz der Universalsukzession, zu Deutsch: Gesamtrechtsnachfolge.

Der Erbe wird also anstelle des Erblassers Eigentümer aller beweglichen und unbeweglichen Sachen und Inhaber aller schuldrechtlichen Ansprüche und auch solcher Rechtsbeziehungen, die noch im Werden begriffen sind, wie etwa Anwartschaftsrechte.

Beispiel

Der Erblasser hatte einen Fernseher auf Ratenzahlung gekauft, der noch unter Eigentumsvorbehalt des Verkäufers steht. Erst mit der Zahlung der letzten Rate (durch den Erben) geht das Eigentum auf den Erben über.

Der Erbe übernimmt auch alle Schulden des Erblassers. Dagegen erlöschen familienrechtliche und sonstige persönlichkeitsbezogene Rechte und Pflichten mit dem Tod des Erblassers.

Durchsetzung des Erbschaftsanspruchs

Aus unterschiedlichen Gründen kann sich der Nachlass oder ein Teil des Nachlasses in anderen Händen befinden. Der Erbe ist verständlicherweise daran interessiert, sich nach Eintritt des Erbfalls schnellstmöglich einen Überblick zu verschaffen und die zur Erbschaft gehörenden Gegenstände an sich zu nehmen. Zur Erbschaft gehören auch die Gegenstände, die der Erblasser zu seinen Lebzeiten verliehen hat, wie Bücher, ein Fahrrad oder Geld.

Nicht selten kommt es vor, dass nach dem Tod des Erblassers aus dessen Wohnung von Familienangehörigen und Fremden Gegenstände aufgrund vermeintlicher Berechtigung mitgenommen oder schlichtweg gestohlen werden.

Der Herausgabeanspruch des Erben erstreckt sich auf alle aus dem Nachlass erlangten Gegenstände und auf die so genannten Surrogate. Dabei handelt es sich um Ersatzgegenstände. Dem Erben steht weiter die Nutzung der Erbschaft zu.

Anspruchsberechtigt sind der Alleinerbe und die Erbengemeinschaft, auch der Miterbe, der aber vor Auseinandersetzung des Nachlasses den Anspruch nur auf Leistung an alle Erben fordern kann.

Anspruchsgegner ist der Erbschaftsbesitzer, also derjenige, der etwas aus der Erbschaft aufgrund vermeintlichen oder angemaßten Erbrechts erlangt hat.

Ist der Erbschaftsbesitzer zur Herausgabe außerstande, richtet sich seine Verpflichtung nach den Vorschriften über die Herausgabe einer ungerechtfertigten Bereicherung. Dabei ist zu unterscheiden, ob der Erbschaftsbesitzer gutgläubig oder bösgläubig in den Besitz der Erbschaftsgegenstände gelangt ist. Der gutgläubige Besitzer braucht grundsätzlich nur das herauszugeben, was noch vorhanden ist, während die Haftung des bösgläubigen Besitzers verschärft ist.

Der Erbschaftsbesitzer muss auch die Gebrauchsvorteile, wie mietfreies Wohnen in einer Erblasserwohnung, herausgeben. In einem solchen Fall verwandelt sich der dingliche Herausgabeanspruch in einen schuldrechtlichen Anspruch auf Wertersatz. Umgekehrt müssen die Erben dem Erbschaftsbesitzer ersetzen, was er zur Bestreitung von Lasten der Erbschaft oder zur Berichtigung von Nachlassverbindlichkeiten aufgewendet hat, beispielsweise die Zahlung von Grundsteuern, Haftpflichtversicherung, Kreditraten, Stromkosten und andere allgemeine Erhaltungsaufwendungen.

Muss der Erbschaftsbesitzer einen zur Erbschaft gehörenden Gegenstand herausgeben, ist dazu aber nicht in der Lage und wird deswegen verklagt, dann hat der Erbe Anspruch auf Schadensersatz wegen Verschlechterung, Untergangs oder einer aus anderem Grunde eintretenden Unmöglichkeit der Herausgabe. Das gilt auch, wenn der Erbschaftsbesitzer bei Beginn des Erbschaftsbesitzes nicht in gutem Glauben war, insbesondere wenn er sich die Erbschaftsgegenstände widerrechtlich angeeignet hat.

Auskunftspflicht

Besonders wichtig ist der Auskunftsanspruch des Erben gegen den Erbschaftsbesitzer. Im Gesetz heißt es dazu (§ 2027 BGB):

> Der Erbschaftsbesitzer ist verpflichtet, dem Erben über den Bestand der Erbschaft und über den Verbleib der Erbschaftsgegenstände Auskunft zu erteilen.
>
> Die gleiche Verpflichtung hat, wer, ohne Erbschaftsbesitzer zu sein, eine Sache aus dem Nachlass in Besitz nimmt, bevor der Erbe den Besitz tatsächlich ergriffen hat.

Dieselbe Verpflichtung trifft auch die Hausgenossen (gemäß § 2028 BGB):

> Wer sich zur Zeit des Erbfalls mit dem Erblasser in häuslicher Gemeinschaft befunden hat, ist verpflichtet, dem Erben auf Verlangen Auskunft darüber zu erteilen, welche erbschaftliche Geschäfte er geführt hat und was ihm über den Verbleib der Erbschaftsgegenstände bekannt ist.
>
> Besteht Grund zu der Annahme, dass die Auskunft nicht mit der erforderlichen Sorgfalt erteilt worden ist, so hat der Verpflichtete auf Verlangen des Erben zu Protokoll an Eides statt zu versichern, dass er seine Angaben nach bestem Wissen so vollständig gemacht habe, als er dazu imstande sei.

Wenn der Erbschaftsbesitzer oder Hausgenosse des Erblassers zu einer solchen Auskunft nicht freiwillig bereit ist, bleibt nur der Weg, ihn deswegen zu verklagen.

Zuständig ist das Gericht am letzten Wohnsitz des Erblassers, und zwar entweder das Amtsgericht oder bei höherem Streitwert (über 5000 Euro) das Landgericht. Beim Landgericht besteht Anwaltszwang.

Muster für eine Auskunftsklage

> An das Amtsgericht   28.02.2002
> Mönchengladbach-Rheydt
>
> KLAGE
> des Angestellten Otto Müller, wohnhaft Birkenstraße 3, 41236 Mönchengladbach,
>
> Klägers
>
> gegen
> die Rentnerin Ida Meier, Brucknerallee 106, 41236 Mönchengladbach,
>
> Beklagte
>
> wegen Auskunft und Herausgabe.

Hiermit erhebe ich *Stufenklage* gegen die Beklagte und bitte um einen tunlichst nahen Termin, in dem ich zunächst den Antrag zu 1) stellen werde:

1) Die Beklagte wird verurteilt, dem Kläger Auskunft zu geben über die Nachlassgegenstände, die sie aus der Wohnung Brucknerallee 104 des am 02.02.2002 verstorbenen Fritz Müller entnommen hat.

2) Für den Fall, dass die Auskunft nicht mit der erforderlichen Sorgfalt erteilt wird, wird die Beklagte weiterhin verurteilt, zu Protokoll an Eides statt zu versichern, dass sie die Angaben nach bestem Wissen so vollständig gemacht hat, wie sie dazu imstande ist.

3) Die Beklagte wird weiterhin verurteilt, an den Kläger sämtliche zum Nachlass des Erblassers gehörenden Gegenstände, deren nähere Bezeichnung nach Auskunftserteilung durch die Beklagte erfolgen wird, herauszugeben.

Streitwert: vorläufig geschätzt: 3000 Euro
Ich zahle 267 Euro in Gerichtskostenmarken ein.

Begründung
Ich, der Kläger, bin Alleinerbe des am 02.02.2002 in seiner Wohnung Brucknerallee 104 in Mönchengladbach verstorbenen Fritz Müller.
Beweis: Vorlage des Erbscheins des Amtsgerichts vom 25.02.2002, Aktenzeichen …

Die Beklagte hatte als Nachbarin dem Verstorbenen jahrelang den Haushalt geführt und ist dafür entsprechend entlohnt worden.
Beweis: Parteivernehmung

Als ich mit meiner Frau nach dem Tode des Erblassers die Wohnung betrat; hat uns die Beklagte dort eingewiesen und alles gezeigt. Die Beklagte war auch bei der Beerdigung zugegen, hat sich dann aber nicht mehr sehen lassen. Ich habe sie gefragt, ob sie irgendetwas aus der Wohnung mitgenommen habe. Das hat sie aber verneint. Bei näherer Durchsicht der Wohnung des Verstorbenen haben meine Frau und ich festgestellt, dass weder das Portemonnaie des Verstorbenen noch seine Brieftasche, seine Uhr noch sonstige Wertgegenstände vorhanden waren. Wir haben auch den Eindruck, dass Teile des Geschirrs und einige Bilder (Ölgemälde) fehlen.

Beweis: Zeugnis meiner Frau Eva Müller, wohnhaft Birkenstraße 3 in Mönchengladbach

Da die Beklagte eine Auskunft verweigert, ist zunächst Auskunftsklage erforderlich.

Im Wege der Stufenklage werde ich gegebenenfalls Abgabe einer eidesstattlichen Versicherung und entsprechende Herausgabe der fehlenden Gegenstände verlangen.

gez. Otto Müller

Anfechtung letztwilliger Verfügungen

Vorrang der Auslegung

Verfügungen von Todes wegen, also Testamente und Erbverträge, können durch Anfechtung beseitigt werden, wenn sie nicht dem wahren Willen des Erblassers entsprechen. Die Anfechtbarkeit einer Willenserklärung ist im allgemeinen Teil des Bürgerlichen Gesetzbuches, und zwar in den Paragraphen 119 ff. BGB geregelt. Für das Erbrecht gelten Sondervorschriften.

Eine Anfechtung kommt nur in Betracht, wenn der Wille des Erblassers aus dem Text der letztwilligen Verfügung nicht eindeutig festgestellt werden kann. Das Problem in der Praxis besteht darin, dass der Erblasser nicht mehr befragt werden kann, was er mit seiner letztwilligen Verfügung gewollt hat. Sein Wille soll aber erfüllt werden.

Wenn er diesen Willen nicht klar ausgedrückt hat, dann muss die letztwillige Verfügung zunächst ausgelegt werden. Meist kommt man auf dem

Wege der Auslegung bereits zu dem Sinn, den der Erblasser seiner letztwilligen Verfügung geben wollte. Oft reicht eine einfache Auslegung nicht, sondern es ist eine ergänzende Auslegung erforderlich. „Ergänzend" bedeutet, dass weitere Umstände berücksichtigt werden müssen, um den wahren Sinn zu ermitteln. Mit „wohlwollender Auslegung" soll dem vermeintlichen Willen des Erblassers zum Erfolg verholfen werden. Wenn der Erblasser nur eine falsche Bezeichnung des Bedachten oder des zugewendeten Gegenstands gewählt hat, unterliegt die letztwillige Verfügung der Auslegung und nicht der Anfechtung. Beispielsweise hat der Erblasser – wie das in dieser Familie üblich war – seine Ehefrau als „Mutter" bezeichnet. In diesem Fall gilt dann das Gewollte und nicht das Erklärte. Es erbt also seine Frau und nicht seine Mutter.

Beispiel

Der Erblasser will seinem Neffen, einem Musikstudenten, ein Vermächtnis von 10 000 Euro aussetzen, damit er sich einen Flügel kaufen kann. Er hat das auch dem Neffen gesagt. Der Erblasser schreibt aber in seinem Testament versehentlich 100 000 Euro. Der Erblasser hinterlässt ein Barvermögen von lediglich 20 000 Euro. Seine Witwe sieht sich nicht in der Lage, ein Vermächtnis von 100 000 Euro zu erfüllen. Sie wird also zunächst an den Neffen herantreten und ihn fragen, ob er mit 10 000 Euro zufrieden ist, weil man das Testament so auslegen müsse. Wenn der Neffe sich darauf nicht einlässt, bleibt der Witwe keine andere Möglichkeit, als das Testament wegen offensichtlichen Schreibfehlers anzufechten. Eine solche Anfechtung wäre auch erfolgreich, bezöge sich aber nicht auf das gesamte Testament, sondern nur auf das Vermächtnis zugunsten des Neffen. Eine Anfechtung durch die Witwe wäre für den Neffen mit einem großen Risiko verbunden. Im Falle erfolgreicher Anfechtung fiele das Vermächtnis ganz weg und er bekäme gar nichts.

Nach der Rechtsprechung führt eine Anfechtung dazu, dass eine Verfügung beseitigt wird, die nicht dem Willen des Erblassers entspricht. Durch Anfechtung kann aber keine Verfügung erzielt werden, die der Erblasser eigentlich gewollt hätte. Die Anfechtung hat keine positive Wirkung. Das ist immer zu bedenken, wenn es eigentlich um eine „Testamentskorrektur" geht. Dabei handelt es sich um schwierige rechtliche Streitfragen, die letztendlich nur vom Gericht und von Fall zu Fall entschieden werden können.

Anfechtungsgründe

Nach der erbrechtlichen Vorschrift von § 2078 BGB kann eine letztwillige Verfügung wegen *Erklärungs-* oder *Inhaltsirrtums* angefochten werden. Aber auch ein *Motivirrtum* oder eine *widerrechtliche Drohung* können die Anfechtung rechtfertigen.

Erklärungsirrtum

Ein Erklärungsirrtum liegt vor, wenn das äußere Erklärungsverhalten nicht dem tatsächlichen Willen des Erklärenden entspricht, z. B. bei Verschreiben oder Versprechen.

Inhaltsirrtum

Ein Inhaltsirrtum kann z. B. beim Erbvertrag gegeben sein, wenn der Erblasser geglaubt hat, er könne eine vertragsmäßige Erbeinsetzung jederzeit widerrufen und über den Nachlass anders verfügen.

Motivirrtum

Letztwillige Verfügungen können auch dann angefochten werden, wenn sie durch die irrige Annahme oder Erwartung des Eintritts oder Nichteintritts eines Umstands beeinflusst waren.

Beispielsweise hat der Erblasser ein Vermächtnis zugunsten seiner Nichte ausgesetzt, weil sie in sehr schlechten wirtschaftlichen Verhältnissen lebt. Infolge eines Lottogewinns ist aber die Bedürftigkeit bei Eintritt des Erbfalls nicht mehr gegeben.

Ein solcher Motivirrtum berechtigt außerhalb des Erbrechts grundsätzlich nicht zur Anfechtung, weil sonst die Sicherheit des Rechtsverkehrs zu stark beeinträchtigt würde. Bei einem Testament wird dagegen ein schutzwürdiges Vertrauen anderer Personen, etwa der Nichte, nicht anerkannt, zumal sie eigentlich mit einem Widerruf der letztwilligen Verfügung hätte rechnen müssen. Darin liegt auch ein Grund für die erweiterte Anfechtungsmöglichkeit im Erbrecht. Beim Erbvertrag müsste ein solcher Vertrauensschutz eigentlich gegeben sein, trotzdem lässt man auch hier eine Anfechtung wegen Motivirrtums zu. Das sind allerdings sehr seltene Ausnahmefälle.

Zweifelhaft ist, ob die Anfechtung stets eine positiv vorhandene unrichtige Vorstellung des Erblassers voraussetzt oder ob es ausreicht, dass dem Erblasser Umstände unbekannt waren, bei deren Kenntnis er die Verfügung nicht getroffen hätte.

Drohung

Ein Anfechtungsgrund ist dann gegeben, wenn der Erblasser durch Drohung zu der Verfügung bestimmt worden ist. Eine Drohung liegt vor, wenn dem Erblasser ein künftiges Übel angedroht wird, falls er kein Testament im gewünschten Sinne abfasst. Für die Frage der Ernsthaftigkeit der Drohung kommt es auf die Sicht des Erblassers an.

Ein Beispiel: Der Neffe droht dem Erblasser an, ihn wegen vermeintlicher Unregelmäßigkeiten bei der Steuerfahndung anzuzeigen oder Betriebsgeheimnisse publik zu machen, wenn er nicht als Erbe des Betriebsvermögens eingesetzt wird.

Kausalität

Das Vorliegen eines Erklärungs- oder Inhaltsirrtums allein reicht aber zur Anfechtung nicht aus. Es muss vielmehr hinzukommen, dass der Erblasser eine solche Erklärung bei Kenntnis der Sachlage nicht abgegeben haben würde (Kausalität des Irrtums).

Die Feststellung der Kausalität muss anhand der Umstände des konkreten Falls erfolgen.

Sonderfall: Anfechtung wegen Übergehung eines Pflichtteilsberechtigten

Eine gesetzliche Sonderregelung gilt für den Fall, dass bei der Abfassung der letztwilligen Verfügung ein Pflichtteilsberechtigter übergangen worden ist, dessen Vorhandensein dem Erblasser bei der Errichtung der letztwilligen Verfügung nicht bekannt war oder der erst danach geboren oder pflichtteilsberechtigt geworden ist.

Besonders häufig ist der Fall beim Berliner Testament, wenn der überlebende Ehegatte des Erblassers wieder heiratet. Obwohl nach dem Testament der Ehegatten das gemeinsame Kind oder die gemeinsamen Kinder alleinige Erben werden sollten, ist durch die Wiederheirat des überlebenden Ehegatten in Gestalt des neuen Ehegatten ein weiterer Pflichtteilsberechtigter zu berücksichtigen. Deshalb kann der überlebende Ehegatte das gemeinsame Testament anfechten, und zwar durch Erklärung gegenüber dem Nachlassgericht.

Muster für die Anfechtung wegen Übergehung eines Pflichtteilsberechtigten

> Ich habe mit meinem Ehemann am 1. April 2000 ein gemeinsames Testament errichtet. Wir haben uns gegenseitig zu Alleinerben und unseren einzigen Sohn Fritz zum Erben des Längstlebenden eingesetzt.
>
> Mein Mann verstarb am 1. Februar 2002. Unser Testament ist vom Amtsgericht Rheydt, Az.: 8 VI 13/2002, eröffnet worden.
>
> Am 1. August 2002 habe ich wieder geheiratet, und zwar Herrn Otto Schulze. Ich fechte deshalb die von mir im Testament vom 1. April 2000 getroffenen Verfügungen wegen Übergehung eines Pflichtteilsberechtigten an.
>
> Unterschrift

Das Nachlassgericht hat demjenigen, der durch die Anfechtungserklärung betroffen ist, die Erklärung mitzuteilen. Ansonsten beschränkt sich die Tätigkeit des Nachlassgerichts auf die Entgegennahme der Anfechtungserklärung. Ob die Anfechtung begründet ist, wird dabei nicht geprüft. Diese Frage ist gegebenenfalls im Erbscheinverfahren oder in einem Zivilprozess zu klären.

Anfechtung des Erbvertrags

Ein Erbvertrag kann wie ein Testament angefochten werden. Eine Besonderheit beim Erbvertrag besteht darin, dass nach dem Tod des erstversterbenden Ehegatten auch dritte Personen, die durch den Erbvertrag betroffen sind, anfechten können, nach dem Tod des Längstlebenden nur noch diese Dritten. Beim Erbvertrag bedarf die Anfechtung der notariellen Beurkundung, sie kann nur höchstpersönlich abgegeben werden.

Anfechtungsberechtigung

Anfechtungsberechtigt ist derjenige, dem die Aufhebung der letztwilligen Verfügung unmittelbar zustatten kommt. Der Anfechtende muss also bei Wegfall der Verfügung einen erbrechtlichen Vorteil erhalten, den er nach dem Testament nicht hat.

Der Erblasser selbst ist bei einem Testament nicht zur Anfechtung berechtigt, denn er kann ja jederzeit neu frei verfügen. Anders verhält es sich für den Erblasser lediglich beim Erbvertrag und bei einem bindend gewordenem gemeinschaftlichen Testament, also nach dem Tod eines Ehegatten.

Von mehreren Anfechtungsberechtigten steht jedem das Anfechtungsrecht selbstständig zu, also auch mehreren Kindern, wenn sie durch den Wegfall der angefochtenen Verfügung einen erbrechtlichen Vorteil hätten. Das Anfechtungsrecht ist ein höchstpersönliches Recht, das aber vererblich ist.

Form und Frist der Anfechtung

Die Anfechtung einer letztwilligen Verfügung ist gegenüber dem Nachlassgericht zu erklären. Sie kann schriftlich oder auch zu Protokoll abgegeben werden, nur beim Erbvertrag ist eine notarielle Beurkundung erforderlich.

Das Anfechtungsrecht entsteht bei Testamenten erst nach dem Erbfall. Die Anfechtung ist binnen Jahresfrist ab Kenntniserlangung vom Anfechtungsgrund zu erklären. Nach 30 Jahren ist sie auf jeden Fall ausgeschlossen.

Folgen der Anfechtung

Die Anfechtung führt zur Nichtigkeit der letztwilligen Verfügung von Anfang an. Beim gegenseitigen Erbvertrag führt die Nichtigkeit der angefochtenen Verfügung zur Unwirksamkeit des ganzen Vertrages.

Die Anfechtung letztwilliger Verfügungen kommt in der Praxis sehr selten vor. Vorrangig ist immer die Auslegung. Meist kommt man im Wege der Auslegung zu einem Ergebnis, das dem Willen oder mutmaßlichen Willen des Erblassers entspricht. Wenn die Auslegung aber nicht weiterhilft, dann bleibt letztlich nur die Anfechtung. Der Nachweis eines abweichenden Willens des Erblassers ist jedoch nur sehr schwer zu erbringen. Widersinnige oder geradezu unsinnige Testamente sind in der Realität leider sehr häufig. Wenn aber die Auslegung schon nicht weiterhilft, kann man durch Anfechtung erst recht kein sinnvolles Testament schaffen, sondern allenfalls ein Testament vernichten. Deswegen sind Anfechtungen von letztwilligen Verfügungen äußerst selten. Eine Ausnahme ist die Anfechtung wegen Übergehung eines Pflichtteilsberechtigten.

Enterbung und Erbunwürdigkeit

Enterbung

Jeder Erblasser hat das Recht, seine gesetzlichen Erben von der Erbfolge durch Verfügung von Todes wegen auszuschließen. Diese Enterbung setzt also eine Erklärung im Testament oder Erbvertrag voraus, wobei der Erblasser die Wahl hat, ob er gesetzliche Erben einfach übergeht oder ausdrücklich erklärt: *„Meine Frau und meine Kinder sollen mich nicht beerben"*, also ein so genanntes negatives Testament verfasst. Durch ein solches Testament wird der Enterbte nicht Erbe. Im Zweifel bezieht sich diese Enterbung nicht auf die weiteren Abkömmlinge. Wenn der Vater seinen Sohn enterbt, dann treten an dessen Stelle die Kinder, also die Enkel des Erblassers. Will der Erblasser auch die Abkömmlinge des Enterbten von der gesetzlichen Erbfolge ausschließen, dann muss er das im Testament ausdrücklich angeben.

Eine solche Enterbung berührt nicht das Pflichtteilsrecht des Enterbten. Dieses Pflichtteilsrecht kann nur unter den ganz besonderen Umständen entzogen werden (siehe Seite 200).

Erbunwürdigkeit

Wer Erbe wird, bestimmt sich nach der gesetzlichen Erbfolge oder nach den getroffenen Verfügungen von Todes wegen. Ob der berufene Erbe die Erbschaft auch – moralisch betrachtet – „verdient", spielt dabei grundsätzlich keine Rolle. Einige besonders verwerfliche Verhaltensweisen gegenüber dem Erblasser können jedoch zur Erbunwürdigkeit führen. Wer erbunwürdig ist, erhält kein Erbe und auch keinen Pflichtteil. Erbunwürdig ist,

➤ wer den Erblasser vorsätzlich und widerrechtlich getötet, zu töten versucht oder in einen Zustand versetzt hat, infolgedessen er bis zu seinem Tod nicht in der Lage war, eine Verfügung von Todes wegen zu errichten oder aufzuheben,

➤ wer den Erblasser vorsätzlich und widerrechtlich gehindert hat, eine Verfügung von Todes wegen zu errichten oder aufzuheben,

➤ wer den Erblasser durch arglistige Täuschung oder widerrechtlich durch Drohung bestimmt hat, eine Verfügung von Todes wegen zu errichten oder aufzuheben,

➤ wer sich in Bezug auf die testamentarische Verfügung des Erblassers einer Urkundenfälschung oder ähnlicher Straftaten schuldig gemacht hat, wer also beispielsweise ein Testament gefälscht, ein falsches Testament untergeschoben oder ein Testament vernichtet hat.

Die Rechtsstellung des Erben bleibt bestehen, obwohl der Erbe die vorstehenden Tatbestände erfüllt hat, wenn seine Erbunwürdigkeit nicht oder nicht rechtzeitig durch Anfechtung (Erhebung einer Anfechtungsklage) geltend gemacht worden ist.

Die Geltendmachung der Erbunwürdigkeit ist auch dann ausgeschlossen, wenn der Erblasser dem Erbunwürdigen verziehen hat. Dazu muss er zu erkennen gegeben haben, dass er aus dem Verhalten des Erbunwürdigen keine nachteiligen Folgerungen ableiten will. Die Verzeihung kann sich auch aus schlüssigem Verhalten ableiten. Sie setzt aber die Kenntnis des tatsächlichen Verhaltens des Erben voraus.

Die Erbunwürdigkeit tritt nicht kraft Gesetzes ein, sie muss vielmehr durch Anfechtung des Erbschaftserwerbes geltend gemacht werden. Das geschieht durch Erhebung einer Anfechtungsklage gegen den „Erbunwürdigen". Der Klageantrag an das Amtsgericht/Landgericht könnte so lauten:

> Der Beklagte wird hinsichtlich des Nachlasses des am 15.02.02 in Mönchengladbach-Rheydt verstorbenen Fritz Müller für erbunwürdig erklärt.

Anfechtungsberechtigt ist jeder, dem der Wegfall des Erbunwürdigen zustatten kommt. Als möglicher gesetzliche Erbe ist sogar der Staat anfechtungsberechtigt. Wenn das einzige Kind seine Eltern ermordet hat und weitere gesetzliche Erben nicht vorhanden sind, wäre es grob unbillig, wenn das Kind das unter Umständen beträchtliche Vermögen der Eltern als Alleinerbe bekäme. Deshalb muss hier der Staat sein Anfechtungsrecht geltend machen.

Die Rechtssicherheit verlangt, dass die Erbunwürdigkeit nur innerhalb einer bestimmten Frist geltend gemacht werden kann; die Frist beträgt grundsätzlich ein Jahr nach Kenntnis vom Anfechtungsgrund.

Mit der Rechtskraft eines entsprechenden Urteils verliert der Unwürdige rückwirkend die Erbschaft, die er zunächst mit dem Erbfall erworben hat. Der Anfall gilt als nicht erfolgt.

Auch Vermächtnisnehmer und Pflichtteilsberechtigte können unwürdig sein. Es gelten dieselben Unwürdigkeitsgründe.

Erbschein

Der Erbe kann beim Nachlassgericht die Erteilung eines Zeugnisses über sein Erbrecht, nämlich einen so genannten Erbschein, beantragen. Der Erbschein dient dem Nachweis des Erbrechtes gegenüber Privatpersonen, Behörden und Gerichten. Gegenüber dem Grundbuchamt, also insbesondere für die Umschreibung von Grundbesitz, muss der Nachweis des Erbrechtes durch Vorlage eines Erbscheins erfolgen, falls sich dieses Erbrecht nicht aus einem öffentlichen (notariellen) Testament ergibt. Darin besteht einer der Vorteile des notariellen Testaments, denn mit einem privatschriftlichen Testament allein lässt sich eine Umschreibung beim Grundbuchamt nicht erreichen.

Verfahren zur Erteilung des Erbscheins

Zuständig für die Erteilung des Erbscheins ist das Nachlassgericht (Amtsgericht) des letzten inländischen Wohnsitzes bzw. Aufenthaltsorts des Erblassers.

Ein Erbschein wird nur auf Antrag erteilt. Der Antrag ist an keine bestimmte Form gebunden, er kann auch zu Protokoll der Geschäftsstelle des Nachlassgerichts erklärt werden. Üblich ist es, den Erbschein durch einen Notar beantragen zu lassen.

Antragsberechtigt sind der Erbe, auch der einzelne Miterbe, der Vorerbe und nach Eintritt des Nacherbfalls der Nacherbe, außerdem der Testamentsvollstrecker, der Nachlassinsolvenzverwalter sowie Gläubiger, die zum Zwecke der Zwangsvollstreckung gegen den Erben einen Erbschein benötigen. Nicht antragsberechtigt sind Vermächtnisnehmer, Pflichtteilsberechtigte und der Nachlasspfleger.

Der Antrag muss das behauptete Erbrecht genau bezeichnen und folgende Angaben enthalten:

➤ Namen und Todestag des Erblassers,
➤ Person des (der) Erben,
➤ Erbteile,
➤ Beschränkungen,
➤ gegebenenfalls Vor- und Nacherbschaft, Testamentsvollstreckung,
➤ Berufungsgrund.

Der Antrag ist sorgfältig zu formulieren, weil das Gericht an den Antrag gebunden ist. Es kann dem Antrag nur voll entsprechen oder ihn komplett zurückweisen, also keinen vom Antrag abweichenden Erbschein erteilen. Allerdings besteht die Möglichkeit, einen Antrag nachzubessern.

Das Gericht hat im Erbscheinverfahren von Amts wegen zu prüfen, ob dem Antragsteller das behauptete Erbrecht zusteht. Nur wenn das Nachlassgericht zu der Überzeugung gelangt, dass das beanspruchte Erbrecht wirklich besteht, darf es einen Erbschein erteilen.

Hat das Gericht ernstliche Zweifel, ob nach der Sach- und Rechtslage ein Erbschein zu erteilen ist, kann es ausnahmsweise einen so genannten Vorbescheid erlassen. Dabei handelt es sich um eine Ankündigung des Nachlassgerichts an die Beteiligten, es beabsichtige einen Erbschein zu erteilen, wenn nicht innerhalb einer vom Gericht bestimmten Frist Beschwerde gegen den Vorbescheid eingelegt wird. Der Zweck des Vorbescheids besteht darin, den Erbschein nicht vorschnell in den Rechtsverkehr gelangen zu lassen.

Gegen diesen Vorbescheid kann jeder Beteiligte oder Betroffene Beschwerde einlegen. Wenn das Amtsgericht nicht über die Beschwerde entscheidet, muss sie an das Landgericht weitergeleitet werden. Gegen die Entscheidung des Landgerichts ist eine weitere Rechtsbeschwerde an das Oberlandesgericht zulässig. In diesem Fall entscheidet das Oberlandesgericht, ob das Nachlassgericht den beantragten Erbschein zu erteilen oder nicht zu erteilen hat.

Trotz genauer Prüfung der Gerichte kann sich später herausstellen, dass ein Erbscheininhaber als Erbe nicht berechtigt ist: Dies kann zum Beispiel der Fall sein, wenn nachträglich ein neueres Testament aufgefunden wird. Das vorliegende Testament kann widerrufen oder angefochten sein; vielleicht stellt sich auch heraus, dass es formungültig ist oder der Erblasser testierunfähig war.

Um insoweit Rechtsicherheit zu erhalten, muss man eine Erbenfeststellungsklage erheben. Für eine solche Feststellungsklage besteht nur dann ein Rechtsschutzbedürfnis, wenn das Erbrecht streitig ist. In diesen Fällen ist eine Klage auf Feststellung der Erbfolge zu erheben.

Ein derartiger Prozess kann unter Umständen viele Jahre dauern und letztendlich vom Bundesgerichtshof entschieden werden. Bis zur rechtskräftigen Entscheidung wird das Nachlassgericht im Regelfall einen Nachlasspfleger für den oder die unbekannten Erben bestellen.

Inhalt des Erbscheins

In den Erbschein ist aufzunehmen, wer Erbe ist (bei mehreren Erben, welche Erbteile ihnen zustehen). Bei Miterbschaft kann ein Teilerbschein über das Recht eines einzelnen Miterben erteilt werden oder auch ein gemeinschaftlicher Erbschein, der das Erbrecht aller Miterben bezeugt.

Ist Nacherbfolge angeordnet, so muss dies im Erbschein für den Vorerben angegeben werden, ebenso, unter welchen Voraussetzungen die Nacherbfolge eintritt und wer als Nacherbe berufen ist. Außerdem ist im Erbschein anzugeben, wenn ein Testamentsvollstrecker ernannt ist, nicht dagegen der Name des Testamentsvollstreckers.

Andere Angaben sind unzulässig. So werden z. B. Pflichtteilsrechte, Vermächtnisse und Auflagen im Erbschein nicht angegeben. Es werden auch keine einzelnen Nachlassgegenstände aufgeführt. Wenn der Erblasser z. B. bestimmt hat, dass sein Sohn sein Einfamilienhaus bekommen soll, dann wird im Erbschein dieses Einfamilienhaus nicht genannt, sondern nur, ob der Sohn Alleinerbe oder Erbe zu einem bestimmten Anteil geworden ist. Der Erbschein für den Sohn als Alleinerben könnte wie folgt lauten:

> Der am 01.01.1950 in Hamburg geborene und zuletzt in Düsseldorf wohnhaft gewesene Fritz Müller ist am 02.02.2002 in Düsseldorf verstorben und aufgrund privatschriftlichen Testaments von seinem Sohn Otto Müller allein beerbt worden.

Rechtswirkungen des Erbscheins

Der Erbschein hat eine doppelte Wirkung. Erstens wird vermutet, dass demjenigen, welcher in dem Erbschein als Erbe bezeichnet ist, dieses Erbrecht auch zusteht und dass er nicht durch andere als die angegebenen Anordnungen beschränkt ist. (Solche Beschränkungen sind Vor- und Nacherbschaft und Testamentsvollstreckerschaft.) Zweitens schützt der Erbschein den gutgläubigen Dritten bei Geschäften mit dem ausgewiesenen Erben.

Beispiel

Der Erblasser war Eigentümer eines PKW. Die vier Kinder sind zu gleichen Teilen Erben geworden, sie bilden eine Erbengemeinschaft. Ein Sohn behauptet gegenüber einem Kaufinteressenten, er sei der alleinige Erbe seines Vaters und wolle diesen Wagen verkaufen. Er übergibt auch die Fahrzeugpapiere.

Da sich alle vier Kinder des Erblassers in ungeteilter Erbengemeinschaft befinden, ist der Sohn nicht berechtigt, den Kraftwagen allein zu verkaufen. Kein Problem gibt es, wenn er im Auftrag der Erbengemeinschaft das Fahrzeug verkauft hat und den Kaufpreis der Erbengemeinschaft abliefert.

Vereinnahmt er aber den Kaufpreis für sich selbst, dann schützt den Käufer wahrscheinlich kein guter Glaube. Der Verkäufer war zwar im Besitz des Wagens und des Kraftfahrzeugbriefs, im Brief war aber noch der Vater eingetragen. Der Käufer hätte sich den Erbschein vorlegen lassen sollen. Anders verhält es sich natürlich, wenn im Kraftfahrzeugbrief schon der Name des Sohns steht. Dann braucht der Käufer nicht mehr nach dem Erbschein zu fragen.

Es ist dringend zu empfehlen, einen Antrag auf Erteilung eines Erbscheins – falls man nicht einen Notar beauftragt – zu Protokoll der Geschäftsstelle des Nachlassgerichtes zu erklären, damit der Antrag nach Inhalt und Form richtig und zweifelsfrei gestellt wird. Trotzdem hier zwei Formulierungsbeispiele für die Beantragung eines Erbscheins:

Muster für den Antrag auf Erlass eines Erbscheins

An das Amtsgericht   Mönchengladbach, den 15.01.2002
Nachlassgericht

41236 Mönchengladbach-Rheydt

In der Nachlasssache
Müller
Az.: 8 VI 34/02

Hiermit beantrage ich, Fritz Müller, wohnhaft Mönchengladbach, Schlossstraße 1, den Erlass eines gemeinschaftlichen Erbscheins für meine Mutter und mich.

Mein am 10. Januar 2002 in Mönchengladbach-Rheydt verstorbener Vater Oskar Müller, geboren am 2. Dezember 1950, zuletzt wohnhaft in Mönchengladbach-Rheydt, ist von seiner Ehefrau Maria, geborene Jansen, geboren am 1. Mai 1955, wohnhaft in Mönchengladbach-Rheydt, Brucknerallee 104, und von mir, dem Sohn Fritz Müller, geboren am 15. April 1980, wohnhaft Schlossstraße 1 in Mönchengladbach-Rheydt, aufgrund gesetzlicher Erbfolge je zur Hälfte beerbt worden.

Der Erblasser war deutscher Staatsangehöriger.

Ausweislich beiliegender Sterbeurkunde verstarb der Erblasser am 10. Januar 2002 in Mönchengladbach-Rheydt, Brucknerallee 104. Der Erblasser lebte mit seiner Ehefrau im gesetzlichen Güterstand der Zugewinngemeinschaft.

Der Erblasser hinterließ mich, Fritz Müller als seinen einzigen Abkömmling.

Eine Verfügung von Todes wegen liegt nicht vor.

Ein Rechtsstreit über das Erbrecht eines der Erben ist nicht anhängig. Der Wert des Nachlasses beläuft sich auf 300 000 Euro.

Fritz Müller

Muster für den Erbscheinantrag eines Nachlassgläubigers

Erbscheinantrag zum Zwecke der Zwangsvollstreckung

Hiermit beantrage ich, Otto Schulze, wohnhaft Kaiserstraße 1 in 41061 Mönchengladbach, die Erteilung eines Alleinerbscheins, wonach Herr Fritz Müller aufgrund Testaments Alleinerbe seines am 10. Januar 2002 verstorbenen Vaters, Oskar Müller, geboren am 2. Dezember 1950, zuletzt wohnhaft in Mönchengladbach-Rheydt, geworden ist.

Begründung für den Antrag:

Ich bin selbstständiger Dachdeckermeister und erwirkte wegen einer Dachreparatur am Hause Brucknerallee 104 in Mönchengladbach gegen den Erblasser vor dem Amtsgericht in Mönchengladbach-Rheydt unter dem Aktenzeichen 12 C 250/1998 am 12. Oktober 1998 ein Versäumnisurteil über 6700 DM nebst 5 % Zinsen seit 12. August 1998. Das Versäumnisurteil ist rechtskräftig.

Trotz mehrfacher Vollstreckungsversuche ist die Forderung nicht befriedigt worden. Als Beweis beigefügt:

1) Versäumnisurteil vom 12. Oktober 1998, in Fotokopie
2) Vollstreckungsunterlagen, ebenfalls in Fotokopie

Der Erblasser ist laut Sterbeurkunde am 10. Januar 2002 verstorben. Als Beweis beigefügt: Sterbeurkunde

Der Erblasser hatte am 15. Januar 1980 ein eigenhändiges Testament errichtet, in dem er seinen Sohn Fritz Müller zum alleinigen Erben bestimmt hat. Dieses Testament ist am 15. Februar 2002 vom Nachlassgericht in Mönchengladbach-Rheydt eröffnet worden.

Beweis: Beiziehung der Nachlassakten: 8 VI 12/02

Weitere Verfügungen von Todes wegen sind nicht bekannt.

Der Sohn Fritz Müller hat die Erbschaft durch Verstreichenlassen der Ausschlagungsfrist angenommen.

Ein Rechtsstreit über sein Erbrecht ist meines Wissens nicht anhängig. Ich bin bereit, die Richtigkeit meine Angaben an Eides statt zu versichern. Da ich die Zwangsvollstreckung gegen Herrn Fritz Müller als Alleinerben seines Vaters betreiben will, bedarf ich eines Erbscheins und bin nach § 792 Zivilprozessordnung antragsberechtigt.

Den Wert des Nachlasses schätze ich auf mindestens 100 000 Euro.

Für den Fall, dass dem Erben bereits ein Erbschein erteilt wurde, bitte ich, mir eine Ausfertigung zu übersenden.

Mönchengladbach-Rheydt, den 20.01.2002

Otto Schulze

Einziehung des Erbscheins

Das Nachlassgericht hat einen unrichtigen Erbschein einzuziehen. Das Gericht ist gesetzlich verpflichtet, Ermittlungen über die Richtigkeit eines Erbscheins anzustrengen, wenn es Anhaltspunkte für einen Entziehungsgrund gibt. Zuständig für die Einziehung ist das Nachlassgericht, das den Erbschein erteilt hat.

Einziehungsgründe sind schwere Verfahrensfehler, z. B. Erteilung eines Erbscheins abweichend vom Antrag oder ohne Antrag oder bei Antragstellung durch einen nicht antragsberechtigten Beteiligten. Wichtiger ist jedoch der Fall der materiellen Unrichtigkeit. In der Praxis kann sich die materielle Unrichtigkeit vor allem ergeben, wenn ein Testament vom Gericht falsch ausgelegt, nachträglich ein jüngeres widersprechendes Testament gefunden oder eine wirksame Anfechtung erklärt worden ist. Ein Erbschein ist auch dann unrichtig, wenn in ihm eine Nacherbfolge nicht angegeben ist oder der Hinweis auf eine Testamentsvollstreckung vergessen worden ist.

Die Einziehung des Erbscheins erfolgt von Amts wegen, meist aufgrund eines Antrags eines Beteiligten.

Nicht in jedem Erbfall wird ein Erbschein benötigt. Die Beantragung eines Erbscheins ist mit Mühen und Kosten verbunden. Die Erben sollten also überlegen, ob sie nicht auch ohne Erbschein zurechtkommen.

Die Mutter ist gestorben und hinterlässt zwei volljährige Kinder. Der Nachlass besteht, außer dem Hausrat, nur aus zwei Bankkonten. Die Bankkonten kann die Tochter aufgrund einer Vollmacht über den Tod hinaus auflösen. Die beiden Kinder wissen, dass sie zu gleichen Teilen Erben geworden sind. Sie teilen einvernehmlich Hausrat und Geldbeträge untereinander auf, ohne dass ein Erbschein erforderlich wird. Hat die Mutter ein Testament hinterlassen, ist dieses beim Amtsgericht zur Eröffnung abzuliefern. Das Amtsgericht veranlasst die Eröffnung. Die Ablieferung ist eine zwingende Verpflichtung, die aber in solchen Fällen oft nicht beachtet wird. Irgendwelche Auswirkungen ergeben sich daraus nicht.

Hat die Mutter ein öffentliches, also ein notarielles Testament errichtet, so befindet es sich in der amtlichen Verwahrung und wird von Amts wegen eröffnet.

Falls die Mutter Grundbesitz oder eine Eigentumswohnung hinterlassen hat, genügt ein öffentliches Testament mit dem Protokoll über die Eröffnung dieses Testaments für das Grundbuchamt zur Umschreibung des Grundbesitzes bzw. der Eigentumswohnung, sodass auch kein Erbschein erforderlich ist.

Hat die Mutter jedoch nur ein privatschriftliches Testament hinterlassen, dann ist für die Umschreibung des Grundbesitzes ein Erbschein notwendig. Ein Erbschein empfiehlt sich auch dann, wenn mehrere Erben mit verschiedenen Erbteilen vorhanden sind.

ERBENGEMEINSCHAFT, ERBSCHAFTSKAUF UND ERBENHAFTUNG

Erbengemeinschaft

In den meisten Fällen gibt es nicht nur einen Erben, also den Alleinerben, sondern eine Mehrheit von Erben. Diese Miterben bilden eine Erbengemeinschaft. Mit dem Erbfall geht der Nachlass ungeteilt auf eine Erbengemeinschaft über und wird dadurch gemeinschaftliches Vermögen dieser Erben.

Eine Erbengemeinschaft ist eine so genannte Gesamthandsgemeinschaft. Das bedeutet: Träger aller Nachlassgegenstände und aller Rechte und Pflichten sind die Erben in ihrer Gesamtheit. Das geerbte Vermögen der Erbengemeinschaft ist ein Sondervermögen, das vom Eigenvermögen der einzelnen Miterben zu unterscheiden ist.

Der Erbfall führt also nicht zu einer Aufteilung der Rechte, auch dann nicht, wenn die Nachlassgegenstände problemlos teilbar sind. Gehört zum Nachlass z.B. ein Geldbetrag von 80 000 Euro und sind vier Miterben zu je $1/4$ berufen, so erwirbt beim Erbfall nicht jeder Erbe eine Teilforderung von 20 000 Euro, sondern die (ungeteilte) Erbengemeinschaft wird Inhaber der gesamten Forderung von 80 000 Euro. Befindet sich im Nachlass ein Grundstück, dann werden diese vier Erben nicht je zu $1/4$, sondern mit ihren Namen als Erbengemeinschaft im Grundbuch eingetragen, ohne dass der Anteil jedes Miterben genannt wird.

Anteil des Miterben

Der Erbteil des einzelnen Miterben besteht aus seinem Anteil am gesamten Nachlass, also seinem Anteil am Gesamthandsvermögen. Auf jeden einzelnen Anteil sind die Regeln über Ausschlagung und Annahme anzuwenden. Wenn also ein Miterbe seinen Anteil ausschlägt, dann hat dies auf die Anteile der übrigen Miterben keinen direkten Einfluss.

Der jeweilige Erbteil gehört zum Vermögen des Miterben und geht bei dessen Tod auf seine Erben über. Der Miterbe kann über seinen Erbteil frei verfügen, also ihn durch Rechtsgeschäft auf einen Miterben übertragen oder zur Sicherung eines Kredits verpfänden. Bei einem Verkauf an Dritte muss er aber das Vorkaufsrecht der Miterben beachten.

Die Übertragung muss durch notariell beurkundeten Vertrag erfolgen. Der Erwerber des Erbteils wird Mitglied der Erbengemeinschaft und erhält somit die Rechte und Pflichten des bisherigen Miterben.

Vorkaufsrecht

Wird der Erbteil verkauft, so gelten die Vorschriften über den Erbschaftskauf. Der Eintritt eines Außenstehenden in die Erbengemeinschaft liegt meist nicht im mutmaßlichen Willen des Erblassers und kann bei der Verwaltung des Nachlasses und insbesondere bei der Auseinandersetzung zu erheblichen Schwierigkeiten führen. Daher ist beim Verkauf eines Erbteils an einen Dritten den übrigen Erben gesetzlich ein Vorkaufsrecht eingeräumt, durch das sie den Eintritt dieses Dritten in die Erbengemeinschaft verhindern können. Das Vorkaufsrecht wird durch Erklärung gegenüber dem verkaufsbereiten Miterben ausgeübt. War der Erbteil bereits auf den Außenstehenden übertragen, ohne dass die Miterben informiert worden sind, können sie das Vorkaufsrecht dem Käufer gegenüber ausüben.

Verwaltung des Nachlasses

Bis zur Teilung oder Auflösung der Erbengemeinschaft erfolgt die Verwaltung des Nachlasses gemeinschaftlich, und zwar durch die Erben oder einen Testamentsvollstrecker, nicht aber durch eine Behörde oder das Nachlassgericht.

Grundsätzlich gilt das Einstimmigkeitsprinzip. Jeder Miterbe ist den anderen gegenüber verpflichtet, bei den Maßnahmen mitzuwirken, die zu einer ordnungsgemäßen Verwaltung erforderlich sind. Die Einstimmigkeit kann notfalls dadurch erzielt werden, dass die widersprechenden Miterben auf Zustimmung zu einer bestimmten Verwaltungsmaßnahme verklagt und dazu verurteilt werden.

Die Einstimmigkeit ist oft sehr schwer zu erzielen und nicht in jedem Fall erforderlich. So kann auch durch die Mehrheit der Miterben eine ordnungsgemäße Verwaltung und Benutzung eines Nachlassgegenstands beschlossen werden, wenn dies seiner Beschaffenheit entspricht und nicht zu einer wesentlichen Veränderung des Gegenstands führt. Die Mehrheit ist dabei nach der Größe der Erbteile zu berechnen.

Maßnahmen, die zur Erhaltung eines Nachlassgegenstands notwendig sind, kann sogar jeder Miterbe einzeln vornehmen oder vornehmen lassen, und zwar im Namen und für Rechnung der Erbengemeinschaft. Sind etwa im Rahmen einer ordnungsgemäßen Verwaltung Reparaturen an einem zum Nachlass gehörenden Gebäude notwendig, so kann die Mehrheit der Erben oder im Eilfall jeder einzelne Miterbe einen entsprechenden Auftrag an einen Handwerker vergeben. Die Verpflichtung zur Zahlung der Vergütung an den Handwerker ist dann eine Nachlassverbindlichkeit.

Verfügungen über Nachlassgegenstände

Die Erbengemeinschaft kann über Nachlassgegenstände nur gemeinsam verfügen. Verfügungen sind alle Rechtsgeschäfte, die unmittelbar auf ein bestehendes Recht einwirken, also Übertragung, Aufhebung oder Belastung.

Darunter fallen insbesondere die Übereignung beweglicher und unbeweglicher Nachlassgegenstände und die Aufrechnung mit einer zum Nachlass gehörenden Forderung gegen eine Nachlassverbindlichkeit. Zweifelhaft ist, ob dazu auch die Kündigung der Erblasserwohnung gehört oder ob dies eine Maßnahme der ordnungsgemäßen Verwaltung ist.

Beispiel

Das Nachlassgrundstück soll verkauft werden. Ein Erbe will nicht verkaufen, jedenfalls nicht zu dem gebotenen Preis. Dieser Erbe kann nicht durch Mehrheitsbeschluss überstimmt werden; als Ausweg bleibt notfalls nur eine Versteigerung des Grundstücks.

Allerdings brauchen nicht alle Miterben unmittelbar mitzuwirken. Es genügt, wenn die anderen Miterben vorher einwilligen oder getroffene Verfügungen nachträglich genehmigen.

Bei der Verwaltung des Nachlasses und den Verfügungen über Nachlassgegenstände ergibt sich häufig Streit. Dies nutzen manche Miterben aus Motiven aus, die mit der Verwaltung des Nachlasses gar nichts zu tun haben. Nicht selten will ein Miterbe die Auseinandersetzung des Nachlasses aus persönlicher Verärgerung nur erschweren oder er will sich Sondervorteile verschaffen. Beispielsweise gibt ein Miterbe nur dann die Zustimmung zum Verkauf des Hauses, wenn er selbst den Kraftwagen des Erblassers weit unter Preis erwerben kann.

Geltendmachung von Nachlassansprüchen

Da die zum Nachlass gehörenden Forderungen gegen dritte Personen (Schuldner) allen Erben gemeinschaftlich zustehen, müssen sie auch von allen Erben gemeinschaftlich geltend gemacht werden, und zwar entweder außergerichtlich oder vor Gericht mit einer so genannten Gesamthandsklage.

Allerdings ist auch jeder einzelne Miterbe befugt, eine solche Forderung gegen einen Dritten geltend zu machen. Der Dritte schuldet die Leistung jedoch nicht diesem einzelnen Miterben, sondern allen Erben gemeinsam. Diese so genannte gesetzliche Prozessstandschaft kommt aber in der Praxis selten vor, weil der Kläger für eine solche Klage zunächst alle Kosten selbst vorlegen muss.

Auseinandersetzung unter mehreren Miterben

Gibt es einen Alleinerben, so braucht er sich mit niemandem auseinander zu setzen. Er muss lediglich die Vermächtnisse und Auflagen erfüllen. Bei der Erbengemeinschaft muss die Erbschaft dagegen von den Miterben untereinander aufgeteilt werden. Dabei kommt es häufig zu Streitigkeiten. Grundsätzlich kann jeder Miterbe die alsbaldige Auseinandersetzung verlangen. Allerdings muss die Auseinandersetzung verschoben werden, wenn wegen der zu erwartenden Geburt eines Miterben Erbteile noch unbestimmt sind oder wenn etwa eine Entscheidung über eine Adoption noch aussteht.

Der Erblasser kann die Auseinandersetzung für den gesamten Nachlass oder einzelne Nachlassgegenstände – in Betracht kommt insbesondere das Hausgrundstück – durch letztwillige Verfügung untersagen. Eine solche Anordnung des Erblassers wird unwirksam, wenn seit Eintritt des Erbfalls 30 Jahre verstrichen sind. Der Erblasser kann auch bestimmen, dass die Auseinandersetzung bis zu einem bestimmten Ereignis, z. B. dem Tod des überlebenden Ehegatten, ausgeschlossen sein soll. Durch eine solche Anordnung kann die Dreißigjahresfrist sogar überschritten werden. Sind sich die Erben einig, können sie sich über das Teilungsverbot hinwegsetzen.

Haben die Miterben untereinander vereinbart, dass sie die Auseinandersetzung für immer oder für eine bestimmte Zeit ausschließen, so kann ein Miterbe trotzdem die Auseinandersetzung verlangen, wenn dazu ein wichtiger Grund vorliegt. Ein solcher Grund liegt beispielsweise vor, wenn sich die Miterben zerstritten haben und eine gemeinsame Verwaltung des Nachlasses nicht mehr möglich ist. Deswegen kann auch ein vom Erblasser angeordneter Ausschluss der Auseinandersetzung aufgehoben werden.

Von Ausnahmefällen abgesehen, werden alle Miterben meist auf eine baldige Auseinandersetzung des Nachlasses drängen. Vor einer solchen Auseinandersetzung müssen sie zuerst die Nachlassverbindlichkeiten berichtigen, also Schulden und Rechnungen bezahlen, und für eventuelle unbestimmte Verpflichtungen entsprechende Beträge beiseite legen. Der dann verbleibende Aktivnachlass muss unter den Miterben im Verhältnis ihrer Anteile aufgeteilt werden.

Erbauseinandersetzung durch gütliche Einigung

Die beste und billigste Lösung ist es, wenn sich die Erben zu einem geeigneten Zeitpunkt zusammensetzen und gemeinsam beraten, wie sie den Nachlass unter sich verteilen wollen. Bei der Verteilung sind die Verkehrswerte der einzelnen Nachlassgegenstände (zum Zeitpunkt des Erbfalls) zugrunde zu legen. Teilungsanordnungen und Teilungswünsche des Erblassers sollen beachtet werden. Die Erben sind aber nicht gezwungen, diesen Teilungsanordnungen des Erblassers Folge zu leisten. Sie können sich untereinander über eine andere Verteilung einigen. Eine besondere Form ist für die Auseinandersetzung nicht vorgeschrieben. Es ist auch kein schriftlicher Vertrag erforderlich. Auch ein Notar muss nicht hinzugezogen werden. Es ist allerdings empfehlenswert, die Einigung schriftlich niederzulegen. Lediglich bei der Übertragung von Grundstücken, Eigentumswohnungen und Grundpfandrechten ist ein notarieller Vertrag notwendig.

In vielen Fällen läuft die Auseinandersetzung oder Verteilung schnell und in Harmonie ab. Das gilt insbesondere für kleine Erbengemeinschaften unter Geschwistern, die sich gut verstehen. Bei größeren Erbengemeinschaften ist die Verteilung eines umfangreichen, aus verschiedenen Gegenständen bestehenden Nachlasses dagegen oft sehr schwierig. Mancher Erblasser sieht das voraus und benennt deshalb in seinem Testament einen Testamentsvollstrecker. Die Erben können auch einen Rechtsanwalt oder Notar damit beauftragen, die Auseinandersetzung für sie vorzubereiten.

Ein besonderes Problem stellen die Gegenstände dar, deren Verkehrswert schwer zu ermitteln ist. Da gibt es vielleicht ein altes Kaffeegeschirr, das die Urgroßmutter schon benutzt hat, das nur einen geringen Verkehrswert, aber einen hohen Erinnerungswert hat. Das Gleiche gilt für Ölgemälde oder auch für Fotoalben. Wie soll man solche Gegenstände gerecht verteilen, wenn mehrere Miterben sie unbedingt haben wollen?

Auch bei Grundstücken ist oft keine Einigung darüber zu erzielen, ob das Grundstück nun von einem Miterben zu einem günstigen Preis übernommen werden kann oder ob es fremdverkauft werden soll. In manchen Fällen findet sich auch kein Käufer für das Grundstück, weil keiner der Miterben den Verkauf richtig in die Hand nimmt. Jede Tätigkeit eines Miterben, der sich wirklich für den Verkauf einsetzt, wird von den anderen Erben mit Misstrauen betrachtet. Man befürchtet, er könnte in die eigene Tasche wirtschaften oder einen Schwarzpreis vereinbaren. Manchmal kann man sich nicht einmal auf einen Makler einigen, der das Haus verkaufen soll.

Damit eine Auseinandersetzung durchgeführt werden kann, hat jeder Miterbe auch gegen den Willen der anderen Miterben das Recht, das Grundstück zwecks Aufhebung der Gemeinschaft zur Zwangsversteigerung zu bringen. Diese Art der Versteigerung ist im Zwangsversteigerungsgesetz besonders geregelt (§ 180–185 Zwangsversteigerungsgesetz). Das Verfahren muss beim Amtsgericht, in dessen Bezirk das Nachlassgrundstück liegt, beantragt werden, der Antragsteller muss dabei sein Erbrecht nachweisen.

Bei einer solchen Versteigerung eines Nachlassgrundstücks besteht kein Vorkaufsrecht der übrigen Miterben. Jeder Miterbe kann bei der Versteigerung mitsteigern wie jeder Fremde. Bis zur Erteilung des Zuschlags kann aber der Versteigerungsantrag vom betreibenden Miterben zurückgenommen werden.

Der Antragsteller hat es auf diese Weise in der Hand, die Versteigerung im letzten Augenblick rückgängig zu machen, wenn sich die Miterben vielleicht doch noch auf eine andere Art der Verwertung einigen oder wenn das Höchstgebot zu gering erscheint.

Der Versteigerungserlös wird nach Abzug der durch das Verfahren entstandenen Kosten unter den Miterben nach dem Verhältnis ihrer Erbteile verteilt. Streiten sich die Erben über ihre Anteile oder die Verteilung des Gelds, wird der Erlös beim Gericht hinterlegt, bis die Miterben sich geeinigt oder eine Entscheidung des Prozessgerichts herbeigeführt haben.

Das Zwangsversteigerungsverfahren führt selten zu besonders günstigen Ergebnissen, auch müssen die erheblichen Kosten berücksichtigt werden. Deshalb sollten sich die Miterben unbedingt zu einem freihändigen Verkauf durchringen und das kostspielige und oft langwierige Zwangsversteigerungsverfahren vermeiden, zumal die Höhe des Erlöses stets ungewiss ist.

Erbauseinandersetzung durch Vermittlung des Nachlassgerichts

Die Auseinandersetzung unter mehreren Miterben läuft meist problemlos ab, wenn ein Testamentsvollstrecker eingesetzt ist. Wenn kein Testamentsvollstrecker vorhanden ist und wenn sich die Erben außergerichtlich über die Verteilung des Nachlasses nicht verständigen können, dann kann jeder Miterbe das Nachlassgericht um Vermittlung anrufen.

In einem solchen Antrag mit der Bitte um Vermittlung der Erbauseinandersetzung durch das Nachlassgericht muss der betreibende Miterbe zunächst Namen und Anschriften der übrigen Miterben, ihre Anteile und die zu verteilenden Nachlassgegenstände angeben und einen Teilungsvorschlag unterbreiten.

Das Nachlassgericht wird die übrigen Miterben von Antrag und Vorschlag unterrichten und einen Erörterungstermin anberaumen, zu dem alle Beteiligten geladen werden. Das Gericht kann bei diesem Termin auch einen anderen Teilungsplan vorschlagen. Es kann die Erben jedoch nicht zwingen, diesem Plan zuzustimmen. Sind die erschienenen Miterben mit dem vom Nachlassgericht empfohlenen Teilungsplan einverstanden, wird dieser Plan wie ein gerichtlicher Vergleich protokolliert. Der Teilungsplan ist damit für alle Beteiligten verbindlich. Ist ein Miterbe nicht erschienen und auch nicht durch einen Bevollmächtigten (etwa einen Rechtsanwalt) vertreten, haben sich aber die erschienenen Miterben geeinigt, so kann das Gericht dem nicht erschienenen Miterben den Teilungsplan übermitteln und gleichzeitig eine Frist mit dem Hinweis bestimmen, dass nach Ablauf dieser Frist sein Einverständnis mit dem Inhalt des Auseinandersetzungsplans unterstellt wird.

Dieses Vermittlungsverfahren vor dem Nachlassgericht kommt allerdings nur selten häufig vor. Es ist ein Verfahren der so genannten freiwilligen Gerichtsbarkeit, bei dem kein Miterbe gezwungen werden kann, dem Teilungsplan zuzustimmen.

Erbauseinandersetzung durch Klageerhebung

Wenn sich die Miterben auch mithilfe des Nachlassgerichts nicht einigen können, bleibt letztlich nur der Weg der Klage vor dem Zivilgericht. Im Prozess klagen die Miterben gegen denjenigen von ihnen, an dem die Auseinandersetzung scheitert. Dieser Erbauseinandersetzungsklage vor dem Prozessgericht muss der Kläger einen Auseinandersetzungsplan beifügen und beantragen, den Beklagten dazu zu verurteilen, nach Maßgabe des vorgelegten Teilungsplans in die Auseinandersetzung einzuwilligen. Das Gericht wird die Berechtigung des Teilungsplans prüfen und den Beklagten gegebenenfalls dazu verurteilen, dem Teilungsplan zuzustimmen. Das rechtskräftige Urteil ersetzt die Zustimmung.

Ein solcher Teilungsprozess ist in der Regel langwierig, kostspielig und sein Ausgang ungewiss. Wenn es dabei um Werte über 30 000 Euro geht, kann in letzter Instanz der Bundesgerichtshof angerufen werden. Ein solcher Prozess dauert erfahrungsgemäß fünf bis zehn Jahre. Ein Prozess um eine Erbauseinandersetzung kann also wirklich nur das allerletzte Mittel sein, auf das man nur im äußersten Notfall zurückgreifen sollte. Eine „schlechte" Einigung dürfte für den betroffenen Miterben meist empfehlenswerter sein als ein langer, nervenaufreibender Prozess.

Da es sich bei eine solchen Erbauseinandersetzungsklage meist um höhere Streitwerte handelt, ist das Landgericht (ab 5000 Euro) zuständig, damit besteht Anwaltszwang. Der Anwalt weiß, wie er die Klage zu formulieren hat.

Muster für eine Erbauseinandersetzungsklage

An das
Landgericht …

Klage

des … (Klägers)
Prozessbevollmächtigter: …
gegen
den … (Beklagten)
wegen Erbauseinandersetzung
Vorläufiger Streitwert: …

Namens und mit Vollmacht des Klägers erhebe ich Klage gegen den Beklagten und werde beantragen:

I. Der Beklagte wird verurteilt, zur Herbeiführung der Erbauseinandersetzung nach dem am … 2002 verstorbenen Vater der Parteien dem nachfolgenden Teilungsplan zuzustimmen:
1. Das Grundstück, eingetragen im Grundbuch des Amtsgerichts … vom …, Blatt …, Gemarkung …, erhält der Kläger zu Alleineigentum übertragen.
2. Der Beklagte erhält das Guthaben auf dem Konto mit der Nr. … bei der Sparkasse in … zu Alleineigentum übertragen.

II. Der Beklagte wird verurteilt, das im Grundbuch vom …, Blatt …, eingetragene Grundstück an den Kläger als Alleineigentümer aufzulassen und in die entsprechende Umschreibung des Grundbuchs einzuwilligen.

III. Der Beklagte hat die Kosten des Rechtsstreits zu tragen.

Begründung

Die Parteien sind Brüder. Die Mutter der Parteien ist schon im Jahre … verstorben. Am … verstarb auch der Vater, der am … ein privatschriftliches Testament hinterließ. Darin bestimmte er, dass nach seinem Tode der Kläger das im Grundbuch vom …, Blatt …, eingetragene Grundstück und der Beklagte das Sparguthaben erhalten sollten.

Beweis: Testament vom … (Fotokopie anbei)

Der Vater war Eigentümer des im Grundbuch vom …, Blatt …, eingetragenen Grundstücks. Außerdem hinterließ er bei seinem Tode ein Sparguthaben bei der Sparkasse in … in Höhe von etwa … Euro.

Mit Schreiben vom … hat der Kläger die Aufteilung des Nachlasses entsprechend dem letzten Willen des Vaters verlangt. Der Beklagte weigert sich.

Beweis: Vorlage des Schriftverkehrs

Nachlassverbindlichkeiten sind nicht vorhanden, sodass eine Erbteilung entsprechend dem Willen des Vaters ohne weiteres möglich wäre.

Rechtsanwalt

Ausgleichspflicht der gesetzlichen Erben

Die Kinder des Erblassers sollen – so lautet jedenfalls die gesetzliche Regelung – grundsätzlich gleich behandelt werden. Dieser Grundsatz kann jedoch nur verwirklicht werden, wenn bei der Teilung des Nachlasses berücksichtigt wird, was die Kinder vorweg, also zu Lebzeiten des Erblassers, erhalten haben.

In der gesetzlichen Vorschrift heißt es, dass Abkömmlinge, die als gesetzliche Erben zur Erbfolge gelangen, verpflichtet sind, dasjenige, was sie vom Erblasser zu dessen Lebzeiten als Ausstattung erhalten haben, untereinander zur Ausgleichung zu bringen haben. Allerdings gilt dies nur, wenn der Erblasser nicht etwas anderes angeordnet hat. Außerdem sind Unterhaltszahlungen sowie Aufwendungen für die Fortbildung zu einem Beruf nur dann auszugleichen, wenn sie das Maß der Vermögensverhältnisse des Erblassers überstiegen haben. Andere Zuwendungen sind nur auszugleichen, wenn der Erblasser bei der Zuwendung die Ausgleichung ausdrücklich angeordnet hat. Die Abgrenzung zwischen ausgleichspflichtigen und ausgleichsfreien Zuwendungen ist strittig.

Was ist überhaupt zur Ausgleichung zu bringen, in welchem Umfang gilt die Ausgleichung auch für Testamentserben und was hat der Erblasser angeordnet? Schließlich ist zu berücksichtigen, ob ein Abkömmling durch Mitarbeit in Haushalt, Beruf oder Geschäft des Erblassers oder durch erhebliche Geldleistungen oder in anderer Weise in besonderem Maß dazu beigetragen hat, dass das Vermögen des Erblassers erhalten oder vermehrt worden ist. Dieser Abkömmling kann bei der Auseinandersetzung eine Anerkennung für seine Leistungen verlangen. Das gilt auch für einen Abkömmling, der unter Verzicht auf eigenes berufliches Fortkommen den Erblasser während längerer Zeit gepflegt hat. Eine Ausgleichung kann aber dann nicht gefordert werden, wenn für die Leistungen ein angemessenes Entgelt gezahlt worden ist.

Durchführung der Ausgleichung

Bei der Ausgleichung wird, wenn sich die Erben über die Beträge geeinigt haben, nach folgender Berechnungsmethode vorgegangen:

Beispiel

Ein Erblasser hat drei Söhne hinterlassen, die in gleichem Umfang erbberechtigt sind. Der Nachlass hat einen Wert von 25 000 Euro. Der Sohn Fritz hat für die Gründung eines Geschäfts 5000 Euro vorweg bekommen, seine beiden Brüder haben nichts erhalten. Diese 5000 Euro schlägt man gedanklich dem Nachlasswert zu, sodass man für die Teilung von 25 000 Euro plus 5000 Euro, also von 30 000 Euro, ausgeht. Die 30 000 Euro werden nun auf die drei Söhne verteilt. Jeder bekommt also 10 000 Euro, aber Fritz werden die 5000 Euro als Vorwegempfang angerechnet, sodass er nur noch 5000 Euro ausgezahlt bekommt.

Wenn ein Abkömmling besondere Mitarbeit geleistet oder eine Pflegetätigkeit ausgeübt hat, wird eine andere Abrechnungsmethode angewandt.

Beispiel

Sohn Fritz hat dem Vater vor dessen Tod unentgeltlich im Geschäft geholfen. Diese Mithilfe soll mit 5000 Euro bewertet werden. Dann bekommt Fritz zunächst diese 5000 Euro, sodass eine Nachlassmasse von 20 000 Euro verbleibt. Diese wird unter den drei Brüdern gedrittelt, sodass jeder von ihnen 6666 Euro bekommt. Fritz erhält vorweg die erwähnten 5000 Euro zusätzlich.

Erbschaftskauf

Dass ein Erbe seine Alleinerbschaft verkauft, kommt relativ selten vor, denn er kann, ohne jemanden fragen zu müssen, die Erbschaft nach seinem Belieben abwickeln und jeden einzelnen Nachlassgegenstand selbst behalten, verkaufen oder anderweitig verwerten. Wenn ihm dies aus persönlichen Gründen selbst zu mühevoll erscheint, kann er damit einen Rechtsanwalt oder eine Vertrauensperson beauftragen, die für ihn alles Erforderliche regelt.

Viel häufiger ist der Fall, dass ein Miterbe seinen Erbteil an einen anderen Miterben oder auch an eine dritte Person verkauft, um sich aus den Streitigkeiten der übrigen Erben herauszuhalten und überhaupt mit der ganzen Erbschaftsangelegenheit nicht belastet zu sein. Durch einen Verkauf kann der Erbe oder Miterbe rasch zu Bargeld gelangen und die Mühe der Abwicklung vermeiden.

Inhalt und Form des Erbschaftskaufs

Der Erbschaftskauf ist ein Vertrag, durch den sich der Erbe (Verkäufer) gegenüber einem anderen (Käufer) verpflichtet, die ihm angefallene Erbschaft oder einen Teil davon gegen ein bestimmtes Entgelt auf den Käufer zu übertragen.

Da sich der Erbschaftskauf stets auf die angefallene Erbschaft bezieht, kann er erst nach dem Erbfall wirksam abgeschlossen werden. Der Vertrag bedarf der notariellen Beurkundung. Wie bereits erwähnt, haben die (gesetzlich oder testamentarisch bestimmten) Miterben ein Vorkaufsrecht. Dadurch können sie vermeiden, dass ein Dritter (Familienfremder) in die Erbengemeinschaft gelangt.

Haftung für Nachlassverbindlichkeiten

Der Verkauf der Erbschaft, aber auch die Übertragung der Erbschaft auf den Käufer ändert nichts daran, dass der Verkäufer zunächst Erbe oder Miterbe und damit Schuldner der Nachlassverbindlichkeiten geworden ist. Da sich niemand durch Vertrag mit einem Dritten ohne Zutun des Gläubigers seiner Schuldnerstellung entledigen kann, haftet der Verkäufer nach Verkauf und Übertragung der Erbschaft weiterhin für die Nachlassverbindlichkeiten.

Neben dem Verkäufer haftet aber auch der Käufer für die Nachlassverbindlichkeiten, und zwar schon vom Abschluss des Erbschaftskaufs an. Während somit Verkäufer und Käufer im Außenverhältnis gegenüber den Nachlassgläubigern Gesamtschuldner sind, wird im Innenverhältnis meist der Erbschaftskäufer dazu verpflichtet, die Nachlassverbindlichkeiten zu tragen. Anders verhält es sich allerdings meist mit der Erbschaftsteuer, die beim Verkäufer anfällt und vom Finanzamt direkt eingefordert wird.

Verträge über den Nachlass eines noch lebenden Dritten

Das Bürgerliche Gesetzbuch schiebt dem Versuch, das künftige Erbrecht schon zu Lebzeiten des Erblassers zu Geld zu machen, einen Riegel vor. Verträge über den Nachlass eines noch lebenden Dritten und auch über Pflichtteils- und Vermächtnisansprüche sind nichtig. Der Grund liegt einmal in dem erheblichen Unsicherheitsfaktor, mit dem solche Verträge belastet sind, zum anderen gilt es als anstößig, schon zu Lebzeiten des Erblassers mit seinem Nachlass Geschäfte zu machen.

Ausnahmsweise sind lediglich Verträge unter künftigen gesetzlichen Erben über ihren gesetzlichen Erbteil oder den Pflichtteil zulässig. Diese Verträge müssen aber notariell beurkundet werden. Sie sollen eine vorgezogene Auseinandersetzung zwischen den gesetzlichen Erben ermöglichen. Alle Vertragschließenden müssen künftige gesetzliche Erben sein. Der notarielle Vertrag darf sich nur auf den gesetzlichen Erbteil oder den Pflichtteil beziehen.

Beispiel

Zwei Brüder können miteinander vereinbaren, dass ein Bruder das väterliche Erbe allein übernimmt, weil der andere auswandern und seinen voraussichtlichen Erbteil bar mitnehmen will.

Kommentar: Erbauseinandersetzung unter den Geschwistern

Die Erbteilung unter Geschwistern ist ein häufiger Ausgangspunkt für lang andauernden Streit, der sich auf die nächste und übernächste Generation fortsetzen kann. Oft ist es äußerst schwierig, Nachlassgegenstände „gerecht" oder nach ihrem „richtigen Wert" auf mehrere Personen zu verteilen. Diese Verteilung wird besonders problematisch, wenn der Erblasser – oft in guter

Absicht – viele Teilungsanordnungen gegeben hat. Nicht selten sind diese Teilungsanordnungen durch Zeitablauf überholt und entsprechen nicht den Interessen der Geschwister.

Folgende Ratschläge können dazu beitragen, die Erbauseinandersetzung zu erleichtern. Voraussetzung ist allerdings, dass noch eine gewisse Übereinstimmung zwischen den Geschwistern vorhanden ist. Erleichtert wird eine spätere Teilung insbesondere, wenn der Erblasser zu seinen Lebzeiten mit seinen Kindern besprochen hat, wie alles nach seinem Tode verteilt werden soll. Am schlimmsten sind überraschende Testamente, mit denen kein Erbe gerechnet hat. Mancher Erblasser hat es zwar gut gemeint, aber völlig unsinnige Regelungen getroffen.

Nach dem Tod des Erblassers sollten die Kinder versuchen, eine gütliche Einigung herbeizuführen. Bei einer Zusammenkunft zu diesem Zweck sollten gegebenenfalls nur die Erben – ohne ihre Ehegatten, Lebenspartner oder Anwälte – miteinander verhandeln. Das funktioniert meist besser, als wenn andere Beteiligte dabei sind und das Bestreben haben, für ihren Partner möglichst viel herauszuholen.

Die Teilung von Geld, Bank- und Sparguthaben ist relativ einfach. Auch Grundbesitz lässt sich teilen oder veräußern. Wenn man sich nicht auf einen Preis einigen kann, können Sachverständige den Grundbesitz schätzen. Die Miterben können vorweg erklären, dass sie das Gutachten des Sachverständigen für sich als verbindlich ansehen. Allerdings kostet die Arbeit eines Sachverständigen eine ganze Menge Geld. Diese Kosten kann man sich eventuell dadurch ersparen, dass man Makler befragt oder – gewissermaßen probeweise – die Objekte mit Zeitungsanzeigen zum Kauf anbietet. Da bei Grundstücken grundsätzlich der Verkehrswert für die Teilung maßgeblich ist, lässt sich durch einen solchen „Probeverkauf" ein realistischer Kaufpreis ermitteln.

Viel problematischer ist die Verteilung der beweglichen Gegenstände, angefangen bei den Fotoalben bis hin zu den Ölgemälden in der Wohnung des Erblassers. Für eine normale Wohnungseinrichtung geben gewerbsmäßige Nachlassverwerter nichts oder so wenig, dass dadurch kaum die Räumungskosten gedeckt sind. Anders verhält es sich beispielsweise mit einem schönen alten Schrank, für den man bei einem Antiquitätenhändler viele Tausend Euro bezahlen müsste, an dem aber niemand von den Erben Interesse hat und den man nur mit Mühe veräußern kann. Ein zusätzliches Pro-

blem ergibt sich, wenn eines der Geschwister auf Pflichtteil gesetzt ist, also nur einen Geldanspruch hat. Der Pflichtteilsberechtigte hat deshalb ein Interesse daran, dass der Schrank möglichst hoch bewertet wird. Die übrigen Erben sehen aber keine Möglichkeit, den Schrank zu einem guten Preis zu verkaufen, ohne bei unzähligen Antiquitätengeschäften nachzufragen. In einem solchen Fall empfiehlt es sich, dem Pflichtteilsberechtigten den Schrank – gegebenenfalls ohne Anrechnung auf seinen Pflichtteil, also kostenlos – zur Verfügung zu stellen. Wenn er den Schrank nicht übernehmen will, wird dieser notfalls unter Wert anderweitig abgegeben.

Häufig befinden sich Gegenstände im Nachlass, die keinen oder nur einen geringen materiellen Wert haben, aber als Erinnerungsstücke den Erben wertvoll sind. Zu denken ist an die Fotoalben des Erblassers oder den Schmuck, der vom Juwelier jedoch nur nach Materialwert bewertet wird. In solchen Fällen hat sich eine interne „Versteigerung" dieser Gegenstände im Familienkreis als praktisch erwiesen. Die Geschwister treffen sich dazu am besten in der Wohnung des Erblassers. Ein Miterbe (oder Testamentsvollstrecker) übernimmt es, den beweglichen Nachlass des Verstorbenen zu „versteigern". Der „Versteigerer" bietet also den Erben die Fotoalben an. Manche Geschwister interessieren sich nicht dafür, ein Miterbe bietet vielleicht 100 Euro und ein anderer sogar 200 Euro. Folglich bekommt der Erbe, der 200 Euro bietet, die Fotoalben. Der Erlös wird mit der übrigen Erbschaft verrechnet, sodass keiner der Erben bei der Versteigerung Bargeld zu zahlen braucht.

Hat der Erblasser viele Antiquitäten, wertvolle Gemälde und teure andere Gegenstände hinterlassen, dann empfiehlt es sich, vorher einen Experten (Sachverständigen) zu befragen, wie diese Gegenstände zu bewerten sind, damit die Erben bei der internen Versteigerung Anhaltspunkte für ihre Gebote haben.

Ein anderer häufiger Streitpunkt betrifft die Vorausempfänge, die die Kinder zu Lebzeiten des Erblassers erhalten haben. Allerdings bleibt den Erben wenig Spielraum, wenn der Erblasser dazu Bestimmungen getroffen hat. Oft will der Erblasser selbst seine Kinder gleich behandeln. Er sollte über größere Zuwendungen, die er seinen Kindern zu Lebzeiten macht, Buch führen und diese Aufzeichnungen, falls er die Zuwendungen zu seinen Lebzeiten nicht mehr ausgleichen kann, den Kindern für eine spätere Erbteilung zur Verfügung stellen.

Höhere Aufwendungen für ein minderjähriges Kind sollten nicht verrechnet werden. Wenn das Kind infolge einer Behinderung, eines Unfalls, Krankheit oder aus sonstigen Gründen höhere Aufwendungen erfordert hat, darf man dies nicht zu seinen Lasten ausgleichen.

Man kann aber einen bestimmten Zeitpunkt setzen – wie Volljährigkeit oder Beendigung der Schulzeit oder das Verlassen des Elternhauses – und von diesem Zeitpunkt an alle größeren Aufwendungen zur späteren Verrechnung festschreiben.

Die finanzielle Belastung der Eltern hängt davon ab, ob ein Kind beispielsweise eine Handwerkslehre absolviert und dann weiterhin in einem fremden Betrieb arbeitet oder ob es seine Meisterprüfung ablegt und sich selbstständig macht. Auch wenn die Kinder studieren, gibt es große Unterschiede. Ein Kind studiert sehr schnell und bekommt BAföG. Ein anderes Kind nimmt sich zum Studium viel Zeit, wechselt womöglich das Studienfach oder besucht teure ausländische Privatuniversitäten.

Um Streitigkeiten um den Ausgleich von derartigen Vorausempfängen zu vermeiden, ist folgendes Vorgehen sinnvoll: Die Eltern zeichnen alle größeren Zuwendungen, und zwar ohne jede Ausnahme auf, die die Geschwister ab einem bestimmten Zeitpunkt erhalten, nämlich nach dem Abitur oder dem Abschluss einer vergleichbaren Ausbildung. So wird Buch geführt über alle Zahlungen für Studium, auswärtige Unterbringung, Gründung einer Familie oder eines eigenen Geschäfts. Nicht berechnet werden übliche Gelegenheitsgeschenke zu Geburtstag, Weihnachten und anderen Festtagen.

Dieses Vorgehen führt zu einer gerechten Lösung, allerdings entspricht es nicht genau der gesetzlichen Regelung. Deshalb sollte eine solche Regelung mit den Kindern abgesprochen oder testamentarisch niedergelegt werden.

Fällt ein Kind weg und tritt an seine Stelle ein Abkömmling dieses Kindes, also ein Enkel, so ist dieses zur Ausgleichung verpflichtet. Will ein Elternteil etwas Besonderes für die Enkelkinder tun, kann er dies problemlos, weil die Enkelkinder (soweit sie nicht an die Stelle ihrer Eltern getreten sind) untereinander nicht zur Ausgleichung verpflichtet sind. Der Großvater kann also seinem Enkel zum bestandenen Abitur ein Auto schenken, ohne dass seine eigenen Kinder dafür einen Ausgleich verlangen können.

Haftung der Erben für die Nachlassverbindlichkeiten

Der oder die Erben haften für die Nachlassverbindlichkeiten nicht nur mit dem ererbten Vermögen, sondern grundsätzlich auch mit dem Vermögen, das sie schon vor dem Erbfall selbst besessen haben. Mehrere Erben haften als Gesamtschuldner. Das bedeutet: Jeder Erbe haftet für das Ganze.

Umfang der Haftung

Zu den Nachlassverbindlichkeiten gehören die Schulden des Erblassers. Dazu kommen die Erbfallschulden, d. h. die Verbindlichkeiten, die erst mit dem Erbfall entstanden sind. Dazu gehören die Pflichtteilsansprüche, Vermächtnisse und die Kosten für die standesgemäße Beerdigung des Erblassers. Die Beisetzungskosten fallen also den Erben zur Last, auch wenn die Beisetzung von den nächsten Angehörigen des Verstorbenen ausgerichtet worden ist. Schließlich gehören zu den Nachlassverbindlichkeiten die Erbverwaltungskosten. Das sind die Verbindlichkeiten, die nach dem Erbfall im Zusammenhang mit der Verwaltung und der Abwicklung des Nachlasses entstehen. Hierzu gehören insbesondere die Kosten der Testamentsvollstreckung.

Es sollte die erste Pflicht der Erben sein, zunächst sämtliche Nachlassverbindlichkeiten aus den Mitteln des Nachlasses zu berichtigen. Erst dann können sie guten Gewissens den Nachlass unter sich aufteilen. Andernfalls laufen sie Gefahr, auch mit ihrem eigenen Vermögen für die offen gebliebenen Nachlassverbindlichkeiten herangezogen zu werden.

Solange der Nachlass nicht verteilt ist, kann jeder Miterbe die Berichtigung der Nachlassverbindlichkeiten aus seinem eigenen Vermögen verweigern. Die Nachlassgläubiger können nur von sämtlichen Miterben die „Befriedigung aus dem ungeteilten Nachlass" verlangen. Erst nach der Teilung des Nachlasses haftet jeder Miterbe für die noch offenen Verbindlichkeiten in vollem Umfang. Er kann aufgrund der gesamtschuldnerischen Haftung für die ganzen Schulden herangezogen werden. Dabei können die Nachlassgläubiger jeden beliebigen Miterben herausgreifen und ihn wegen ihrer ganzen Forderung in Anspruch nehmen.

Vorbereitung der Haftungsbeschränkung

Können die Erben sofort überblicken, dass der Nachlass zur Erfüllung sämtlicher Nachlassverbindlichkeiten ausreicht, brauchen sie keinerlei Maßnahmen zu treffen, um ihre Haftung zu beschränken. Eine Haftungsbeschränkung kommt auch dann nicht in Betracht, wenn die Erben aus Pietätsgründen oder aus familiärer Rücksichtnahme die Schulden des Verstorbenen auf jeden Fall begleichen wollen.

Wenn aber der Nachlass nicht ausreicht und wenn die Erben die Schulden nicht aus eigener Tasche bezahlen wollen, dann schlagen sie am besten die Erbschaft innerhalb der Sechswochenfrist aus. Mit der rechtzeitigen Ausschlagung sind die Erben aller weiteren Mühen enthoben.

Falls die Erben aber diese Frist versäumen und dadurch die Erbschaft endgültig angenommen haben, bleiben sie für die Nachlassschulden verantwortlich. Sie können aber ihre Haftung auf den Nachlass beschränken. Die Beschränkung der Haftung auf den Nachlass erfolgt durch Nachlassverwaltung oder das Nachlassinsolvenzverfahren.

Bevor sie sich aber zu einem dieser beiden schwerwiegenden Schritte entschließen, gewährt ihnen das Gesetz die so genannte Dreimonatseinrede (§ 2014 BGB). Aufgrund dieser Einrede dürfen die Erben drei Monate lang die Erfüllung von allen Nachlassverbindlichkeiten verweigern. Sie haben also drei Monate lang Zeit, die vorhandenen Nachlasswerte genau zu prüfen und die Schulden zu ermitteln. Falls nicht festzustellen ist, wie viel Schulden der Erblasser hinterlassen hat, können die Erben zur Ermittlung dieser Schuldverpflichtungen ein Aufgebotsverfahren beantragen.

Ein solches Aufgebotsverfahren müssen die Erben beim Nachlassgericht beantragen. Das Aufgebotsverfahren kann auch von jedem Erben einzeln beantragt werden. Dem Aufgebotsantrag ist ein Verzeichnis derjenigen Nachlassgläubiger beizufügen, die bereits bekannt sind. Das Nachlassgericht gibt den Antrag zur Veröffentlichung an das Zivilgericht ab, welches das Aufgebot an der Gerichtstafel und in den einschlägigen Amtsblättern bekannt macht.

Das Gericht setzt eine Aufgebotsfrist von sechs Wochen bis sechs Monaten fest, innerhalb derer die Gläubiger ihre Forderungen beim Nachlassgericht anmelden und urkundliche Beweisstücke wie Schuldurkunden, Mahnbescheide usw. beifügen müssen.

Muster für den Antrag auf ein Aufgebotsverfahren

Mönchengladbach, den 23.02.2002

An das Amtsgericht
Nachlassgericht
in Mönchengladbach-Rheydt

In der Nachlasssache
Müller, Az.: 8 VI 34/02
hier: Aufgebot der Nachlassgläubiger

Hiermit beantrage ich als Alleinerbe meines am 15.02.2002 in Mönchengladbach verstorbenen Vaters Oskar Müller,

das Aufgebot der Nachlassgläubiger

und danach den Erlass eines entsprechenden Ausschlussurteils.

Ausweislich der beigefügten beglaubigten Abschrift des Erbscheins (Datum und Aktenzeichen des Nachlassgerichts) bin ich Alleinerbe meines Vaters geworden.

Ich erkläre, dass ich weder allgemein noch gegenüber einzelnen Nachlassgläubigern unbeschränkt hafte.

Die mir bekannten Nachlassgläubiger sind in der beiliegenden Liste aufgeführt. Die Richtigkeit und Vollständigkeit der Liste versichere ich ausdrücklich.

Nach Begleichung der in der beiliegenden Liste aufgeführten Verbindlichkeiten, die kurzfristig erfolgen soll, verbleibt ein aktives Nachlassvermögen von über 100 000 Euro.

Mein Vater hat zu mir mehrfach persönlich und am Telefon gesagt, dass er „wahnsinnig" hohe Schulden habe. Von diesen Schulden habe ich aber bisher nichts feststellen können, auch in seinen hinterlassenen Papieren gibt es darüber keine Aufzeichnungen. Ich weiß weder irgendwelche Namen von Gläubigern noch kenne ich diesbezügliche Unterlagen.

Ein Aufgebot der unbekannten Gläubiger scheint mir deshalb dringend erforderlich, bevor ich den Nachlass meines Vaters in mein eigenes Vermögen übernehme.

Die durch das Aufgebotsverfahren entstehenden Kosten können mir aufgegeben werden.

Fritz Müller

Nach Ablauf der Aufgebotsfrist erlässt das Nachlassgericht ein Ausschlussurteil. Durch dieses Urteil werden alle Nachlassgläubiger, die ihre Forderung nicht angemeldet haben und deren Forderung den Erben auch nicht bekannt war, ausgeschlossen. Die Kosten des Aufgebotsverfahrens sind Nachlassverbindlichkeiten. Die Pflichtteilsansprüche, Vermächtnisse und Auflagen werden in einem solchen Aufgebotsverfahren nicht betroffen. Diese Ansprüche sind den Erben auch meistens bekannt.

Auch Gläubiger, die ein Pfandrecht für ihre Forderung haben, also insbesondere die Hypothekengläubiger, brauchen sich um das Aufgebotsverfahren nicht zu kümmern. Sie können ihren Anspruch aus dem Pfand befriedigen. So ist die Forderung einer Bank etwa durch eine eingetragene Hypothek gesichert.

Die durch Ausschlussurteil ausgeschlossenen Gläubiger haben ihre Rechte zwar nicht verwirkt, aber sie werden erst nach den anderen Gläubigern berücksichtigt, wenn noch etwas in der Nachlassmasse vorhanden ist. Diese ausgeschlossenen Gläubiger können sich auch nicht an das Privatvermögen der Erben halten. Wenn noch Nachlassgegenstände vorhanden sind, können die Erben die Herausgabe dieser Gegenstände durch Zahlung ihres Wertes abwenden. Haben die Erben allerdings schon Pflichtteilsansprüche und Vermächtnisse erfüllt, so können die ausgeschlossenen Gläubiger diese Leistungen anfechten und herausfordern. Die sonstigen Nachlassgläubiger gehen nämlich den Pflichtteilsberechtigten und den Vermächtnisnehmern vor.

Da das Aufgebotsverfahren meist länger als drei Monate dauert, reicht den Erben die Dreimonatseinrede nicht aus. Sie können aber, solange das

Aufgebotsverfahren läuft, mit der so genannten *Aufgebotseinrede* die Erfüllung der Nachlassverbindlichkeiten weiterhin verweigern.

Auch ohne Aufgebot steht ein Nachlassgläubiger, der seine Forderung später als fünf Jahre nach dem Erbfall den Erben gegenüber geltend macht, einem ausgeschlossenen Gläubiger unter der Voraussetzung gleich, dass der Erbe die Forderung nicht gekannt hat.

Inventarerrichtung

Durch eine Inventarerrichtung wird die Haftung der Erben noch nicht beschränkt. Die Inventarerrichtung spielt aber in diesem Zusammenhang eine bedeutsame Rolle. Sowohl der Erbe als auch jeder Nachlassgläubiger kann verlangen, dass ein Verzeichnis über den Nachlass errichtet und beim Nachlassgericht eingereicht wird. Dieses Verzeichnis nennt man *Inventar.* Sein Zweck besteht darin, den Umfang des Nachlasses festzustellen. Diese Feststellung erstreckt sich auf das aktive und auf das passive Vermögen, also auch auf die Schulden. Für den Erben ist die Inventarerrichtung deshalb von Bedeutung, weil er dadurch eine klare Abgrenzung zwischen dem Nachlassvermögen und seinem persönlichen Vermögen herbeiführt.

Wenn ein Nachlassgläubiger die Errichtung eines Inventars verlangt, muss das Nachlassgericht dem Erben eine Frist dafür setzen. Versäumt der Erbe die Frist, tritt seine unbeschränkte Haftung ein. Er muss dann auch mit seinem persönlichen Vermögen für die Nachlassverbindlichkeiten einstehen. Deshalb sollte der Erbe, wenn er das Inventar nicht innerhalb der vom Gericht gesetzten Frist errichten kann, rechtzeitig beim Nachlassgericht um eine entsprechende Fristverlängerung nachsuchen. Die Inventarfrist soll mindestens einen Monat und höchstens drei Monate betragen. In das Inventar müssen alle beim Erbfall vorhandenen Nachlassgegenstände und auch die Nachlassverbindlichkeiten so vollständig wie möglich aufgenommen werden. Außerdem soll der Wert der Nachlassgegenstände angegeben werden.

Der Erbe muss bei der Aufnahme des Inventars eine Amtsperson hinzuziehen. Wenn der Erbe das Inventar nicht selbst aufnehmen will, kann er beim Nachlassgericht beantragen, das Inventar amtlich aufnehmen zu lassen. Das Inventar wird dann entweder vom Nachlassgericht oder von einer durch das Nachlassgericht bestimmten Amtsperson oder vom Notar aufgenommen. Das richtet sich nach Landesrecht. Der Erbe braucht bei der amtlichen Aufnahme des Inventars nur insoweit mitzuwirken, als er die erforderlichen Auskünfte zu erteilen hat.

Macht der Erbe bei der Errichtung des Inventars falsche Angaben, kann das dazu führen, dass er für die gesamten Nachlassverbindlichkeiten unbeschränkt haften muss, also auch mit seinem Privatvermögen. Allerdings führt nicht jede Unrichtigkeit oder Unvollständigkeit zwangsläufig zur unbeschränkten Haftung. Unbeschränkt haftet der Erbe, wenn er absichtlich falsche Angaben gemacht hat. Man nennt das „Inventaruntreue". Hat der Erbe versehentlich falsche Angaben gemacht, kann ihm eine Frist zur Ergänzung des Inventars gesetzt werden.

Eidesstattliche Versicherung des Erben

Der Nachlassgläubiger kann verlangen, dass der Erbe gegenüber dem Gericht eidesstattlich versichert, das Inventar richtig aufgestellt zu haben. Die Abgabe einer falschen eidesstattlichen Versicherung vor Gericht ist strafbar. Verweigert der Erbe die Abgabe einer eidesstattlichen Versicherung, so tritt die unbeschränkte Erbenhaftung gegenüber dem Nachlassgläubiger ein, der den Antrag auf Abgabe einer eidesstattlichen Versicherung gestellt hat.

Wirkung der Inventarerrichtung

Wie bereits erwähnt, bewirkt die Inventarerrichtung noch keine Haftungsbeschränkung. Es wird lediglich unterstellt, dass das Inventar richtig errichtet ist und dass zur Zeit des Erbfalls keine weiteren Nachlassgegenstände vorhanden waren.

Diese im Inventar aufgeführten Nachlassgegenstände bilden die Grundlage für die Zwangsvollstreckung. Eine Zwangsvollstreckung in den Nachlass verpflichtet den Erben zur Herausgabe des Nachlasses, sie ist auf die im Inventar angegebenen Gegenstände begrenzt.

Das Nachlassgericht hat denjenigen Personen Einsicht in das Inventar zu gewähren, die ein rechtliches Interesse daran glaubhaft machen können. Ein solches rechtliches Interesse haben in erster Linie die Nachlassgläubiger, aber auch Miterben, der Nachlassverwalter, der Testamentsvollstrecker usw. Auch die Steuerbehörde ist berechtigt, das Inventar einzusehen. Dem Nachlasspfleger und dem Nachlassverwalter kann keine

Inventarfrist bestimmt werden. Die Interessen eines Nachlassgläubigers sind in diesem Fall dadurch gewahrt, dass der Nachlasspfleger- und Verwalter ein Nachlassverzeichnis aufstellen muss.

Unbeschränkte Haftung

Wenn ein Erbe die Inventarfrist versäumt oder sich der Inventaruntreue schuldig macht, haftet er unbeschränkt. Das bedeutet, dass er für die Nachlassverbindlichkeiten nicht nur mit dem Nachlassvermögen, sondern auch mit seinem eigenen Vermögen einzutreten hat. Zu beachten ist, dass bei Verweigerung der eidesstattlichen Versicherung gegenüber dem Gläubiger, der die Abgabe einer solchen Erklärung verlangt, eine unbeschränkte Haftung eintritt, während sich der Erbe den anderen Nachlassgläubigern gegenüber weiterhin auf seine beschränkte Haftung berufen kann.

Haftungsbeschränkung durch Nachlassverwaltung, Nachlassinsolvenz und Dürftigkeitseinrede

Haben die Erben festgestellt, dass der Nachlass zur Befriedigung aller Nachlassgläubiger nicht ausreicht, oder haben Zweifel daran und wollen ihr eigenes Vermögen für die Nachlassschulden nicht einsetzen, müssen sie die Haftung auf den Nachlass beschränken. Eine solche Beschränkung ist nur durch Nachlassverwaltung und Nachlassinsolvenzverfahren möglich. Die Einhaltung einer bestimmten Frist für die Einleitung dieser beiden Maßnahmen ist nicht erforderlich. Die Nachlassverwaltung kann jedoch nur von allen Miterben gemeinsam beantragt werden. Sie ist ausgeschlossen, wenn der Nachlass verteilt ist.

Die Nachlassverwaltung wird zum Zweck der Haftungsbeschränkung von den Erben dann beantragt, wenn zweifelhaft ist, ob der Nachlass überschuldet ist. Die Nachlassverwaltung kommt auch in Betracht, wenn sich die Erben selbst mit der Abwicklung der Erbschaft nicht befassen wollen. Die Nachlassverwaltung wird von einem Nachlassverwalter durchgeführt, den das Nachlassgericht bestellt. Er hat den Nachlass in Besitz zu nehmen, ihn zu verwalten und, soweit notwendig, zu verwerten und aus dem Erlös zunächst die Nachlassverbindlichkeiten zu berichtigen. Danach erhalten die Erben einen etwaigen Überschuss. Der Antrag auf Nachlassverwaltung ist für die Erben deswegen ein so schwerwiegender Entschluss, weil ihnen durch den Nachlassverwalter die Herrschaft über den Nachlass völlig entzogen wird. Fortan bestimmt nur noch der Nachlassverwalter, wie der Nachlass zu verwerten ist. Der Nachlassverwalter kann zudem für seine Tätigkeit eine angemessene Vergütung beanspruchen.

Außer den Erben kann auch ein Nachlassgläubiger die Anordnung der Nachlassverwaltung beantragen, wenn Grund zu der Annahme besteht, dass die Befriedigung der Gläubiger aus dem Nachlass gefährdet ist und wenn seit Annahme der Erbschaft noch keine zwei Jahre verstrichen sind. Die Nachlassverwaltung dient also gleichzeitig dem Schutz der Gläubiger.

Stellt der Nachlassverwalter eine Überschuldung des Nachlasses fest, so hat er unverzüglich die Eröffnung des Nachlassinsolvenzverfahrens zu beantragen. Auch die Erben sind zum Stellen eines solchen Antrags verpflichtet, wenn der Nachlass überschuldet ist. Anderenfalls machen sie sich den Nachlassgläubigern gegenüber unter Umständen schadenersatzpflichtig.

Die Nachlassgläubiger ihrerseits können ebenfalls die Eröffnung des Nachlassinsolvenzverfahrens beantragen. Sie müssen dazu glaubhaft machen, dass der Nachlass überschuldet ist. Die Pflichtteilsberechtigten und die Vermächtnisnehmer treten im Insolvenzverfahren hinter den übrigen Nachlassgläubigern zurück. Oft erhalten die Nachlassgläubiger, wenn der Nachlass überschuldet ist und wenn vorweg die erheblichen Kosten des Nachlassinsolvenzverfahrens abgezogen sind, nur eine sehr geringe Quote. Falls die Gläubiger nicht voll befriedigt werden können, bleibt für die Erben, die Pflichtteilsberechtigten und die Vermächtnisnehmer nichts übrig.

Nach Beendigung des Nachlassinsolvenzverfahrens durch Verteilung der Nachlassmasse haften die Erben nicht mehr für die Nachlassverbindlichkeiten.

Nachlassverwaltung und Nachlassinsolvenzverfahren sind kostspielig. Sie werden vom Nachlassgericht nur angeordnet, wenn die Kosten des Verfahrens aus der Nachlassmasse gedeckt sind. Da der Nachlass häufig nicht einmal zur Deckung dieser Kosten ausreicht, gibt es noch eine andere Möglichkeit der Haftungsbeschränkung, nämlich die so genannte „Dürftigkeitseinrede".

Erhebt ein Erbe die Dürftigkeitseinrede, ist er verpflichtet, den gesamten Nachlass herauszugeben. Die Gläubiger müssen auf dem Weg der Zwangsvollstreckung versuchen, sich aus der „dürftigen Nachlassmasse" wenigstens teilweise zu befriedigen. Der Erbe muss die Dürftigkeit des Nachlasses allerdings beweisen, etwa durch die Vorlage eines gerichtlichen Beschlusses, dass die Eröffnung eines Nachlassinsolvenzverfahrens mangels Masse abgelehnt worden ist.

Erbenhaftung bei Übernahme eines Handelsgeschäfts

Wenn der Erblasser Vollkaufmann war oder zu seinem Nachlass ein Handelsgeschäft gehörte, dann gelten Sondervorschriften nach dem Handelsrecht. Dabei ist die Haftung der Erben teilweise erheblich verschärft. Diese Verschärfung tritt ein, wenn der oder die Erben das Handelsgeschäft unter dem bisherigen Firmennamen mit oder ohne Beifügung eines Nachfolgezusatzes fortführen. Sie haften dann für alle im Betrieb des Geschäfts begründeten Verbindlichkeiten des Erblassers unbeschränkt, und zwar so, als wären sie selbst diese Verbindlichkeiten eingegangen. Die unbeschränkte Haftung tritt nicht ein, wenn die Fortführung des Geschäfts innerhalb von drei Monaten nach dem Zeitpunkt, zu dem der Erbe von dem Anfall der Erbschaft Kenntnis erlangt hat, eingestellt wird. Die Erben können eine weitergehende Haftung dadurch ausschließen, dass sie die Ablehnung ihrer Haftung im Handelsregister eintragen lassen und die Eintragung öffentlich bekannt machen.

Ein Handelsgeschäft kann auch durch eine Erbengemeinschaft weitergeführt werden. Wenn die Fortführung einer Firma oder eines Handelsgeschäfts beabsichtigt ist, ist dringend zu empfehlen, sich zuvor bei der zuständigen Industrie- und Handelskammer oder für Handwerksbetriebe bei der Handwerkskammer zu erkundigen, welche Vorschriften beachtet werden müssen.

PFLICHTTEIL

Die vom Grundgesetz garantierte Testierfreiheit erlaubt es jedem Erblasser, seine gesetzlichen Erben einzusetzen oder auch von der Erbfolge auszuschließen. Die nächsten Angehörigen sollen aber eine Mindestbeteiligung am Nachlass erhalten. Das ist der so genannte Pflichtteil, der nur im Ausnahmefall, nämlich bei besonders schweren Vergehen, entzogen werden kann. Pflichtteilsberechtigt sind nur die Abkömmlinge, Eltern und der überlebende Ehegatte des Erblassers. Dagegen sind die Geschwister des Erblassers nicht pflichtteilsberechtigt.

Solange er lebt und nicht unter „Betreuung" steht, kann der spätere Erblasser mit seinem Hab und Gut tun, was er will. Er kann mit seinem Geld großzügig umgehen; er darf es verschwenden, verschenken oder sogar Schulden machen. Der Mensch ist frei, solange er lebt.

Deswegen bestehen zu Lebzeiten des Erblassers keinerlei Ansprüche der Pflichtteilsberechtigten oder der sonstigen Angehörigen auf Auszahlung eines Erb- oder Pflichtteils. Eine vorzeitige Auszahlung kann nicht erzwungen werden. Ein solcher Wunsch wird oft von den Kindern an die Eltern herangetragen. Selbstverständlich können die Eltern ihren Kindern zu Lebzeiten so viel geben, wie sie für richtig halten, aber sie sind nicht dazu verpflichtet. Man nennt das „Austeilen mit warmer Hand". Es fördert die Harmonie zwischen Eltern und Kindern, denn es hilft den Kindern bei der Ausbildung und dem Aufbau einer eigenen Existenz. Darüber hinaus kann es sich auch steuerlich günstig auswirken, zumal die hohen Freibeträge zugunsten der Kinder alle zehn Jahre neu in Anspruch genommen werden können (siehe Seite 262 f.).

Jeder Erblasser sollte bei Abfassung seines Testaments bedenken, dass das Übergehen der nächsten gesetzlichen Erben, insbesondere bei den Kindern meist „böses Blut" auslöst. Es mag aus Sicht des Erblassers berechtigt sein, einzelne Kinder von der Erbfolge auszuschließen, aber er sollte sich darüber im Klaren sein, dass dies mit größter Wahrscheinlichkeit zu erheblichen Streitigkeiten und Prozessen der Pflichtteilsberechtigten mit den Erben führt.

Kreis der Pflichtteilsberechtigten

Wer pflichtteilsberechtigt ist, ist im Gesetz geregelt; weitere Personen kommen nicht in Betracht.

Abkömmlinge

Abkömmlinge sind die Kinder des Erblassers, und zwar seine ehelichen, nichtehelichen und angenommenen Kinder; im Falle des Vorversterbens sind es die Abkömmlinge der Abkömmlinge, also die Enkel und Urenkel. Ausnahme bilden die nichtehelichen Kinder, die vor dem 1.7.1949 geboren sind. Sie haben – unverständlicherweise – weder ein Erb- noch ein Pflichtteilsrecht nach ihrem Vater, wohl aber nach ihrer Mutter (siehe Seite 39 – 40).

Angenommene Kinder

Bei den angenommen Kindern ist zu unterscheiden, ob sie als minderjährige oder als volljährige Kinder angenommen worden sind.

Das minderjährig angenommene Kind scheidet aus seiner Ursprungsfamilie vollständig aus und wird uneingeschränkt in seine neue Familie eingegliedert. Es erwirbt damit ein gesetzliches Erbrecht gegenüber allen Verwandten der Adoptivelternfamilie. Wenn ein solches Kind stirbt, sind alle Verwandten seiner neuen Familie erbberechtigt und seine Adoptiveltern sogar pflichtteilsberechtigt.

Bei der Adoption volljähriger Kinder treten die vorgenannten Wirkungen nur dann ein, wenn das Vormundschaftsgericht dies besonders angeordnet hat. Fehlt ein entsprechender Beschluss, so hat das angenommene volljährige Kind nur ein Erb- und ein Pflichtteilsrecht nach seinen leiblichen Eltern und seinen Adoptiveltern. Auf die übrigen Verwandten wirkt sich die Annahme eines volljährigen Kindes erbrechtlich nicht aus.

Auch steuerlich gibt es eine Besonderheit: Der adoptierte Volljährige erbt nach beiden Eltern jeweils nach der Steuerklasse I mit entsprechenden Freibeträgen.

Ehegatten und eingetragene Lebenspartner

Pflichtteilsberechtigt ist weiterhin der überlebende Ehegatte des Erblassers. Dabei spielt es keine Rolle, wie lange die Ehegatten verheiratet waren. Es hat auch keinen Einfluss auf den Pflichtteilsanspruch, wenn die Ehegatten getrennt gelebt haben. Der Pflichtteilsanspruch bleibt im Fall des Getrenntlebens bis zur Scheidung erhalten.

War ein Scheidungsverfahren anhängig, so entfällt das Pflichtteilsrecht, wenn der Erblasser die Scheidung beantragt hatte. Ein Pflichtteilsrecht besteht auch dann nicht, wenn der andere Ehegatte seinerseits einen Scheidungsantrag gestellt und der Erblasser der Scheidung zugestimmt hat. Für den eingetragenen Lebenspartner gilt das Gleiche.

Eltern

Ein Pflichtteilsrecht haben schließlich die Eltern des Erblassers. Diese kommen allerdings nicht zum Zuge, wenn ein Abkömmling seinen Pflichtteil verlangen kann. Ob er dies tatsächlich tut, ist unerheblich. Das Pflichtteilsrecht der Eltern hat unter Umständen große wirtschaftliche Bedeutung.

Beispiel

Ein Abkömmling der Eltern ist nicht verheiratet, lebt aber in nichtehelicher Lebensgemeinschaft mit einen Partner zusammen und hat keine Kinder. Wenn dieser Abkömmling ein Testament zugunsten seines Lebenspartners oder einer dritten Person macht, dann kommt das Pflichtteilsrecht der Eltern voll zum Zuge, denn gesetzlich wären die Eltern Alleinerben. Der Pflichtteilsanspruch der Eltern beträgt in diesem Fall die Hälfte des Nachlasses. Sind die Eltern aber beide verstorben, gibt es keine Pflichtteilsberechtigten, sodass der Lebenspartner oder Dritte alles bekommen kann.

Kein Pflichtteilsrecht anderer Verwandter

Nicht pflichtteilsberechtigt sind die Großeltern und die Geschwister des Erblassers, ferner Geschwisterkinder, also Neffen und Nichten, ebenso wenig der Partner in einer nichtehelichen Lebensgemeinschaft. Auch Stiefkinder und die so genannten einbenannten Kinder haben kein Pflichtteilsrecht, sofern sie nicht adoptiert sind.

Ein Erblasser kann über seinen Nachlass frei verfügen, jedoch muss er die Pflichtteilsansprüche des überlebenden Ehegatten, der Kinder und Eltern bedenken. Hinterlässt er keine pflichtteilsberechtigten Angehörigen, ist der Erblasser völlig frei, sein Vermögen einer beliebigen Person zu hinterlassen. Seine Geschwister, Neffen und Nichten können nichts beanspruchen.

Pflichtteilsunwürdigkeit und Pflichtteilsentziehung

Das Pflichtteilsrecht ist unabdingbar. Nur wenn der Pflichtteilsberechtigte sich einer schweren Verfehlung gegenüber dem Erblasser, dessen Abkömmlingen oder Ehegatten schuldig gemacht hat, kann das Pflichtteilsrecht kraft Gesetzes oder durch eine Erklärung in der letztwilligen Verfügung entfallen.

Beispiel

Der künftige Erblasser ist wieder verheiratet. Aus seiner ersten Ehe hat er Kinder, die aber infolge der Wiederheirat jeden Kontakt zu ihm abgebrochen haben. Der Erblasser ist darüber äußerst empört und möchte deshalb seine Kinder enterben oder - anders ausgedrückt - ihnen den Pflichtteil entziehen. Dazu ist er aber nicht berechtigt, denn das Verhalten der Kinder gilt nicht als schwerwiegende Verfehlung.

Derjenige, dem der Wegfall des Pflichtteilsberechtigten zugute käme, kann nach dem Tod des Erblassers im Wege der Anfechtung (nicht der Klage) einen Erbunwürdigkeitsgrund (siehe Seite 146) geltend machen. Wer erbunwürdig ist, wird nicht Erbe und kann demzufolge auch nicht pflichtteilsberechtigt sein.

Die Entziehung des Pflichtteils muss in der letztwilligen Verfügung enthalten sein. Der Erblasser muss den Grund der Entziehung genau angeben. Die Rechtsprechung stellt an die Angabe des Grundes strenge Anforderungen. Es genügt nicht, wenn im Testament lediglich vage Vorwürfe erhoben werden. Der Erblasser muss vielmehr selbst die Vorwürfe konkret im Testament zu Papier bringen. Nach dem Tod des Erblassers muss derjenige, der sich auf die Wirksamkeit der Entziehung des Pflichtteils beruft, den entsprechenden Grund beweisen.

Für die Entziehung des Pflichtteilsanspruchs eines Abkömmlings sind im Gesetz fünf Tatbestände aufgeführt. Nur wenn diese Tatbestände gegeben sind, ist die Pflichtteilsentziehung eines Abkömmlings wirksam.

Es genügt nicht, dass der Abkömmling sich „schlecht" gegenüber seinen Eltern verhält oder den Kontakt abbricht. Mit anderen Worten: Der Tatbestand der seelischen Grausamkeit reicht nicht zur Pflichtteilsentziehung. Die fünf Tatbestände (von § 2333 BGB) sind folgende:

1) *Mordabsicht* oder Lebensnachstellung setzt den ernsten Willen zur Herbeiführung des Todes des Erblassers (seines Ehegatten oder anderen Abkömmlings) voraus. Anstiftung, Beihilfe, Versuch oder bloße Vorbereitungshandlung genügen.

2) *Vorsätzliche körperliche Misshandlung* entsprechend der Körperverletzung des Strafgesetzbuches (§ 223 Strafgesetzbuch). Darunter fallen nicht seelische Misshandlungen, es sei denn, die seelische Misshandlung wirkt sich auf die Gesundheit des Erblassers aus. Der Bundesgerichtshof hat in einer Entscheidung ausgeführt, dass ein solches Verhalten für den Erblasser leidvoller sein kann als manche Körperverletzung. Trotzdem – so der Bundesgerichtshof – könnte eine solche Ausweitung auf seelische Grausamkeit zu einer uferlosen und nicht abgrenzbaren Ausweitung der Pflichtteilsentziehungsgründe führen. Einem Erblasser, der unter den Kränkungen seines Kindes zu leiden hat und diesem unbedingt den Pflichtteil entziehen will, ist zu empfehlen, sich ein ärztliches Attest darüber zu beschaffen, dass dieses Verhalten sein körperliches Wohlbefinden beeinträchtigt. Dabei ist aber zu beachten, dass nicht jede Körperverletzung eine Pflichtteilsentziehung rechtfertigt. Aus dem Übermaßverbot folgt, dass die Vorwürfe gegen den Abkömmling und das Gewicht der Pflichtteilsentziehung gegeneinander abzuwägen sind.

3) *Verbrechen und schweres vorsätzliches Vergehen* berechtigen zur Pflichtteilsentziehung, wenn sich der Abkömmling insoweit gegen den Erblasser oder dessen Ehegatten schuldig gemacht hat. Diese Vorschrift kann auch dann Bedeutung gewinnen, wenn es sich um Verfehlungen gegen Eigentum und Vermögen des Erblassers handelt.

4) *Unterhaltspflichtsverletzung,* wenn also der Abkömmling die ihm dem Erblasser gegenüber gesetzlich obliegende Unterhaltspflicht verletzt. Diese Vorschrift ist praktisch ohne Bedeutung. Der bedürftige Erblasser, der auf seinen gesetzlichen Unterhalt von seinem Abkömmling angewiesen ist, wird keinen nennenswerten Erb-/Pflichtteil hinterlassen.

5) *Ehrloser und unsittlicher Lebenswandel.* Der Erblasser kann seinem Abkömmling den Pflichtteil entziehen, wenn dieser wider den Willen des
Erblassers einen ehrlosen und unsittlichen Lebenswandel führt. Der
Entziehungsgrund fällt weg, wenn sich der Abkömmling zur Zeit des
Erbfalls von diesem Lebenswandel dauernd abgewandt hat. Bei dieser
Vorschrift geht es nicht um den Erblasser und seine Angehörigen, sondern um die Familienehre. Angesichts des Wandels der Wertvorstel-
lungen (seit In-Kraft-Treten des Bürgerlichen Gesetzbuches am
1.1.1900) lassen sich heutzutage kaum noch verbindliche Maßstäbe für
ein solches Unwerturteil angeben. Musterbeispiel ist die Prostitution.
Nachdem zum 1.1.2002 dieses „Gewerbe" sogar mit staatlicher Sozial-
versicherungspflicht ausgeübt werden kann, wird man dabei nicht
mehr von „unsittlichem Lebenswandel" sprechen können.

Entziehung des Elternpflichtteils

Der Erblasser kann seinem Vater und seiner Mutter den Pflichtteil entziehen, wenn die oben genannten Fälle 1), 3) oder 4) gegeben sind. Be-
merkenswerterweise ist der Fall 2) mit der vorsätzlichen körperlichen
Misshandlung in diesem Zusammenhang im Gesetz nicht genannt. Wenn
also die Eltern, wie das früher üblich war, ihre Kinder im Übermaß ge-
prügelt haben, war das für die Kinder kein Grund, den Eltern den Pflichtteil zu entziehen. Dagegen kann das Kind dem Vater und der Mutter den
Pflichtteil entziehen, wenn sie ihrer Unterhaltspflicht nicht nachgekom-
men sind. Dazu gehört auch die Vernachlässigung der Erziehung und Be-
rufsfortbildung.

Entziehung des Ehegattenpflichtteils

Der Erblasser kann seinem Ehegatten den Pflichtteil nur in den besonders schwerwiegenden Ausnahmefällen 1) bis 4) entziehen. Dagegen
ist der Lebenswandel des Ehegatten 5) kein Entziehungsgrund. Allerdings hat der Erblasser die Möglichkeit, einen Antrag auf Scheidung zu
stellen und damit das Pflichtteilsrecht auszuschließen.

Pflichtteilsbeschränkung aus guter Absicht

Der Erblasser kann den Pflichtteil der Abkömmlinge „aus guter Absicht"
beschränken (nicht entziehen). Durch diese Regelung soll verhindert

werden, dass ein verschwendungssüchtiger oder überschuldeter Abkömmling das Erbe vergeudet; es soll dem Zugriff der Gläubiger entzogen werden. Dadurch soll gewährleistet werden, dass der Lebensunterhalt des Abkömmlings sichergestellt ist.

Eine solche Pflichtteilsbeschränkung kann der Erblasser erreichen, indem er die gesetzlichen Erben des Pflichtteilsberechtigten als Nacherben einsetzt oder eine Testamentsvollstreckerschaft anordnet, die dem Pflichtteilsberechtigten die Verfügung über den Nachlass entzieht.

Der Erblasser muss diese Pflichtteilsbeschränkung und ihre Begründung in seiner letztwilligen Verfügung niederlegen. Die Voraussetzungen müssen im Zeitpunkt der Testamentserrichtung und des Erbfalls vorliegen. Eine solche Regelung hat große praktische Bedeutung. Ein Pflichtteilsberechtigter, der hoch verschuldet ist, erhält aus der Erbschaft genügend für seinen Lebensunterhalt, kann aber seine Gläubiger von der Erbschaft abhalten.

Muster für die Pflichtteilsbeschränkung in guter Absicht

Ich bestimme, dass meine beiden Kinder Otto Müller und Gisela Müller meine Erben zu jeweils gleichen Teilen werden. Meine Tochter Gisela erhält ihren Erbteil jedoch nur als Vorerbin. Ein Ersatzvorerbe wird ausdrücklich nicht benannt.

Zu Nacherben bestimme ich die Abkömmlinge meiner Tochter, ersatzweise deren Abkömmlinge. Der Nacherbfall tritt mit dem Tod meiner Tochter ein. Sollte meine Tochter die Erbschaft ausschlagen und ihren Pflichtteil verlangen, so soll dieser ebenfalls den gleichen Beschränkungen unterliegen.

Ich habe die genannten Beschränkungen angeordnet, weil der spätere Erwerb durch die erhebliche Überschuldung meiner Tochter gefährdet ist. Derzeit wird eine Zwangsversteigerung vor dem … in das Haus meiner Tochter aufgrund erheblicher Bankschulden betrieben (Az. …).

Im Übrigen hat meine Tochter bei den Gläubigern … weitere Verbindlichkeiten in Höhe von mindestens … Euro.

Darüber hinaus ordne ich für die Zeit der Vorerbschaft Verwaltungstestamentsvollstreckung an.

Der Testamentsvollstrecker hat die Aufgabe, den jährlichen Reinertrag des Erbteils an meine Tochter auszubezahlen. Die Testamentsvollstreckung soll auch dann bestehen bleiben, wenn die Gründe für die Pflichtteilsentziehung zum Zeitpunkt des Erbfalls nicht mehr vorliegen und unsere Tochter dies auch bewiesen hat. Zum Testamentsvollstrecker bestimme ich … Für den Fall, dass der Testamentsvollstrecker vor oder nach dem Amtsantritt wegfällt, soll das Nachlassgericht einen geeigneten Testamentsvollstrecker bestimmen.

Mönchengladbach, den 10.04.2002

Fritz Müller

Klärung der Pflichtteilsentziehung zu Lebzeiten

Ein Erblasser, der einem Angehörigen einen Pflichtteil entziehen will, hat oft ein berechtigtes Interesse daran, zu wissen, ob die Entziehung im Erbfall Bestand hat. Ein umgekehrtes Interesse kann der Pflichtteilsberechtigte haben. Das Recht zur Entziehung des Pflichtteils kann deshalb bereits zu Lebzeiten des Erblassers Gegenstand einer Feststellungsklage sein, und zwar sowohl durch den Erblasser als auch durch den Pflichtteilsberechtigten.

Ein solches Verfahren ist sinnvoll, wenn der Erblasser die Entziehung des Pflichtteils auf Geschehnisse stützt, die der Erbe nach dem Tod des Erblassers nicht oder nur schwer beweisen kann.

Sachliche Voraussetzung des Pflichtteilsanspruchs

Pflichtteilsberechtigt ist, wer vom Erblasser „durch Verfügung von Todes wegen von der Erbfolge ausgeschlossen ist". Dabei muss der Pflichtteilsberechtigte im Testament gar nicht ausdrücklich genannt sein. Der Satz

„Ich setze meine Ehefrau zur Alleinerbin ein" enthält gleichzeitig die Erklärung, dass die Abkömmlinge nichts bekommen sollen. Sie sind deshalb pflichtteilsberechtigt. Der Pflichtteilsberechtigte ist auch dann enterbt, wenn er lediglich als Nacherbe benannt ist.

Da zwischen der Rechtsstellung des Erben und der des Pflichtteilsberechtigten ein wesentlicher Unterschied besteht, gibt es eine gesetzliche Auslegungsregelung. Wenn in einer letztwilligen Verfügung einem Pflichtteilsberechtigten nur ein Pflichtteil zugewiesen ist, gilt das im Zweifel nicht als Erbeinsetzung.

Beispiel

Der Erblasser bestimmt in seinem Testament: „Mein Sohn soll den Pflichtteil bekommen." Das bedeutet also nicht, dass der Sohn in Höhe des Pflichtteils gesetzlicher Erbe geworden ist, sondern nur Pflichtteilsberechtigter mit dem Anspruch auf Auszahlung seines Pflichtteils von den Erben.

Pflichtteilsanspruch trotz Zuwendung des Erblassers
In manchen Fällen bedenkt der Erblasser den Pflichtteilsberechtigten letztwillig, die Zuwendung bleibt jedoch qualitativ und/oder quantitativ hinter dem zurück, was ihm als Pflichtteil zustünde. Dabei sind folgende Fälle zu unterscheiden:

1) *Pflichtteilsrestanspruch.* Hat der Erblasser dem Pflichtteilsberechtigten einen Erbteil hinterlassen, der unter der Pflichtteilsquote liegt, steht diesem ein Pflichtteilsrestanspruch zu. Nur bei diesem Restanspruch handelt es sich um einen Geldanspruch; soweit der Pflichtteilsberechtigte dagegen als Miterbe eingesetzt ist, ist er am Nachlass beteiligt. Der Pflichtteilsberechtigte kann sich also seiner Erbenstellung nicht durch die Ausschlagung mit dem Ziel entziehen, den gesamten Pflichtteil in Geld zu erhalten.

2) *Zuwendung eines Vermächtnisses.* Anders verhält es sich bei einer Zuwendung eines Vermächtnisses an den Pflichtteilsberechtigten. In diesem Falle hat dieser ein Wahlrecht, und zwar unabhängig von dem Wert des Vermächtnisses. Er kann also das Vermächtnis annehmen und den zum Pflichtteil eventuell fehlenden Betrag verlangen. Er kann aber auch das Vermächtnis ausschlagen und stattdessen den vollen Pflichtteil fordern.

3) *Ehegattenpflichtteil.* Eine Sonderregelung gilt für den überlebenden Ehegatten, der mit dem Erblasser in Zugewinngemeinschaft gelebt hat. Für ihn gibt es den großen oder den kleinen Pflichtteil.

Der *große Pflichtteil* errechnet sich aus dem erbrechtlichen Viertel des überlebenden Ehegatten und dem Viertel zur pauschalen Abgeltung des Zugewinnausgleichs. Der überlebende Ehegatte bekommt also die Hälfte des Nachlasses und kann daraus den so genannten „großen Pflichtteilsanspruch" geltend machen. Das wäre die Hälfte dieser Hälfte, also ein Viertel des Nachlasswertes.

Dagegen kann der überlebende Ehegatte beim gesetzlichen Güterstand der Zugewinngemeinschaft auch den so genannten „kleinen Pflichtteil" wählen und zusätzlich den Zugewinnausgleich fordern.

Der *kleine Pflichtteil* errechnet sich nur aus dem gesetzlich ererbten Viertel und beträgt demgemäß als Pflichtteilsanspruch ein Achtel des Nachlasswerts. Zusätzlich kann der Ehegatte wie bei einer Scheidung den Zugewinn verlangen. Das ist für den überlebenden Ehegatten ein Rechenexempel. Wenn sein Zugewinnanspruch höher als ein Achtel des Nachlasswerts ist, dann wirkt sich für ihn diese zweite Lösung günstiger aus. Diese zweite Lösung wird aber nur sehr selten gewählt. Wahrscheinlich ist eine solche Berechnung viel zu kompliziert.

4) *Beschränkungen und Beschwerungen.* Im Zusammenhang mit den Beschränkungen und Beschwerungen des Pflichtteils ist die Vorschrift von § 2306 BGB wichtig. Danach gilt Folgendes: Ist der dem Pflichtteilsberechtigten hinterlassene Erbteil kleiner oder genauso groß wie die Hälfte des gesetzlichen Erbteils, so fallen kraft Gesetzes alle Beschränkungen dieses Erbteils für den Pflichtteilsberechtigten weg. Zu diesen Beschränkungen gehören die Einsetzung eines Nacherben, eines Testamentsvollstreckers, eine Teilungsanordnung oder ein Vermächtnis. Das Nichtübersteigen der Hälfte des gesetzlichen Erbteils ist nicht anhand der testamentarischen Quote, sondern wertmäßig zu ermitteln.

Ist dagegen der dem Pflichtteilsberechtigten hinterlassene Erbteil größer als die Hälfte des gesetzlichen Erbteils, dann hat der Pflichtteilsberechtigte die Wahl. Er kann den größeren Anteil mit den vorhandenen Beschränkungen übernehmen oder er kann den größeren Anteil ausschlagen und stattdessen den Pflichtteil in Geld fordern.

Inhalt des Pflichtteilsanspruchs

Am Pflichtteilsrecht kann der Erblasser nichts ändern. Soweit nicht gesetzliche Entziehungsgründe gegeben sind, kann der Erblasser auf keine Weise den Pflichtteilsanspruch beseitigen. Der Erblasser ist allerdings nicht gehindert, die Geltendmachung von Pflichtteilsansprüchen zu erschweren. Der häufigste Fall ergibt sich beim Berliner Testament, in dem die Ehegatten bestimmen, dass ein Abkömmling, der den Pflichtteil nach dem Erstversterbenden geltend macht, auch nach dem Tod des Letztversterbenden nur den Pflichtteil erhalten soll. Eine Variante beim gemeinschaftlichen Testament besteht darin, dem überlebenden Ehegatten nach dem Tod des Erstversterbenden zu gestatten, das Testament zu ändern, also den Abkömmling voll zu bedenken oder auf den Pflichtteil zu setzen.

Eine besondere Erschwerung für den Pflichtteilsberechtigten ergibt sich, wenn die so genannte „Jastrow'sche" Formel angewandt wird. Dies ist nur bei mehreren Kindern möglich. Danach werden zugunsten der testamentstreuen Kinder Vermächtnisse bestimmt, die den Erbteil des überlebenden Ehegatten beschweren, aber erst nach dessen Tod fällig werden. Diese „Jastrow'sche" Klausel gibt es in verschiedenen Varianten. Sie ist äußerst kompliziert und kann hier nicht im Einzelnen erläutert werden. Ohnehin ist sie nicht empfehlenswert.

Geldanspruch

Der Pflichtteilsberechtigte ist an dem Nachlass nicht dinglich beteiligt. Er kann also keine Nachlassgegenstände verlangen. Das ist oft bitter für den Pflichtteilsberechtigten, wenn er wenigstens Erinnerungsstücke haben will, diese aber vom Erben verweigert werden. Der Pflichtteilsanspruch ist und bleibt ein reiner Geldanspruch, der aus dem Wert des Nachlasses zu ermitteln ist. Das hat allerdings auch gewisse Vorteile, vor allem dann, wenn zum Nachlass Gegenstände gehören, die einen hohen Wert haben, doch nur schwer zu veräußern sind, etwa ein Unternehmen, eine Fabrik oder großer Landbesitz. Die Pflichtteilsansprüche können den Erben in erhebliche Liquiditätsschwierigkeiten bringen.

Erbe und Pflichtteilsgläubiger sind indessen nicht gehindert, vertraglich den Pflichtteilsanspruch ganz oder teilweise anders als durch Geldzahlungen zu regeln. Es kann für den Erben und den Pflichtteilsgläubiger wirtschaftlich interessant sein, z. B. ein zum Nachlass gehörendes Grundstück auf den Pflichtteilsberechtigten zu übertragen und den Wert auf die Pflichtteilsforderung anzurechnen.

Der Pflichtteilsanspruch ist eine Erbfallschuld. Dieser Anspruch geht im Rang den Vermächtnissen und Auflagen vor, er steht jedoch hinter den Erblasserschulden zurück. Das sind die vom Erblasser herrührenden Schulden, also gesetzliche, vertragliche und außervertragliche Verpflichtungen, insbesondere auch Steuerschulden des Erblassers.

Schuldner des Pflichtteils

Erbe/Erbengemeinschaft als Schuldner

Der Anspruch auf den Pflichtteil entsteht mit dem Erbfall. Anspruchsgegner sind der Erbe bzw. die Miterben, Letztere als Gesamtschuldner. Aus der gesamtschuldnerischen Haftung ergibt sich, dass der Pflichtteilsgläubiger von jedem Erben den gesamten Pflichtteilsanspruch verlangen kann; dieser ist dann darauf angewiesen, in Höhe der Erbquoten bei den anderen Miterben Rückgriff zu nehmen. Aus praktischen Gründen empfiehlt es sich für jede Erbengemeinschaft, vor Teilung des Nachlasses eventuelle Pflichtteilsansprüche zu erfüllen.

Bis zur Teilung des Nachlasses kann jeder Miterbe die Erfüllung des Pflichtteilsanspruchs aus seinem eigenen Vermögen verweigern. Danach kann der Pflichtteilsberechtigte grundsätzlich auch auf das sonstige Vermögen des Miterben zugreifen.

Pflichtteilsanspruch und Testamentsvollstreckung

Hat der Erblasser Testamentsvollstreckung angeordnet, sind ebenfalls die Erben Schuldner, nicht der Testamentsvollstrecker. Während andere Gläubiger den Testamentsvollstrecker verklagen können, kann der Pflichtteilsberechtigte nur den/die Erben in Anspruch nehmen. Hat sich allerdings der Pflichtteilsberechtigte mit dem/den Erben geeinigt, dann darf der Testamentsvollstrecker einen solchen Anspruch erfüllen. Bestreiten jedoch die Erben den Pflichtteilsanspruch dem Grunde oder der Höhe nach, darf der Testamentsvollstrecker nichts bezahlen, auch dann nicht, wenn nach seiner Meinung der Anspruch zu Recht besteht.

Pflichtteilslast bei Vermächtnissen

Im Innenverhältnis haften die Erben für den Pflichtteilsanspruch nach ihren Quoten. Diese Haftungsverteilung wäre unbillig, wenn ein Miterbe mit einem Vermächtnis belastet ist, denn bei der Berechnung des Pflichtteils können Vermächtnisse nicht abgesetzt werden. Das Gesetz bestimmt deshalb, dass der belastete Miterbe und der Vermächtnisnehmer die Pflichtteilslast im Verhältnis ihrer Zuwendungen zu tragen haben. Allerdings darf dem pflichtteilsberechtigten Vermächtnisnehmer nur so viel gekürzt werden, dass ihm sein eigener Pflichtteil verbleibt. Ebenso brauchen die Erben, die selbst pflichtteilsberechtigt sind, die Pflichtteilslast nur in dem Maß zu tragen, dass ihnen ihr eigener Pflichtteil verbleibt.

Man kann diese Regelung auf folgende Kurzformel bringen: Vermächtnisse brauchen nur bis zu einer Höhe ausgezahlt werden, dass den pflichtteilsberechtigten Miterben mindestens ihr eigener Pflichtteil verbleibt.

Schuldner des Pflichtteilsergänzungsanspruchs

Die vorgenannten Grundsätze gelten auch für den Pflichtteilsergänzungsanspruch. Schuldner sind also grundsätzlich der Erbe oder die Miterben, unabhängig davon, wer Empfänger der zu Lebzeiten des Erblassers erfolgten Schenkung war. Allerdings kann der Erbe die Befriedigung insoweit verweigern, als sein eigenes Pflichtteilsrecht dadurch beeinträchtigt wird. Der Pflichtteilsergänzungsberechtigte muss sich also zunächst an den Erben halten. Kann dieser den Anspruch nicht vollständig erfüllen, weil sonst sein eigenes Pflichtteilsrecht beeinträchtigt wäre, kann sich der Berechtigte an den Beschenkten wenden. Die Inanspruchnahme des Beschenkten setzt also voraus, dass der Erbe die Ergänzung des Pflichtteils verweigert hat, weil ihm sonst sein eigener Pflichtteil nicht verbleiben würde.

Beispiel

Ein Mann ist verstorben und hat einen Sohn hinterlassen, der sein Alleinerbe wird. Da der Sohn pflichtteilsberechtigt ist, hat er also mindestens die Hälfte des Nachlasses zu beanspruchen. Der Sohn muss aber feststellen, dass der Vater kurze Zeit vor seinem Tod sein gesamtes Vermögen einem Dritten geschenkt hat. In diesem Fall kann der Sohn als pflichtteilsberechtigter Alleinerbe seinen Ergänzungsanspruch gegen den Dritten geltend machen.

Entstehung und Erlöschen des Pflichtteilsanspruchs

Entstehung und Fälligkeit

Der Anspruch auf den Pflichtteil entsteht mit dem Erbfall. Ob der Berechtigte den Anspruch geltend machen will oder nicht, steht in seinem Belieben. Vor dem Erbfall hat der Pflichtteilsberechtigte keinen Anspruch auf Auszahlung des Pflichtteils. Es ist eine oft gestellte Forderung der Kinder, die die Eltern aber nicht zu erfüllen brauchen. Sie sind selbstverständlich dazu berechtigt. Häufig wird auch zwischen Eltern und Kindern vereinbart – dazu ist ein notarieller Vertrag erforderlich –, dass ein Kind gegen Zahlung einer bestimmten Geldsumme oder Übertragung eines Grundstückes auf Erb- und Pflichtteilsansprüche verzichtet. Dieser Pflichtteilsberechtigte fällt dann bei der späteren Teilung des Nachlasses vollständig aus.

Stundung

Die Pflichtteilsforderung ist, wie jede andere Geldforderung, im Zweifel sofort fällig. Dies kann für den Erben eine Härte darstellen, besonders wenn der Nachlass schwer zu Geld zu machen ist. Das Gesetz sieht deshalb eine Stundung des Pflichtteilsanspruchs vor, allerdings nur zugunsten eines Erben, der selbst pflichtteilsberechtigt ist. Voraussetzung ist, dass ihn die Erfüllung des Anspruchs ungewöhnlich hart treffen würde. Dies ist beispielsweise der Fall, wenn die Familienwohnung aufgegeben oder das Geschäft oder der Betrieb veräußert werden muss, der die Lebensgrundlage der Familie darstellt.

Die Interessen des Pflichtteilsgläubigers sind stets zu bedenken. Die Anforderungen sind streng. Einem familienfremden Erben kann eine Stundung nicht zugemutet werden. Die gestundete Forderung ist zu verzinsen. Ist die Pflichtteilsforderung streitig, entscheidet über die Stundung das Prozessgericht, bei einer unstreitigen Forderung das Nachlassgericht.

Verzug

Für die Praxis ist die Frage wichtig, von welchem Zeitpunkt an sich der Pflichtteilsschuldner in Verzug befindet und deshalb Verzugszinsen anfallen. Da sich Rechtsstreitigkeiten über Pflichtteilsansprüche oft jahrelang hinziehen können, ist die Frage der Verzinsung von erheblicher Bedeutung. Der Pflichtteilsanspruch ist eine Geldforderung. Deswegen tritt der Verzug mit Mahnung oder Rechtshängigkeit ein.

Übertragung und Pfändung des Pflichtteilsanspruchs

Abtretung
Der Pflichtteilsanspruch ist abtretbar. Die Abtretung bedarf keiner besonderen Form. Es ist also keine notarielle Beglaubigung oder Beurkundung erforderlich. Nur der bereits entstandene Pflichtteilsanspruch kann abgetreten werden.

Vererbung
Der Pflichtteilsanspruch ist vererblich. Die Vererbbarkeit des Pflichtteilsanspruchs führt in der Praxis bisweilen zu unerfreulichen Situationen.

Beispiel

Es besteht ein Berliner Testament. Der Mann stirbt zuerst, die Ehefrau wird Alleinerbin. Der einzige Sohn beabsichtigt nicht, von seiner Mutter den Pflichtteil zu fordern. Wenn dieser Sohn vor Ablauf der für den Pflichtteil geltenden dreijährigen Verjährungsfrist stirbt, kann die Ehefrau des Sohns gegen ihre Schwiegermutter noch den Pflichtteil geltend machen, sofern dem Anspruch nicht Verwirkung entgegen gehalten werden kann.

Der Erblasser kann sowohl die Abtretung als auch die Vererbung des Pflichtteilsanspruchs verhindern, wenn er dies in einem notariellen Vertrag mit dem Pflichtteilsberechtigten vereinbart.

Pfändung
Der Pflichtteilsanspruch ist nur pfändbar, wenn er durch Vertrag anerkannt oder rechtshängig geworden ist. Der Grund für diese Regelung besteht darin, dass wegen der familienrechtlichen Beziehung der Pflichtteilsberechtigte – und nicht sein Gläubiger – entscheiden kann, ob er den Anspruch geltend machen will. Nur wenn dies der Fall ist, ist der Pflichtteilsanspruch pfändbar.

Geltendmachung von Pflichtteilsansprüchen durch minderjährige oder unter Betreuung stehende Personen

Nach dem Willen des Gesetzes soll der Pflichtteilsberechtigte wegen der familiären Beziehungen selbst entscheiden, ob er seinen Anspruch geltend machen will. Das ist vor allem dann problematisch, wenn der Pflichtteilsberechtigte minderjährig ist, also unter elterliche Sorge oder unter Betreuung steht.

Beispiel

Verstirbt ein Mann, der seine Ehefrau testamentarisch zur Alleinerbin eingesetzt hat, unter Hinterlassung von gemeinsamen minderjährigen Kindern, dann kommt die Ehefrau und Mutter dieser Kinder in einen Interessenkonflikt, denn sie würde durch die Geltendmachung der Pflichtteilsansprüche der Kinder sich selbst finanziell benachteiligen. Für die Kinder muss deshalb ein Ergänzungspfleger bestellt werden. Der Ergänzungspfleger wird in der Regel, um sich nicht selbst einer späteren Haftung auszusetzen, zumindest eine Absicherung des Pflichtteilsanspruchs der Kinder verlangen. Eine solche Absicherung bedarf grundsätzlich der vormundschaftsgerichtlichen Genehmigung. Selbst wenn die Mutter sich absolut korrekt und loyal gegenüber ihren eigenen Kindern verhält, muss sie mit der Geltendmachung von Pflichtteilsansprüchen rechnen.

Wichtig ist in diesem Zusammenhang die Vorschrift von § 204 BGB, nach der die Verjährung von Ansprüchen zwischen Eltern und Kinder während der Minderjährigkeit der Kinder gehemmt ist. Die Kinder können also noch drei Jahre nach ihrer Volljährigkeit die Pflichtteilsansprüche geltend machen.

Erlöschen des Pflichtteilsanspruchs

Erfüllung

Der Pflichtteilsanspruch erlischt, wenn er erfüllt wird, also der ermittelte Betrag bezahlt wird. Den Parteien steht es frei, die Abgeltung des Pflichtteilsanspruchs in anderer Weise zu vereinbaren. Hierzu gehört insbesondere die Erfüllung durch Überlassung eines Grundstücks. Es kann auch die Übertragung von anderen Gegenständen vereinbart werden, insbesondere wenn der Pflichtteilsberechtigte an Wertgegenständen aus dem Nachlass des Verstorbenen interessiert ist. Über die Erfüllung braucht kein besonderer Vertrag geschlossen zu werden. Es genügt eine mündliche (besser schriftliche) Bestätigung, dass der Pflichtteilsanspruch ausgeglichen ist.

Verjährung

Der Pflichtteilsanspruch verjährt in drei Jahren. Die Frist beginnt mit dem Erbfall und Kenntnis des Pflichtteilsberechtigten von der ihn beeinträchtigenden Verfügung. Ohne diese Kenntnis verjährt der Anspruch in 30 Jahren.

Die Verjährung des Pflichtteilsanspruchs wird durch ein Anerkenntnis des Verpflichteten unterbrochen. Deshalb ist es dem Testamentsvollstrecker versagt, ohne Zustimmung des Erben einen Pflichtteilsanspruch anzuerkennen. Ein Anerkenntnis liegt aber bereits vor, wenn der Erbe sich zur Auskunft bereit erklärt und zu erkennen gibt, dass er den Pflichtteilsanspruch befriedigen will. Die Verjährung wird auch durch eine Klage auf Zahlung unterbrochen. Eine Klage, die nur auf Erteilung einer Auskunft gerichtet ist, genügt nicht.

Verwirkung

Wie jeder andere Anspruch kann auch der Pflichtteilsanspruch verwirkt werden. Da der Pflichtteilsanspruch jedoch der kurzen Verjährungsfrist von drei Jahren unterliegt, kommt eine Verwirkung kaum in Betracht. Allein aus der Tatsache, dass der Pflichtteilsberechtigte zunächst nichts unternimmt und erst kurz vor Ablauf der Verjährungsfrist seinen Anspruch einklagt, lässt sich aber grundsätzlich kein Verwirkungseinwand herleiten.

Recht auf Auskunft und Wertermittlung

Bei den meisten Auseinandersetzungen wegen eines Pflichtteilsanspruchs ist nicht die grundsätzliche Berechtigung fraglich, sondern die Höhe des Anspruchs. Der Pflichtteilsberechtigte ist selbst am Nachlass nicht beteiligt und hat oft keine Kenntnis von Wert und Umfang des Nachlasses. Insbesondere die erwachsenen Kinder, die wenig Kontakt zu ihren Eltern haben, wissen über deren wirtschaftliche Verhältnisse wenig Bescheid. Um diesem „Unwissen" abzuhelfen, gewährt das Gesetz dem Pflichtteilsberechtigten einen Anspruch auf Auskunft über den Wert und die Zusammensetzung des Nachlasses. Dadurch soll der Berechtigte die Kenntnisse bekommen, die er zur Berechnung seines Pflichtteilsanspruchs benötigt.

Der Pflichtteilsberechtigte ist aber gegenüber dem Erben meist im Nachteil. Das gilt insbesondere gegenüber dem als Erben eingesetzten Ehegatten oder Lebenspartner, mit dem der Erblasser zusammengelebt hat. Ein solcher Erbe ist am Nachlass „näher dran". Selbst das Recht, die Aufnahme eines Verzeichnisses durch den Notar zu verlangen, verbessert die Stellung des Pflichtteilsberechtigten nicht wirklich, weil der Notar nur das aufnehmen kann, was ihm der Erbe zur Kenntnis gibt. Entsprechendes gilt für das Recht auf die Forderung, die Richtigkeit und Vollständigkeit des Verzeichnisses an Eides statt zu versichern. Derartige Versicherungen werden vom Erben oft sorglos abgegeben, da die Richtigkeit nicht überprüft werden kann.

Der Erbe ist vor allen Dingen nicht verpflichtet, über die Auslagen und Einnahmen des Erblassers Rechnung zu legen oder Auskunft zu geben, selbst wenn das Einkommen des Erblassers hoch war, der Nachlass jedoch gering ist. Nur über Schenkungen muss der Erbe Auskunft geben, soweit er darüber Bescheid weiß.

Auskunft

Weil er den Zahlungsanspruch vorbereiten soll, besteht der Auskunftsanspruch nur insoweit, als aus dem Wissen ein Zahlungsanspruch hergeleitet werden kann. Der Auskunftsanspruch soll nicht die „pure Neugier" befriedigen oder für den Erben lästig sein.

Der Erbe hat als Auskunftspflichtiger ein Bestandsverzeichnis über die Nachlassgegenstände vorzulegen. Gemeint ist damit ein geordnetes Verzeichnis über die Aktiva und Passiva. Es genügt nicht – wie das in der Praxis immer wieder vorkommt –, dem Pflichtteilsberechtigten nur eine Kopie des Nachlassverzeichnisses zuzuschicken, das der Erbe dem Nachlassgericht vorgelegt hat.

Zu einem ordnungsgemäßen Nachlassverzeichnis gehören auch Belege, Depotauszüge und Saldenbestätigungen. Außerdem muss der Erbe über Zuwendungen des Erblassers unter Lebenden Auskunft geben und diese Zuwendungen im Nachlassverzeichnis mit aufführen. Das betrifft alle Schenkungen in der Zeit von zehn Jahren vor dem Todestag des Erblassers. Bei Schenkungen zugunsten des überlebenden Ehegatten besteht keine zeitliche Begrenzung.

> *Wichtig:* Oft ist dem Pflichtteilsberechtigten bekannt, dass der Erblasser vor Jahren ein größeres Vermögen besessen hat und dass er grundsätzlich sparsam gelebt hat. Im Zeitpunkt des Todes ist jedoch kein nennenswertes Vermögen mehr vorhanden, sodass sich der Verdacht aufdrängt, dass der überlebende Ehegatte mittels einer Bankvollmacht oder auf andere Weise das Vermögen des Erblassers beiseite geschafft hat. Selbst in solchen Fällen besteht kein genereller Anspruch auf Vorlage von Bankunterlagen. Es gibt keine allgemeine Rechnungslegungspflicht über die Finanzen des Erblassers. Man wird allerdings im begründeten Verdachtsfall den Erben verpflichten können, sich hierzu im Einzelnen zu äußern und entsprechende Beweismittel vorzulegen.

Wertermittlung

Da sich die Höhe des Pflichtteilsanspruchs aus dem Wert des Nachlasses ergibt, ist dem Pflichtteilsberechtigten mit der Auskunft und dem Nachlassverzeichnis allein nicht gedient. Er hat auch einen Anspruch darauf, dass der Wert der Nachlassgegenstände ermittelt wird.

Die Kosten für die Wertermittlung trägt der Nachlass, sodass der Pflichtteilsberechtigte an diesen Kosten in Höhe seiner Quote beteiligt ist. Der Wert wird – falls sich die Beteiligten nicht verständigen – meist durch Einholung eines Sachverständigengutachtens ermittelt. Der Wert kann aber auch aus dem Verkaufserlös der Gegenstände abgeleitet werden, wenn die Veräußerung zeitnah erfolgt war.

Insbesondere bei Grundstücken kommt es auf den Verkehrswert an. Die Einheitswerte spielen heute in diesem Zusammenhang keine Rolle mehr. Auch die Wertberechnung von Grundstücken für die Erbschaftsteuer ist für die Pflichtteilsberechnung nicht maßgebend, denn die steuerlichen Werte liegen erfahrungsgemäß erheblich unter den Verkehrswerten.

Eidesstattliche Versicherung

Der Erbe ist auf Antrag des Pflichtteilsberechtigten verpflichtet, die Richtigkeit des Nachlassverzeichnisses an Eides statt zu versichern, wenn Grund zu der Annahme besteht, dass das Verzeichnis nicht mit der erforderlichen Sorgfalt aufgestellt ist. Diese eidesstattliche Versicherung ist zu unterscheiden von der eidesstattlichen Versicherung im Rahmen der Zwangsvollstreckung, früher „Offenbarungseid" genannt.

Die eidesstattliche Versicherung hat keinen großen Nutzen, denn in der Regel bestätigt der Erbe ohne weiteres die Richtigkeit seiner bisherigen Angaben. Wirkungsvoller ist es, einzelne Punkte des Nachlassverzeichnisses zu beanstanden und die Ergänzung des Nachlassverzeichnisses zu verlangen.

Sonderproblem: Lebensversicherung

Die Zahlung der Versicherungssumme an den Bezugsberechtigten erfolgt außerhalb des Nachlasses aufgrund eines Vertrags unter Lebenden. Die Prämienzahlungen durch den Erblasser können jedoch Schenkungen zugunsten des Bezugsberechtigten darstellen, sodass sie bei der Pflichtteilsergänzung zu berücksichtigen sind. Die Summe der gezahlten Prämien ist die Schenkung, nicht die ausgezahlte Versicherungssumme. Stets ist aber zu prüfen, ob die Zuwendungen überhaupt als Schenkung gewollt sind und nicht nur der Altersversorgung dienen sollen.

Die Versicherungssumme wird für den Pflichtteilsberechtigten insbesondere dann interessant, wenn sie zur Ablösung von Krediten verwandt worden ist, wodurch möglicherweise bestehende Schulden des Erblassers vermindert worden sind.

Pflichtteilsunwürdigkeit

Eines Pflichtteils unwürdig ist, wer erbunwürdig ist. Als Erbunwürdigkeitsgründe nennt das Gesetz vier Tatbestände:

1) *Mord und Totschlag;* hierzu gehört auch der Versuch sowie das Versetzen in einen Zustand der Testierunfähigkeit.
2) *Verhinderung,* dass der Erblasser ein Testament errichtet oder aufhebt. Dies kann durch Gewalt, Drohung oder Täuschung geschehen.
3) *Täuschung und Drohung,* durch die der Erblasser bestimmt wird, eine letztwillige Verfügung zu errichten oder aufzuheben.

4) *Fälschungshandlungen.* Entscheidend ist die (Ver-)Fälschung einer letztwilligen Verfügung.

Die Pflichtteilsunwürdigkeit wird durch Anfechtungsklage geltend gemacht. Anfechtbar ist auch der Pflichtteilsergänzungs- und Pflichtteilsrestanspruch. Die Anfechtungsfrist beträgt ein Jahr. Sie beginnt mit der Kenntnis des Anfechtungsgrunds. Die Frage der Anfechtung wegen Pflichtteilsunwürdigkeit stellt sich nicht, wenn der Erblasser bereits den Pflichtteil in seinem Testament wirksam entzogen hat.

Kommentar: Ist das Pflichtteilsrecht noch zeitgemäß?

Das Grundgesetz garantiert in Artikel 14 jedem Bürger die Testierfreiheit. Jeder, der volljährig und im Besitz seiner geistigen Kräfte ist, kann ein Testament errichten. Er kann in diesem Testament als Erben bestimmen, wen er will. Er kann seinen Ehegatten, seine Kinder, seine Verwandten oder Freunde bedenken. Er ist keineswegs verpflichtet, seinem Ehegatten und seinen Kindern etwas zukommen zu lassen, er kann sie – mit oder ohne Grund – enterben.

Diese Testierfreiheit ist in zweifacher Hinsicht eingeschränkt, und zwar zunächst durch die staatliche Erbschaftsteuer. Die steuerlichen Vorschriften können aber in diesem Zusammenhang außer Betracht bleiben, zumal die Erbschaftsteuer bei niedrigeren Vermögen infolge der großen Freibeträge nicht ins Gewicht fällt.

Die entscheidende Einschränkung der Testierfreiheit liegt im Pflichtteilsrecht. Danach haben der überlebende Ehegatte, die Kinder und – falls keine Kinder vorhanden sind – die Eltern des Erblassers einen unabdingbaren Anspruch auf die Hälfte ihres gesetzlichen Erbanspruchs in Geld, den so genannten Pflichtteilsanspruch. Pflichtteilsberechtigte werden also keine Erben, sie haben nur einen schuldrechtlichen Anspruch auf einen Geldbetrag, der der Hälfte des Werts ihres gesetzlichen Erbteils entspricht und der von den Erben erfüllt werden muss.

Streit entsteht fast immer nur um den Pflichtteilsanspruch der Kinder, insbesondere wenn der Erblasser zweimal verheiratet war. Eine Frage, die in der Anwaltspraxis immer wieder gestellt wird: Muss ich meinem Sohn oder meiner Tochter, die sich völlig von mir abgewandt haben, mir zum Geburtstag oder zu Weihnachten nicht einmal eine Grußkarte schicken, sondern nur böse Briefe schreiben, einen Teil meines Erbes zukommen lassen? Kann ich das nicht irgendwie vermeiden?

Das Gesetz sieht einen völligen Ausschluss der Kinder, also eine Enterbung oder Entziehung des Pflichtteils, grundsätzlich nicht vor. Nach dem Bürgerlichen Gesetzbuch ist der Erblasser grundsätzlich nicht befugt, seine nahen Angehörigen völlig auszuschließen. Der Pflichtteilsanspruch muss ihnen verbleiben. Diese Ansicht vertritt auch der Bundesgerichtshof, dessen Rechtsprechung stark zugunsten der Pflichtteilsberechtigten tendiert.

Ob es heutzutage, da sich fast jeder seinen Lebensunterhalt selbst verdienen kann, noch notwendig ist, Pflichtteilsansprüche geltend machen zu können, erscheint zumindest fraglich. Der Erblasser kann schließlich zu seinen Lebzeiten alles verbrauchen und verschenken. Dann bleibt für die Erben und auch für die Pflichtteilsberechtigten nicht viel übrig, falls sie nicht über den Pflichtteilsergänzungsanspruch einen gewissen Ausgleich bekommen.

Auch auszuwandern, beispielsweise nach Amerika, wo man keinen Pflichtteilsanspruch kennt, ist keine Lösung. Für den hiesigen Grundbesitz gilt nämlich deutsches Recht, auch wenn der Erblasser in Amerika verstirbt.

Die Regelung in der früheren DDR war vernünftig. Dort hatten nur die unterhaltsbedürftigen Kinder einen Pflichtteilsanspruch. Waren sie nicht mehr unterhaltsbedürftig, hatten sie auch keinen Pflichtteilsanspruch, sondern mussten sich um das Wohlwollen ihrer Eltern bemühen, um beim Erbe angemessen berücksichtigt zu werden. Leider wurde diese Vorschrift mit der Wiedervereinigung am 3.10.1990 ersatzlos gestrichen. Zur Zeit besteht keine Aussicht, dass eine solche oder eine ähnliche Vorschrift ins Bürgerliche Gesetzbuch eingeführt wird.

DER TESTAMENTSVOLLSTRECKER

Der Erblasser kann in seinem Testament einen oder mehrere Testamentsvollstrecker benennen. Der Testamentsvollstrecker soll nach dem Tod
des Erblassers gewissermaßen als Treuhänder des Erblassers dafür sorgen, dass dessen letzter Wille erfüllt wird. Der Erblasser hat beispielsweise die Sorge, dass seine überlebende Ehefrau mit der Regelung der
Nachlassangelegenheiten überfordert ist. Der selbstständige Handwerks-
meister und Unternehmer befürchtet womöglich, seine Witwe könnte
nicht in der Lage sein, ein Geschäft zu leiten oder den Betrieb ohne fremde Hilfe fortzuführen. Meist aber befürchtet der Erblasser, dass die Erben
in Streitigkeiten geraten könnten. Der Testamentsvollstrecker soll in solchen Fällen für eine gerechte Verteilung des Nachlasses sorgen.

Der Erblasser kann frei bestimmen, wen er für geeignet hält, diese Aufgabe zu übernehmen. Das kann der überlebende Ehegatte sein, auch ein
Miterbe oder ein Freund. Unter Umständen ist es zweckmäßig, den Pro-
kuristen der eigenen Firma, den Rechtsanwalt des Unternehmens oder
den Steuerberater mit dieser Aufgabe zu betrauen. Der Erblasser kann
auch eine dritte Person oder das Nachlassgericht ersuchen, einen Testamentsvollstrecker zu bestimmen. Das Nachlassgericht kann aber nicht
von sich aus, falls sich die Erben nicht einig werden, einen Testamentsvollstrecker einsetzen. Die Einsetzung eines Testamentsvollstreckers erfolgt nur aufgrund einer testamentarischen Bestimmung des Erblassers.

Testamentsvollstrecker kann jede volljährige Person werden. Bei
schwierigen Vermögensverhältnissen sollte der Erblasser zweckmäßigerweise eine fremde Person, aber keinen Miterben als Testamentsvollstrecker bestimmen. Wenn nämlich der Testamentsvollstrecker gleichzeitig Miterbe ist, bringt ihn die Abwicklung des Nachlasses möglicherweise
in einen Konflikt zwischen seinen eigenen Interessen und denen der anderen Miterben.

Der vom Erblasser bestimmte Testamentsvollstrecker ist zur Annahme
dieses Amts nicht verpflichtet. Deswegen sollte der Erblasser den vorgesehenen Testamentsvollstrecker rechtzeitig fragen, ob er zur Annahme

des Amts bereit ist. Zweckmäßigerweise benennt der Erblasser außerdem einen Ersatztestamentsvollstrecker. Er kann dies aber auch dem Nachlassgericht überlassen.

Die Befugnisse des Testamentsvollstreckers können durch den Erblasser beschränkt oder erweitert werden. So kann der Erblasser z. B. den Testamentsvollstrecker nur mit der Regelung bezüglich des Betriebsvermögens beauftragen. Wenn der Aufgabenbereich des Testamentsvollstreckers nicht eingeschränkt ist, hat er weitgehend freie Hand. Er ist in keiner Weise an die Zustimmung der Miterben gebunden. Seine Richtschnur sind der letzte Wille des Verstorbenen und die im Testament niedergelegten Teilungs- und Verwertungsanordnungen.

Mit der Art der Teilung, wie sie der Testamentsvollstrecker vornimmt, muss sich jeder Miterbe abfinden. Ist der Testamentsvollstrecker aber unfähig oder unehrlich, kann der Erbe beim Nachlassgericht seine Ablösung betreiben. Ansonsten können die Erben den Umfang der Befugnisse des Testamentsvollstreckers selbst durch einstimmigen Beschluss nicht beschränken. Sie können ihn auch nicht abberufen.

Der Erblasser kann mehrere Testamentsvollstrecker bestimmen, die das Amt gemeinschaftlich ausüben oder, bei einem umfangreichen Nachlass, aufteilen. Sollte es unter mehreren Testamentsvollstreckern zu Meinungsverschiedenheiten kommen, muss unter Umständen das Nachlassgericht schlichtend eingreifen.

Das Amt des Testamentsvollstreckers beginnt erst mit der Annahme des Amts. Nach Eröffnung des Testaments fragt das Amtsgericht bei dem vom Erblasser bestimmten Testamentsvollstrecker an, ob er das Amt annehmen möchte. Hat er es angenommen, erteilt ihm das Nachlassgericht auf Antrag ein so genanntes Testamentsvollstreckerzeugnis. Mit diesem Zeugnis kann sich der Testamentsvollstrecker gegenüber allen Personen als berechtigter Verwalter des Nachlasses ausweisen.

Die übliche Aufgabe des Testamentsvollstreckers ist die Verwaltung und die Verteilung des Nachlasses. Dafür hat er zunächst den gesamten Nachlass in Besitz zu nehmen und ein Nachlassverzeichnis aufzustellen. Über die Nachlassgegenstände, auch über Grundstücke und Wertpapiere, kann er frei verfügen. Nur zu unentgeltlichen Verfügungen ist er nicht berechtigt. Grundsätzlich sollte sich der Testamentsvollstrecker in der Regel um eine zügige Abwicklung des Nachlasses bemühen.

Die Erben selbst kommen, solange die Testamentsvollstreckung besteht, an die Nachlassgegenstände nicht heran. Sie erhalten sie erst bei Teilung.

Wenn der Erblasser befürchtet, dass seine Erben unerfahren und leichtsinnig sind, dann möchte er verhindern, dass sie die Erbschaft sofort ausgehändigt bekommen und alsbald verprassen. In einem anderen Fall sind die Erben womöglich hoch verschuldet und der Erblasser befürchtet deshalb, dass sie mit der Erbschaft ihre Schulden bezahlen müssen. In diesen Fällen kann der Erblasser für die Dauer von höchstens 30 Jahren eine so genannte *Dauertestamentsvollstreckung* anordnen. Der Testamentsvollstrecker verwaltet dann den Nachlass ganz und zahlt an die Erben nur die Nutzungen aus der Erbschaft aus. So können die Gläubiger des oder der Erben nicht an den Nachlass heran. Sie können allenfalls die Erträge pfänden, soweit sie nicht zum Unterhalt der Erben und zur Erfüllung von Unterhaltsverpflichtungen erforderlich sind. Ob allerdings eine solche Dauertestamentsvollstreckerschaft, die in der Regel auch mit hohen Kosten verbunden ist, eine gute Lösung im Sinne der Erben ist, erscheint häufig zweifelhaft. Sie erzeugt bei Erben, die für die Dauer von 30 Jahren nicht an ihr Erbe herankommen, große Verbitterung.

Wirkungskreis des Testamentsvollstreckers

Der Testamentsvollstrecker muss sein Amt ordnungsgemäß führen und den Nachlass redlich verwalten. Bei Beendigung seines Amts ist er den Erben gegenüber rechenschaftspflichtig. Er haftet persönlich, sofern er seine Pflichten schuldhaft verletzt hat.

Während der Verwaltung haben die Erben allenfalls die Möglichkeit, das Nachlassgericht anzurufen, unter dessen Aufsicht der Verwalter sein Amt ausübt. Das Nachlassgericht greift aber in die Arbeit des Testamentsvollstreckers nicht ein, solange keine Beschwerden gegen ihn vorliegen.

Notfalls kann der Testamentsvollstrecker auf Antrag der Erben vom Nachlassgericht entlassen werden. Der Testamentsvollstrecker selbst kann ohne Angabe von Gründen sein Amt niederlegen. Die Niederlegung seines Amts erfolgt durch eine Erklärung gegenüber dem Nachlassgericht. Er hat in diesem Fall sein Testamentsvollstreckerzeugnis zurückzugeben und für seine bisherige Tätigkeit den Erben Rechenschaft abzulegen. Wenn der Testamentsvollstrecker stirbt, endet sein Amt ebenfalls. Es hängt von der jeweiligen testamentarischen Bestimmung ab, ob das Nachlassgericht in diesem Fall einen neuen Testamentsvollstrecker einsetzen muss.

Vergütung des Testamentsvollstreckers

Der Testamentsvollstrecker kann für die Führung seines Amtes eine angemessene Vergütung verlangen, sofern nicht der Erblasser etwas anderes bestimmt hat. Der Erblasser könnte z. B. bestimmen, dass der Testamentsvollstrecker sein Amt unentgeltlich zu führen hat. Da das Amt des Testamentsvollstreckers meist mit viel Arbeit und Verantwortung belastet ist, empfiehlt sich eine solche Regelung aber nicht. Mancher vorgeschlagene Testamentsvollstrecker würde ein solches Amt ohne Vergütung strikt ablehnen. Eine vergütungslose Tätigkeit kommt allenfalls in Betracht, wenn bei einem kleineren Nachlass und einfachen Vermögensverhältnissen ein Miterbe als Testamentsvollstrecker eingesetzt wird. In diesem Fall hat der Miterbe als Testamentsvollstrecker den Vorteil, dass er bestimmen kann, wie der Nachlass abgewickelt wird.

Der Erblasser kann in seinem Testament auch bestimmen, wie hoch die Vergütung des Testamentsvollstreckers sein soll. Eine solche Bestimmung ist aber nicht üblich und auch nicht zweckmäßig, weil bis zum Tod des Erblassers erhebliche Änderungen der Vermögensverhältnisse eintreten können und auch nicht abgeschätzt werden kann, wie viel Arbeit anfallen wird.

Wenn der Erblasser die Höhe der Testamentsvollstreckergebühren nicht festgelegt hat, muss der Testamentsvollstrecker spätestens bei Beendigung seines Amts die Höhe der Gebühren mit den Erben vereinbaren. Eine feste Gebührenordnung gibt es nicht. Es haben sich allerdings in der Rechtsprechung gewisse Regelsätze herausgebildet. Grundlage für die Vergütung ist die Höhe des Aktiv-Nachlasses, also des Verkehrswerts des gesamten Nachlasses ohne Abzug etwaiger Verbindlichkeiten. Zwar werden teilweise auch höhere Honorare zugebilligt, folgende Sätze sind

aber Anhaltspunkte. Der Testamentsvollstrecker erhält bei einem Nachlasswert
➤ bis zu 10 000 Euro 4 % des Bruttonachlasses,
➤ bei einem Mehrbetrag bis 50 000 Euro 3 %,
➤ bei einem Mehrbetrag bis 500 000 Euro 2 %,
➤ darüber hinaus 1 %.

Daneben kann dem Testamentsvollstrecker eine einmalige Sondervergütung zugebilligt werden, wenn er dies entweder mit den Erben vereinbart hat oder wenn er zu Beginn der Testamentsvollstreckerschaft eine besonders arbeitsreiche und verantwortungsvolle Tätigkeit entfalten muss. Außerdem kommt noch eine Verwaltungsgebühr in Betracht, wenn sich an die Ermittlung und Inbesitznahme der Nachlassgegenstände und die Regulierung der Schulden eine längere Verwaltungstätigkeit anschließt, insbesondere bei der Unternehmensführung für minderjährige Erben.

Dagegen ist bei vorzeitiger Beendigung des Amtes infolge Kündigung, Entlassung oder Tod des Testamentsvollstreckers oder bei besonders schneller Abwicklung infolge eines einfach gelagerten Nachlasses eine Verminderung der Regelgebühren möglich.

Andererseits sollte man dem Testamentsvollstrecker gerade dann eine Sondervergütung zubilligen, wenn er sein Amt besonders rasch und erfolgreich abgewickelt hat. In der Regel dürfte die obere Grenze der Testamentsvollstreckergebühren insgesamt bei 10 % des Nachlasses liegen.

Zu beachten ist, dass der Testamentsvollstrecker für seinen Vergütungsanspruch unter Umständen mehrwertsteuerpflichtig ist. Die Mehrwertsteuer muss zusätzlich aus der Erbmasse bezahlt werden. Der Testamentsvollstrecker kann seine Gebühren aus der Erbmasse entnehmen. Wenn die Erben damit allerdings nicht einverstanden sind und die Gebühren für unangemessen halten, müssen sie vor dem Prozessgericht Klage erheben.

ERBRECHT MIT AUSLANDSBERÜHRUNG

Internationales Erbrecht

Das deutsche Erbrecht gilt grundsätzlich nicht für Ausländer und auch nicht für das Vermögen Deutscher im Ausland. Die Fälle mit Auslandsberührung müssen nach internationalem Privatrecht beurteilt werden, wobei unter Privatrecht Zivilrecht im Gegensatz zum Strafrecht zu verstehen ist. Jeder Staat dieser Erde hat – mehr oder weniger ausgeprägt – ein eigenes nationales Privat- (und Erb-)Recht und besondere Vorschriften darüber, welches Recht jeweils bei Auslandsberührung anzuwenden ist. Außerdem bestehen je eigene Gerichte mit eigener Prozessordnung.

Bei jedem Erbfall mit Auslandsberührung muss geklärt werden, welches Gericht in welchem Staat und welches nationale Zivilrecht vorrangig ist. Man spricht in diesem Zusammenhang von Kollisionsrecht. Die Kollisionsnormen enthalten Verweisungsvorschriften über Zuständigkeit und Anwendung des jeweiligen nationalen Rechts. Die Verweisungsvorschriften ergeben sich aus bestimmten Anknüpfungspunkten. Als Anknüpfungspunkte kommen die Staatsangehörigkeit des Erblassers, sein Wohnsitz, sein gewöhnlicher Aufenthaltsort sowie sein Sterbeort oder der Ort des Nachlasses in Betracht. Die Anknüpfungspunkte liegen immer in der Person des Erblassers oder dem Ort des Vermögens des Erblassers. Die Person des (oder der) Erben spielt in diesem Zusammenhang keine Rolle.

Das deutsche Erbrecht knüpft an die Staatsangehörigkeit des Erblassers an. Wenn ein Erblasser mit ausländischer Staatsangehörigkeit im Gebiet der Bundesrepublik verstirbt oder hier Vermögen hat, dann verweist das deutsche internationale Erbrecht (in den Artikeln 25 und 26 des Einführungsgesetzes zum Bürgerlichen Gesetzbuch) auf das Heimatrecht dieses Ausländers. Das ausländische Erbrecht kann – das ist von Staat zu Staat verschieden – an das deutsche Recht zurückverweisen, wenn sich der ausländische Erblasser in Deutschland aufgehalten oder hier seinen Wohnsitz hatte oder wenn sich hier sein Vermögen befindet. Für das in

Deutschland befindliche Grundvermögen kann stets die Anwendung deutschen Rechts vereinbart werden.

In einem Erbfall mit Auslandsberührung muss also von Fall zu Fall geprüft werden, welches Recht jeweils anzuwenden ist. Alles wäre viel einfacher, wenn die gesetzlichen Bestimmungen in den anderen Staaten dieser Erde wenigstens ähnlich wären. Das Erbrecht ist aber in jedem Staat anders geregelt. Nicht einmal innerhalb der EU ist das Erbrecht einheitlich. Immerhin haben sich einige Staaten auf internationale Abkommen verständigt. So gibt es ein Haager Übereinkommen über die Form letztwilliger Verfügungen. Diesem Haager Übereinkommen ist die Bundesrepublik Deutschland 1961 beigetreten, nicht aber – um nur ein Beispiel zu nennen – die Vereinigten Staaten von Amerika (USA).

In den Vereinigten Staaten müssen Testamente schriftlich (nicht unbedingt handschriftlich) verfasst und vom Erblasser und von zwei Zeugen unterzeichnet werden; nur der Staat Texas lässt auch eigenhändige Testamente zu. Das amerikanische Testamentsrecht ist also anders ausgestattet als das deutsche, sodass in erbrechtlichen Fällen, in denen der Erblasser Amerikaner ist oder der deutsche Erblasser Vermögen in Amerika hat, zunächst festzustellen ist, ob ein eventuell vorhandenes Testament überhaupt gültig ist.

Außerdem ist in jedem Fall mit Auslandsberührung vorweg zu prüfen, ob es mit dem betreffenden Staat eine bilaterale Regelung gibt. So bestehen auf dem Gebiet des Erbrechtes deutsche Staatsverträge mit der Türkei, den Nachfolgestaaten der Sowjetunion und mit dem Iran. Aber selbst aus diesen Verträgen ergeben sich oft genug Probleme.

Beispiel Iran: Der Staatsvertrag mit dem Iran stammt aus dem Jahre 1929. In der Zwischenzeit hat sich in Deutschland sehr viel geändert. In Deutschland gilt jetzt das Grundgesetz mit der Gleichberechtigung von Mann und Frau. Eine solche Gleichberechtigung gibt es aber im Iran nicht. Hier gilt noch islamisches Recht mit der Benachteiligung der Frauen. Diese Benachteiligung steht im Widerspruch zum deutschen Gleichberechtigungsgrundsatz. Nach deutschem Recht gilt der „ordre public". Das ist die Bezeichnung für den Vorbehalt zugunsten der öffentlichen Ordnung oder mit anderen Worten ausgedrückt: Die Anwendung ausländischen Rechts ist ausgeschlossen, wenn sie gegen die guten Sitten oder gegen den Zweck eines deutschen Gesetzes verstößt.

Das Oberlandesgericht Hamm hat beispielsweise im Jahre 1992 entschieden: Die Bevorzugung des Ehemannes bzw. die Benachteiligung der Frau nach iranischem Nachlassrecht verstößt in dem entschiedenen Fall nicht gegen den ordre public; es ist nicht abzustellen auf einen abstrakten Verstoß gegen das Verfassungsgebot der Gleichstellung von Mann und Frau, sondern darauf, ob im konkreten Fall das Ergebnis der Anwendung iranischen Rechts in untragbarem Widerspruch zu grundlegenden deutschen Gerechtigkeitsvorstellungen stehen würde. Es ist also von Fall zu Fall die Sachgerechtigkeit der Kollisionsregelung und der Inhalt der danach berufenen ausländischen Sachnorm einerseits sowie der Umfang der Inlandsbeziehungen andererseits zu berücksichtigen.

Die Begründung aus der Entscheidung des Oberlandesgerichts Hamm wird hier nur deshalb zitiert, um zu demonstrieren, wie kompliziert das internationale Erbrecht ist.

Es kommt noch Folgendes hinzu: Die deutschen Gerichte brauchen nur deutsches Recht zu kennen. Wenn die deutsche Zuständigkeit für eine internationale Erbstreitigkeit gegeben ist, muss aber ausländisches Recht angewendet werden. Dieses ausländische Recht ist den deutschen Richtern aber womöglich nicht bekannt. Auch deutsche Anwälte kennen in der Regel das ausländische Recht nicht. In der Zivilprozessordnung heißt es (§ 293 ZPO):

> Das in einem anderen Staat geltende Recht, die Gewohnheitsrechte und Statuten bedürfen des Beweises nur insofern, als sie dem Gericht unbekannt sind. Bei Ermittlungen dieser Rechtsnormen ist das Gericht auf die von den Parteien beigebrachten Nachweise nicht beschränkt; es ist befugt, auch andere Erkenntnisquellen zu benutzen und zum Zwecke einer solchen Benutzung das Erforderliche anzuordnen.

Diese Vorschrift bedeutet in der Praxis, dass die deutschen Richter, die das ausländische Recht nicht kennen, Gutachten von Sachverständigen oder Universitätsinstituten einholen, beispielsweise vom Max-Planck-Institut für Internationales Recht an der Universität Hamburg. Das alles kostet enorm viel Geld und lohnt sich nur bei wertvollen Erbschaften.

Außerdem müssen in der Regel Anwälte aus international tätigen Kanzleien beauftragt werden, die meist nur gegen eine entsprechende Gebührenvereinbarung tätig werden.

Anwendung deutschen Erbrechts

Das deutsche Erbrecht gilt uneingeschränkt, wenn
➤ der Erblasser die deutsche Staatsangehörigkeit besitzt,
➤ er in Deutschland seinen Wohnsitz hat,
➤ sein gesamtes Vermögen in Deutschland liegt,
➤ er in Deutschland stirbt.

Wenn eine der genannten vier Voraussetzungen nicht gegeben ist, können Probleme auftreten. Ohne Einfluss auf das Erbrecht ist es, wenn der Erblasser bei einer Urlaubs- oder Geschäftsreise im Ausland verstirbt, ohne dass er dort einen Aufenthalts- oder Wohnort hatte.

Nach deutschem Recht gilt der Grundsatz der so genannten Nachlasseinheit. Das bedeutet, dass sowohl das bewegliche als auch das unbewegliche Vermögen einheitlich zu behandeln sind. Nach Artikel 25 Absatz 2 Einführungsgesetz zum Bürgerlichen Gesetzbuch kann der ausländische Erblasser jedoch für in Deutschland gelegenes unbewegliches Vermögen in seiner letztwilligen Verfügung deutsches Recht wählen. Zu dem unbeweglichen Vermögen gehören Grundstücke, deren Bestandteile und Zubehör, Wohnungseigentum, Erbbaurechte und beschränkt dingliche Rechte an Grundstücken wie Grundpfandrechte, Dienstbarkeiten, Reallasten und dingliche Vorkaufsrechte.

Wählt er dafür deutsches Recht, kommt es für den Ausländer gegebenenfalls zu einer Nachlassspaltung. Das bedeutet, dass sein Grundvermögen in Deutschland nach deutschem Recht und sein sonstiges Vermögen nach seinem Heimatrecht vererbt wird. Es empfiehlt sich, für den in Deutschland gelegenen Grundbesitz ein nach deutschem Recht gültiges Testament zu verfassen.

Deutsche mit Vermögen im Ausland

Viele Deutsche haben Vermögen im Ausland. Dabei kann es sich um ein Ferienhaus oder eine Ferienwohnung in Spanien oder Florida handeln, um eine Farm in Kanada oder ein Mietshaus in Österreich, ein Wertpapierdepot in Luxemburg oder in der Schweiz. Für dieses Vermögen Deutscher im Ausland gilt immer dann ausländisches Recht, wenn der betreffende Staat besondere Vorschriften für dieses Vermögen aufgestellt hat, das sich innerhalb seiner Staatsgrenzen befindet. Dabei wird oft zwischen beweglichem Vermögen und Immobilien unterschieden.

Die rechtlichen Regelungen, die andere Staaten für Vererbung von Vermögen vorsehen, unterscheiden sich außerordentlich stark voneinander. In einigen Staaten gilt, wie nach deutschem Recht, das Staatsangehörigkeitsprinzip. Andere Staaten knüpfen an den letzten Wohnsitz des Erblassers an.

In ausländischem Recht wird auch die Frage unterschiedlich behandelt, was genau unter dem Wohnsitz zu verstehen ist. Manchmal genügt ein Aufenthaltsort (in der Regel von mindestens sechs Monaten), in anderen Fällen muss der Erblasser einen formellen Wohnsitz mit entsprechender Anmeldung bei den örtlichen Behörden begründet haben.

Häufig ziehen deutsche Staatsangehörige im Alter ins Ausland, besonders gern in den sonnigen Süden. Wenn ein deutscher Erblasser im Ausland stirbt und dort seinen letzten Wohnsitz hatte, kann es ebenfalls zu erbrechtlichen Problemen kommen, wenn sich die Anwendung ausländischen Rechts nach dem letzten Wohnsitz des Erblassers richtet. Dann kann es darauf ankommen, bei welchem Gericht der Erbe sein Erbrecht geltend macht.

Beispiel

Die Erblasserin ist im Alter in ihr Ferienhaus in die Schweiz gezogen. Sie besitzt zwar weiterhin die deutsche Staatsangehörigkeit, hat aber in ihrem letzten Lebensjahr ihren Wohnsitz in die Schweiz verlegt. Die Erblasserin stirbt in der Schweiz. Nach schweizerischem Recht gilt das Wohnsitzprinzip, also das Recht der Schweiz. Nach deutschem Recht gilt das Staatsangehörigkeitsrecht. Je nachdem, wo die Erben ihr Erbrecht geltend machen, entscheidet also entweder ein schweizer Gericht nach schweizerischem Recht oder ein deutsches Gericht nach deutschem Recht.

Außerdem sind die steuerlichen Vorschriften zu beachten. Für Erblasser und Erwerber, die Steuerinländer sind, weil sie ihren Wohnsitz oder gewöhnlichen Aufenthalt in Deutschland haben, gilt die unbeschränkte deutsche Steuerpflicht. Diese Steuerpflicht gilt für deutsche Staatsbürger noch fünf Jahre nach dem Wegzug aus Deutschland.

Nicht jede letztwillige Verfügung, die nach den Regeln des deutschen Rechts getroffen ist, gilt im Ausland. Die Formvorschriften für Testamente sind in den verschiedenen Staaten sehr unterschiedlich. Ein deutscher Erbvertrag oder ein deutsches gemeinschaftliches Testament mag hierzulande gültig und wirksam sein, viele ausländische Rechte kennen aber weder den Erbvertrag noch das gemeinschaftliche Testament.

Beispiel

Ein Ehepaar mit Kindern hat sich in Frankreich ein Ferienhaus gekauft. Die Eheleute haben sich in einem Erbvertrag gegenseitig zu Alleinerben eingesetzt. Dann stirbt der Mann. Die Frau wird nicht aufgrund des Erbvertrags Erbin, sondern die Kinder erben. Das französische Recht kennt nämlich keinen Erbvertrag. Die Witwe erhält danach nur ein Nießbrauchrecht am Ferienhaus.

Vermögen von Ausländern in Deutschland

In Deutschland lebt eine große Zahl von Ausländern, die auch dauernd hier bleiben wollen. Wenn diese Ausländer inzwischen die deutsche Staatsangehörigkeit erworben haben, richtet sich der jeweilige Erbfall nach deutschem Recht.

Wie bereits erwähnt, gilt nach deutschem Recht das Staatsangehörigkeitsprinzip. Damit verweist das deutsche Recht Ausländer auf ihr Heimatrecht, also auf das Recht des Staates, dem die Ausländer zum Zeitpunkt ihres Todes angehören. Das Heimatrecht der Ausländer verweist aber möglicherweise wieder auf deutsches Recht zurück. Viele ausländische Rechtsordnungen knüpfen nämlich nicht an die Staatsangehörigkeit an, sondern an den letzten Wohnsitz und deshalb verweist manches ausländische Recht wieder auf deutsches Recht, sodass die deutschen Gerichte deutsches Recht, gegebenenfalls aber auch ausländisches Recht anwenden müssen.

Eine Ausnahme gilt – wie bereits erwähnt – für Grundstücke, falls der Ausländer für seine Immobilien durch Verfügung von Todes wegen deutsches Recht angeordnet hat.

Die Auswirkungen deutschen und ausländischen Rechts werden hier beispielhaft für einen türkischen und deutschen Erblasser dargestellt:

Anwendbares Erbrecht für einen türkischen Erblasser

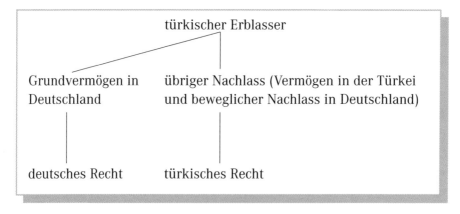

Anwendbares Erbrecht für einen deutschen Erblasser

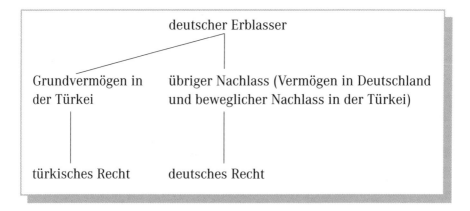

Schlussbemerkung zum internationalen Erbrecht

Wenn ein Deutscher Vermögen im Ausland oder wenn ein Ausländer Vermögen in Deutschland hat, dann muss er sich *unbedingt* vor Abfassung eines Testaments bei einem Anwalt oder Notar oder dem zuständigen Konsulat des betreffenden ausländischen Staates erkundigen, welche erbrechtlichen Besonderheiten zu beachten sind.

Im folgenden Abschnitt ist zur ersten Orientierung eine Übersicht über die erbrechtlichen Gesetze der wichtigsten europäischen Nachbarstaaten und der USA abgedruckt (aus dem Ratgeber der Stiftung Warentest über „Erben und Vererben" entnommen).

Es ist zu beachten, dass sich nicht nur in Deutschland, sondern auch im Ausland gesetzliche Vorschriften ständig ändern und damit auch die Rechtslage. Eine Auskunft, die heute richtig ist, kann bereits morgen überholt sein. Deshalb sollte man besser zweimal und bei verschiedenen Stellen fragen, als leichtfertig irgendeine testamentarische Verfügung niederzulegen, die später den vorgesehenen Erben nur Verdruss bereitet, aber nicht zu der vorgesehenen Erbschaft verhilft.

Wer sich selbst ausführlicher informieren will, sollte das folgende ständig ergänzte achtbändige Loseblatt-Werk heranziehen: *Internationales Erbrecht.* Quellensammlung mit systematischen Darstellungen des materiellen Erbrechts sowie des Kollisionsrechts der wichtigsten Staaten. Begründet von Dr. Dr. Murad Ferid und Dr. Karl Firsching, herausgegeben von Dr. Heinrich Dörner und Dr. Rainer Hausmann (Verlag C.H. Beck, München).

Welches Recht gilt?

➤ *Belgien:* Immobilien in Belgien werden nach belgischem Recht vererbt. Für das sonstige Vermögen gilt nach belgischem Recht das Recht des letzten Wohnsitzes des oder der Verstorbenen.
➤ *Dänemark:* Nach dänischem Recht ist für das gesamte Vermögen das Recht des letzten Wohnsitzes des oder der Verstorbenen maßgebend.
➤ *Frankreich:* Immobilien in Frankreich werden nach französischem Recht vererbt. Für sonstiges Vermögen gilt das Recht des letzten Wohnsitzes des oder der Verstorbenen.

➤ *Griechenland:* Maßgebend ist nach griechischem Recht das Recht des Staates, dem der oder die Verstorbene im Zeitpunkt des Todes angehört hat (Staatsangehörigkeitsprinzip).

➤ *Großbritannien und Irland:* Immobilien werden nach britischem Recht vererbt, für das übrige Vermögen gilt das Recht des letzten Wohnsitzes des oder der Verstorbenen.

➤ *Italien:* Das gesamte Vermögen wird nach dem Recht des Staates vererbt, dessen Staatsangehörigkeit der oder die Verstorbene zum Zeitpunkt des Todes hatte.

➤ *Luxemburg:* Immobilien werden nach luxemburgischen Recht vererbt, für das übrige Vermögen gilt das Recht des letzten Wohnsitzes des oder der Verstorbenen.

➤ *Niederlande:* Maßgebend für das anzuwendende Recht ist die Staatsangehörigkeit des oder der Verstorbenen.

➤ *Österreich:* Maßgebend ist die Staatsangehörigkeit des oder der Verstorbenen.

➤ *Portugal:* Maßgebend für das anzuwendende Recht ist die Staatsangehörigkeit des oder der Verstorbenen.

➤ *Schweiz:* Maßgebend ist der letzte Wohnsitz des oder der Verstorbenen. Befand sich dieser Wohnsitz nicht in der Schweiz, so ist das Recht anzuwenden, auf das das Recht des Wohnsitzstaates verweist; für Deutsche mit Wohnsitz in Deutschland gilt also deutsches Recht.

➤ *Spanien:* In den einzelnen Provinzen gilt unterschiedliches Erbrecht. Im Prinzip ist die Staatsangehörigkeit maßgebend.

➤ *USA:* In den verschiedenen US-Bundesstaaten gilt unterschiedliches Erbrecht. In der Regel ist für Immobilien das Recht des US-Bundesstaates maßgebend, in dem sich das Grundstück befindet. Für das übrige Vermögen gilt meistens das Recht des letzten Wohnsitzes des oder der Verstorbenen.

(nach: Ratgeber *Vererben und Erben*, Stiftung Warentest/Finanztest, 5. akt. Auflage, 2002, Seite 228)

SONDERPROBLEME DES ERBRECHTS

Voraus der Ehegatten

Der überlebende Ehegatte hat als gesetzlicher Erbe – außer seinem Erbteil – Anspruch auf die zum Haushalt gehörenden Gegenstände und die Hochzeitsgeschenke. Dies ist der so genannte Voraus. Der überlebende Ehegatte soll nämlich diejenigen Gegenstände behalten dürfen, die bisher den äußeren Rahmen der ehelichen Lebensgemeinschaft dargestellt haben. Keinen Anspruch auf den Voraus haben im Zweifel der Nacherbe und der Erbschaftskäufer.

Voraussetzung ist, dass der Ehegatte endgültig gesetzlicher Miterbe geworden ist. Wenn er Alleinerbe ist, gehört der Voraus selbstverständlich zu seinem Gesamterbe.

Der überlebende Ehegatte hat jedoch keinen Anspruch auf den Voraus, wenn er durch Verfügung von Todes wegen, also in der Regel durch Testament, als Erbe eingesetzt oder von der gesetzlichen Erbfolge ausgeschlossen ist, z. B. wegen Scheidung, wenn er auf das Erbrecht verzichtet oder die Erbschaft ausgeschlagen hat und schließlich wenn er als erbunwürdig erklärt worden ist.

Er kann auch nicht die Erbschaft ausschlagen und den Voraus behalten. Um den Voraus zu erhalten, kann er aber die Erbschaft aufgrund einer Verfügung von Todes wegen ausschlagen und seinen gesetzlichen Erbteil annehmen.

Der Voraus wird oft als „gesetzliches Vermächtnis" bezeichnet, obwohl das Bürgerliche Gesetzbuch nur bei der testamentarischen Erbfolge ein Vermächtnis kennt.

Umfang des Voraus

Der Voraus besteht aus den zum Haushalt gehörigen Gegenständen, wenn die Eheleute einen gemeinsamen Haushalt geführt, also nicht nur geplant haben. Dazu zählen alle Sachen, die dem gemeinsamen Haushalt gedient haben, ohne Rücksicht auf ihren Wert, z. B. Möbel, Teppiche, Geschirr, Haushalts- und Phonogeräte, Fernseher, Bücher, Bilder (sofern nicht Kunstsammlung), wohl auch das Familienfahrzeug, nicht jedoch der beruflich genutzte PKW. Um das Auto wird oft gestritten, weil es nicht im direkten Bezug zur Ehewohnung steht. Keine Haushaltsgegenstände sind die dem persönlichen Gebrauch des Erblassers dienenden Sachen wie Kleider und Schmuck oder die zu seiner Berufstätigkeit bestimmten Gegenstände. Außerdem gehören zum Voraus die Hochzeitsgeschenke, soweit sie noch vorhanden sind.

Einschränkung des Voraus neben Abkömmlingen

Der Voraus steht dem überlebenden Ehegatten neben den Verwandten der 1. Ordnung, also neben den Kindern, nur insoweit zu, als er sie zur Führung eines „angemessenen" Haushalts benötigt. Sind keine Kinder vorhanden, bekommt er den ganzen Voraus. Diese Vorschrift hat in der Praxis allerdings nur geringe Bedeutung.

Voraus und Pflichtteilsberechnung

Der Voraus stellt bei vielen Erbschaften einen wesentlichen Teil des Nachlasses dar. Er gehört deshalb wertmäßig zu den Aktiva des Nachlasses. Der Voraus des überlebenden Ehegatten bei der gesetzlichen Erbfolge bleibt aber bei der Berechnung des Pflichtteils von Abkömmlingen und Eltern außer Ansatz, um seinen Zweck nicht zu gefährden.

Der Pflichtteil von Kindern und Eltern wird also nur aus dem übrigen Nachlass berechnet. Der Pflichtteil des Ehegatten selbst berechnet sich dagegen aus dem Gesamtnachlass ohne Abzug des Voraus. Im Gesetz (§ 2311 BGB) heißt es dazu wörtlich:

> Der Berechnung des Pflichtteils wird der Bestand und der Wert des Nachlasses zur Zeit des Erbfalls zugrunde gelegt. Bei der Berechnung des Pflichtteils eines Abkömmlings und der Eltern des Erblassers bleibt der dem überlebenden Ehegatten gebührende Voraus außer Ansatz.

Dreißigster

Der Erbe ist verpflichtet, den Familienangehörigen des Erblassers, die zur Zeit des Todes des Erblassers zu seinem Haushalt gehört und von ihm Unterhalt bezogen haben, in den ersten 30 Tagen nach dem Eintritt des Erbfalls in demselben Umfang wie der Erblasser die Benutzung der Wohnung und der Haushaltsgegenstände zu gestatten und Unterhalt zu gewähren. Dieser Anspruch wird Dreißigster genannt. Der Erblasser kann durch eine letztwillige Verfügung eine abweichende Anordnung treffen (§ 1969 BGB). Diese Vorschrift hat unter Umständen große praktische Bedeutung.

Beispiel

Der Erblasser lebt mit seiner Lebensgefährtin zusammen. Er hat kein Testament zugunsten seiner Lebensgefährtin gemacht. Deshalb sind Erben seine (noch nicht geschiedene) Ehefrau und seine Kinder. Diesen Erben ist es nicht recht, dass der Vater mit seiner Freundin zusammengelebt hat. Sie wollen deshalb diese Freundin – möglichst noch vor der Beerdigung – aus der Wohnung werfen. Sie kann sich aber 30 Tage lang auf die Vorschrift von § 1969 BGB berufen und von den Erben für diese Zeit sogar Unterhalt verlangen.

Allerdings ist es nicht ganz unstreitig, ob zu den „Familienangehörigen" im Sinne dieser Vorschrift auch die Lebensgefährtin des Erblassers gehört. Der Anspruch auf den Dreißigsten steht nämlich den Familienangehörigen zu, die zum Hausstand des Erblassers gehört haben, so auch den Pflege- und Stiefkindern. Hausangestellte gehören dagegen nicht dazu, weil sie keinen Unterhalt bezogen, sondern einen weitergehenden Lohnanspruch haben.

Der Dreißigste ist in natura und in bisherigem Umfang zu erfüllen, falls der Haushalt nicht vorher aufgelöst werden muss. Dann wandelt sich der Anspruch gegebenenfalls in einen Geldanspruch um.

Durch letztwillige Verfügungen kann der Erblasser den Dreißigsten erhöhen, verringern oder ausschließen. Kein Anspruch besteht für die Vergangenheit. Nach dem Erbfall ist ein Verzicht auf den Dreißigsten ohne weiteres möglich. Der Anspruch ist grundsätzlich nicht übertragbar und unpfändbar.

Scheidung

Das gesetzliche Erbrecht des überlebenden Ehegatten setzt das Bestehen einer rechtsgültig geschlossenen Ehe voraus. Der geschiedene Ehegatte hat also kein Erbrecht und auch kein Pflichtteilsrecht. Er kann jedoch den Zugewinnausgleich und/oder den Versorgungsausgleich noch nach dem Tod des anderen Ehegatten durchführen. Der Anspruch richtet sich dann gegen die Erben des verstorbenen Ehegatten.

Für die Kinder ergeben sich durch die Scheidung der Eltern keine erbrechtlichen Nachteile. Sie behalten uneingeschränkt ihr Erbrecht. Sie werden zumeist sogar durch die Scheidung der Eltern begünstigt.

Beispiel

Ein Ehepaar hat ein gemeinsames Kind. Bei Zugewinngemeinschaft und Tod des Vaters oder der Mutter bekommt der überlebende Ehegatte die Hälfte, die andere Hälfte fällt an das Kind. Nach einer Ehescheidung der Eltern bekommt der geschiedene Ehegatte nichts und das Kind die gesamte Erbschaft. Es wird damit zum Alleinerben.

Wie aber ist die Rechtslage, wenn ein Ehegatte während des nicht rechtskräftig abgeschlossenen Scheidungsrechtsstreits stirbt? In diesem Fall gilt die Sonderregelung von § 1933 BGB. Danach fallen das Erbrecht und das Recht auf den Voraus weg, wenn zur Zeit des Todes des Erblassers die Voraussetzungen für die Scheidung gegeben sind und der Erblasser die Scheidung beantragt oder ihr zugestimmt hat.

Die Voraussetzungen für eine Scheidung sind nach heutigem Scheidungsrecht grundsätzlich die einjährige Trennungszeit, außerdem muss der Erblasser die Scheidung beantragt oder dem Scheidungsantrag der Gegenseite zugestimmt haben. Mit anderen Worten: Die Ehegatten können viele Jahre, sogar jahrzehntelang getrennt gelebt haben. Wenn keiner die Scheidung bei Gericht beantragt, bleibt das Erbrecht des anderen Ehegatten bestehen.

Streitig ist, ob es genügt, dass der Scheidungsantrag bei Gericht eingereicht worden ist, oder ob er, wie es der Bundesgerichtshof verlangt, dem anderen Ehegatten bereits zugestellt sein muss. Dieser relativ kurze Zeitunterschied kann unter Umständen sehr wichtig werden.

Der Erblasser will sich schon lange scheiden lassen, hat aber noch nichts unter-
nommen. Er hat einen schweren Unfall, kommt ins Krankenhaus und beauftragt
sofort einen Anwalt, die Scheidung einzureichen. Der Anwalt reicht auch die Schei-
dung bei Gericht ein, aber bevor der Antrag zugestellt werden kann – was bei
der derzeitigen Überlastung der Gerichte manchmal etwas länger dauern kann –,
verstirbt der Erblasser.

Es ergibt sich die Streitfrage, ob das Erbrecht des überlebenden Ehegatten bereits durch die Einreichung des Scheidungsantrages bei Gericht
oder erst mit der Zustellung weggefallen ist. Im Notfall muss man also
den Anwalt beauftragen, für eine sofortige Zustellung des Scheidungsantrags zu sorgen.

Hat der überlebende Ehegatte die Scheidung beantragt, bleibt sein Erbrecht erhalten, solange der verstorbene Ehegatte vor seinem Tod der
Scheidung noch nicht zugestimmt oder seinerseits den Scheidungsantrag
gestellt hat.

Selbst wenn der Scheidungsantrag „rechtzeitig" zugestellt worden ist,
bleibt dem anderen Ehegatten noch folgende Möglichkeit: Er kann be-
haupten, dass das einjährige Trennungsjahr noch nicht abgelaufen war
und Gründe für eine vorzeitige Scheidung nicht vorliegen. Für das Fami-
liengericht ist das Scheidungsverfahren durch den Tod eines Ehegatten
beendet. Die Frage, ob das Erbrecht des anderen Ehegatten weggefallen
ist, muss durch das Zivilgericht geklärt werden.

Ehegattentestament und Erbverträge

Durch eine Scheidung der Ehe erlöschen die erbrechtlichen Beziehungen
zwischen Ehegatten. Demgemäß verlieren auch Ehegattentestamente und
Erbverträge ihre Gültigkeit, und zwar ebenfalls von dem Zeitpunkt an, ab
dem die Voraussetzungen für die Scheidung gegeben sind und die Scheidung bei dem zuständigen Gericht beantragt bzw. dieser Antrag zugestellt worden ist.

In gemeinschaftlichen Testamenten und insbesondere in Erbverträgen
findet sich gelegentlich auch die Klausel, dass das Erbrecht des überlebenden Ehegatten trotz Scheidung der Ehe bestehen bleiben soll. Eine
solche abweichende Regelung ist zulässig.

Elterliche Sorge und Verwaltung des Kindesvermögens bei Scheidung

Aufgrund des seit dem 1.7.1998 geltenden Rechts wird bei der Scheidung einer Ehe vom Gericht keine Regelung des Sorgerechts für minderjährige Kinder mehr vorgenommen. Beide Ehegatten behalten trotz Scheidung das gemeinschaftliche Sorgerecht für ihre minderjährigen Kinder.

Wenn ein geschiedener Ehegatte stirbt, bekommt der überlebende Ehegatte das alleinige Sorgerecht, soweit es sich mit dem Kindeswohl vereinbaren lässt. Mit dem Sorgerecht ist gleichzeitig die Verwaltung des Kindesvermögens verbunden, und zwar auch desjenigen Vermögens, was der andere Elternteil den Kindern vererbt hat. Die Vermögenssorge eines oder beider Elternteile kann deshalb – unabhängig von einer Scheidung – beschränkt werden, wenn der Erblasser dies in seiner letztwilligen Verfügung oder bei der Zuwendung bestimmt. Dazu heißt es in § 1638 BGB:

> Die Vermögenssorge erstreckt sich nicht auf das Vermögen, welches das Kind von Todes wegen erwirbt oder welches ihm unter Lebenden unentgeltlich zugewendet wird, wenn der Erblasser durch letztwillige Verfügung, der Zuwendende bei der Zuwendung bestimmt hat, dass die Eltern das Vermögen nicht verwalten sollen.
>
> Was das Kind aufgrund eines zu einem solchen Vermögen gehörenden Rechts oder als Ersatz für die Zerstörung, Beschädigung oder Entziehung eines zu dem Vermögen gehörenden Gegenstandes oder durch ein Rechtsgeschäft erwirbt, das sich auf das Vermögen bezieht, können die Eltern gleichfalls nicht verwalten.
>
> Ist durch letztwillige Verfügung oder bei der Zuwendung bestimmt, dass ein Elternteil das Vermögen nicht verwalten soll, so verwaltet es der andere Elternteil. Insoweit vertritt dieser das Kind.

Der Erblasser oder Schenker kann auch einen Pfleger oder einen Testamentsvollstrecker benennen.

Beispiel

Der Großvater setzt zugunsten seiner Enkel beachtliche Vermächtnisse aus und bestimmt in seinem Testament, dass ein Sohn allein (nicht aber die ungeliebte Schwiegertochter) das Vermögen der Enkel bis zur Volljährigkeit oder einem bestimmten Datum (25. Lebensjahr der Enkel) verwalten soll. Sollte der Sohn vorversterben oder aus anderen Gründen in Fortfall kommen, soll das Vormundschaftsgericht einen Pfleger bestellen. Mit derselben Aufgabe könnte der Großvater in seinem Testament auch einen Testamentsvollstrecker betrauen.

Tod des unterhaltspflichtigen geschiedenen Ehegatten

Mit dem Tod des unterhaltspflichtigen Ehegatten endet seine Unterhaltspflicht. In der Regel erhält der überlebende Ehegatte von nun ab Witwen- oder Witwerrente. Wurde die Ehe jedoch vorher geschieden, geht die Unterhaltspflicht des geschiedenen Ehegatten mit seinem Tod nicht völlig unter, sondern als Nachlassverbindlichkeit auf die Erben über. Da die Unterhaltspflicht eine Nachlassverbindlichkeit ist, können die Erben die üblichen Haftungsbeschränkungen geltend machen. Im Übrigen ist die Unterhaltsverpflichtung der Höhe nach auf den Pflichtteil begrenzt, der dem unterhaltsberechtigten Ehegatten ohne Scheidung der Ehe zugestanden hätte. (Die Aufhebung der Ehe ist der Scheidung gleichgestellt.)

Beim Tod des unterhaltspflichtigen geschiedenen Ehegatten tut sich für den überlebenden Ehegatten oft eine bittere Versorgungslücke auf. Der überlebende Ehegatte bekommt, weil die Ehe inzwischen rechtskräftig geschieden ist, nämlich keine Witwen- oder Witwerrente oder Pension.

Dem überlebenden Ehegatten sind möglicherweise im Rahmen der Scheidung durch den Versorgungsausgleich erhebliche Renten- oder Pensionsansprüche übertragen worden, aber er kann diese Rentenansprüche erst verwirklichen, wenn er selbst in Rente geht bzw. selbst das Rentenalter erreicht hat. Zwischen dem Tod des unterhaltspflichtigen geschiedenen Ehegatten und dem eigenen Rentenbezug kann ein langer Zeitraum liegen, in dem der überlebende Ehegatte (meist die Witwe) Unterhaltsansprüche nur gegen die Erben geltend machen kann, begrenzt durch die Höhe des Pflichtteils, der dem überlebenden Ehegatten zustünde, wenn die Ehe nicht geschieden worden wäre.

Beispiel

Der geschiedene Ehegatte ist gut verdienender Angestellter mit einem Nettoeinkommen von 3000 Euro und muss seiner geschiedenen Frau monatlich 1000 Euro Unterhalt zahlen. Er hat kein Vermögen, aber sehr viele Schulden. Im Alter von 55 Jahren stirbt er plötzlich. Seine überlebende geschiedene Frau ist zu diesem

Zeitpunkt 45 Jahre alt. Die geschiedene Ehefrau könnte also gegen die Erben ihren Unterhaltsanspruch von 1000 Euro monatlich geltend machen. Da der Nachlass des Verstorbenen aber null Euro wert ist, beträgt der Pflichtteilsanspruch ebenfalls nur null Euro, sodass die (geschiedene) Witwe gegen die Erben keinen Unterhaltsanspruch durchsetzen kann, weil dieser auf den Pflichtteil begrenzt ist.

Der überlebenden (geschiedenen) Ehefrau sind zwar seinerzeit bei der Scheidung erhebliche Versorgungsansprüche übertragen worden, diese kann sie aber erst geltend machen, wenn sie selbst in Rente geht oder 65 Jahre alt wird.

Das Beispiel zeigt, dass sich in solchen Fällen eine Versorgungslücke ergibt, die notfalls vom Sozialamt geschlossen werden muss. Wenn die überlebende Ehefrau 45 Jahre alt ist, kann sie meist noch eine Berufstätigkeit aufnehmen und ihr Geld selbst verdienen. Wenn sie schon Ende 50 oder Anfang 60 ist (und nicht schon mit 60 Jahren in Rente gehen kann) und wenn sie nicht mehr arbeitsfähig ist, bleibt ein unterhaltsfreier Raum.

Die Situation war vor Einführung des Versorgungsausgleichs besser geregelt. Damals bekam die (geschiedene) Witwe in Höhe der bisherigen Unterhaltsbezüge weiterhin die Rente ihres verstorbenen Mannes. Wenn zwei Witwen vorhanden waren, wurde die Rente zeitanteilig (nach Ehejahren) aufgeteilt.

Heutzutage sollten Ehegatten, die sich scheiden lassen wollen, diese Frage sehr gründlich bedenken und gegebenenfalls eine Scheidung zurückstellen, damit dem überlebenden Ehegatten der Rentenanspruch erhalten bleibt.

> *Wichtig:* Stirbt der sozialversicherte Ehegatte vor Eintritt der Rechtskraft des schon erlassenen Scheidungsurteils, so bleiben dem anderen Ehegatten die Rentenansprüche als Witwe/Witwer erhalten; notfalls kann er gegen ein familiengerichtliches Scheidungsurteil Berufung an das Oberlandesgericht einlegen und dort den Scheidungsantrag zurücknehmen. Wird der Scheidungsspruch jedoch noch vor dem Tod eines Ehegatten rechtskräftig, fallen die Rentenansprüche des Überlebenden weg.

SCHENKUNGEN VON TODES WEGEN UND VERTRÄGE ZUGUNSTEN DRITTER

Schenkungen

Schenkungen sind unentgeltliche Zuwendungen unter Lebenden. Am bekanntesten sind die so genannten Handschenkungen, diese meist kleinen Geschenke und Aufmerksamkeiten zu Geburtstagen, zum Weihnachtsfest und zu anderen Gelegenheiten. Für diese erhält man einen freundlichen Dank und damit ist die Sache erledigt.

Probleme gibt es manchmal bei größeren Schenkungen, wenn diese mangelhaft sind oder, was viel schlimmer ist, wenn der Beschenkte groben Undank zeigt oder der Schenker selbst in Not gerät. Dann besteht gegebenenfalls ein Rückforderungsanspruch.

Schenkungsversprechen

Die Handschenkung ist formlos. Dagegen bedarf ein Schenkungsversprechen der notariellen Beurkundung. Ein solches Schenkungsversprechen ist ein Vertrag, in dem eine Leistung für die Zukunft unentgeltlich versprochen wird. Wenn also jemand seinem Freund, der sich gerade in akuter Geldverlegenheit befindet, verspricht, ihm 1000 Euro zu schenken, dann ist ein solches Versprechen nur gültig, wenn es notariell beurkundet wird.

Anders verhält es sich mit einem Darlehensvertrag, der auch mündlich oder schriftlich geschlossen werden kann. Wenn der Schenker sein Versprechen erfüllt, dann ist die Schenkung vollzogen und es bedarf keines notariellen Vertrages mehr.

Der Gesetzgeber wollte mit dieser Formvorschrift beim Schenkungsversprechen (notarieller Vertrag) erreichen, dass niemand leichtfertig sein Vermögen verschenkt und beispielsweise in Bierlaune einen erheblichen Vermögenswert weggibt. Wenn er am nächsten Tag die Schenkung tatsächlich vollzieht, dann ist das in Ordnung. Wenn es sich der Schenker aber über Nacht anderes überlegt, kann er seine Zusage zurücknehmen. Damit ist das formlose Schenkungsversprechen hinfällig. Im Gesetz heißt es (§ 2301 BGB):

> Auf ein Schenkungsversprechen, welches unter der Bedingung erteilt wird, dass der Beschenkte den Schenker überlebt, finden die Vorschriften über Verfügungen von Todes wegen Anwendung.

Das Schenkungsversprechen auf den Todesfall muss also in Form eines eigenhändigen Testamentes oder in der Form eines notariellen Vertrages abgegeben werden. Zwischen Schenkungen von Todes wegen und letztwilligen Verfügungen besteht also praktisch kein Unterschied.

Wird allerdings die Schenkung entgegen der ursprünglichen Absicht schon unter Lebenden vollzogen, gelten die Vorschriften der Schenkungen unter Lebenden.

In dem Zusammenhang tauchen immer wieder große Streitfragen auf, wenn z. B. ein Sterbender einem Verwandten kurz vor seinem Tod sein Sparbuch übergibt. Ist dann die Schenkung schon durch Übertragung des Sparkontos vollzogen oder erst dann, wenn der Beschenkte das Sparguthaben abgehoben hat?

Verträge zugunsten Dritter

Die Formvorschriften des Schenkungsversprechens von Todes wegen kann man umgehen durch die Verträge zugunsten Dritter. In einem solchen Fall schließt der Schenker oder Erblasser mit einer Bank oder Sparkasse einen Vertrag zugunsten eines Dritten, z. B. seines Sohnes oder seiner Tochter, seiner Freundin oder einer anderen Person. Diese Verträge zugunsten Dritter sind Grenzfälle des Erbrechts.

Es handelt sich bei dieser Art von Verträgen nicht um richtige Schenkungen unter Lebenden, aber auch nicht um Schenkungsversprechungen auf den Todesfall, sondern um Verträge mit der Bank oder Sparkasse. Die Bank oder Sparkasse hat diese Verträge im Todesfall (oder zu einem anderen Zeitpunkt) zu erfüllen.

Die Großmutter hat mehrere Enkel, einer davon ist ihr Liebling. Dieser Enkel steht jetzt vor dem Abitur. Die Großmutter ist sehr krank und weiß nicht, ob sie das Abitur ihres Enkels noch erleben wird. Sie möchte ihm aber auf jeden Fall für ein bestandenes Abitur eine besondere Anerkennung zukommen lassen, und zwar unabhängig von ihrem Erbe. Sie befürchtet nämlich, dass sich ihre vielen Kinder und Enkel um die Erbschaft streiten werden. Die Großmutter schließt deshalb mit der Sparkasse einen Vertrag zugunsten ihres Enkels, wonach diesem im Falle des Bestehens seines Abiturs 5000 Euro ausgezahlt werden sollen, und zwar unabhängig davon, ob die Großmutter noch lebt oder nicht. Diese 5000 Euro fallen also nicht in den Nachlass und nach Möglichkeit sollen die Erben nichts davon erfahren.

Der Ehemann hat eine Geliebte. Von der Existenz der Freundin darf die Ehefrau nichts wissen. Er möchte sein ansonsten intaktes Familienleben keinesfalls in Gefahr bringen. Er kann also die Freundin in seinen Testament nicht bedenken. Andererseits möchte er ihr derzeit keinen größeren Geldbetrag schenken, sondern zunächst abwarten, ob sie ihm bis zu seinem Tod „treu" bleibt. Deshalb schließt er mit seiner Bank einen Vertrag zugunsten seiner Freundin, nach dem ihr im Falle seines Ablebens 50 000 Euro ausgezahlt werden sollen. Er bestimmt zusätzlich, dass diese Verfügung den Erben nicht bekannt gemacht werden darf.

Die Banken und Sparkassen haben für solche Verträge zugunsten Dritter vorgedruckte Formulare. In diesen Formularen schließen die Banken jede Haftung für derartige Verträge aus, weil das ganze Rechtsgebiet ziemlich umstritten ist. Der Hauptstreitpunkt bei diesen Verträgen ist die Frage, ob der Erbe oder die Erbengemeinschaft eine solche Verfügung zugunsten einer dritten Person widerrufen kann.

In der Regel erfährt der Erbe nämlich von dieser Verfügung, weil die Banken und Sparkassen die Kontostände des Erblassers zum Zeitpunkt seines Todes dem Finanzamt melden müssen. Von dieser Finanzamtsmeldung erhält der Erbe eine Abschrift. Da der Erbe im Augenblick des Todes des Erblassers mit allen Rechten und Pflichten an dessen Stelle tritt, müsste er eigentlich widerrufen können. Die Rechtsprechung geht aber überwiegend dahin, dass der Erbe nicht mehr widerrufen kann, wenn der Begünstigte schon zu Lebzeiten des Schenkers die Verfügung zu seinen Gunsten angenommen und wenn er den Betrag erhalten hat.

Sofortiger Gläubigerwechsel

Soll der Rechtsübergang des zugewendeten Betrages oder der Wertpapiere sich sofort (und nicht erst im Todesfall) vollziehen, sind keine Besonderheiten zu beachten. Es verhält sich ähnlich wie bei der Handschenkung, nur erfolgt die Schenkung nicht unmittelbar an den Begünstigten, sondern die Bank oder Sparkasse wird angewiesen, das Sparguthaben oder Wertpapierdepot auf den Begünstigten zu übertragen. Zweckmäßigerweise erscheint der Begünstigte wegen der notwendigen Legitimationsprüfung mit bei der Bank oder nimmt schnellstmöglich die zu seinen Gunsten getroffene Verfügungen anderweitig an. Mit dem Abschluss der Vereinbarung mit der Bank oder Sparkasse gehen die Vermögenswerte sofort an den annehmenden Begünstigten über. Dieser wird damit gegenüber der Bank oder Sparkasse neuer Gläubiger mit allen sich daraus ergebenden Rechten und Pflichten.

Hinausgeschobene Verfügungsbefugnis

Nicht selten besteht der Wunsch, dass der Begünstigte nur unter einer bestimmten Bedingung oder erst ab einem bestimmten Zeitpunkt über die ihm zugedachten Vermögensrechte verfügen darf. Aus Gründen der Rechtssicherheit und der Rechtsklarheit empfiehlt es sich, eine klare Vereinbarung über den Zeitpunkt des Gläubigerwechsels zu treffen.

In manchen Fällen soll der Rechtsübergang auf den Dritten zwar sofort vollzogen werden, der Dritte soll aber noch nicht über die Vermögensrechte verfügen dürfen. Eine solche Regelung kommt in Betracht, wenn der Schenker z. B. eine Pfändung seines Kontos befürchtet. Man kann mit der Bank oder Sparkasse eine sofortige Übertragung der Vermögenswerte bei gleichzeitiger Kontensperrung vereinbaren. Der Begünstigte wird sofort Gläubiger gegenüber der Bank oder Sparkasse, kann aber über das Konto oder die Wertpapiere bis zu einem bestimmten Ereignis – solange die Kontensperre wirksam ist – nicht verfügen. Für den Veranlasser dieser Verfügung hat das aber den Nachteil, dass er ab sofort über das dem Begünstigten überschriebene Konto/Sparguthaben oder über die Wertpapiere selbst nicht mehr verfügen kann. Er kann nach Abschluss dieser Vereinbarung das Geld oder die Wertpapiere nicht mehr zurückholen. Möchte sich der Schenker aber bis zu dem ins Auge gefassten Zeitpunkt oder Ereignis noch Verfügungsmöglichkeiten vorbehalten – z. B. eine Änderung der Drittbegünstigung –, so bleibt nur die Möglichkeit des hinausgeschobenen Gläubigerwechsels.

Es ist meist besser, sich bis zu diesem Zeitpunkt eine Widerrufsmöglichkeit vorzubehalten. Bei einer sofort wirksam werdenden Verfügung zugunsten eines Dritten kann man keinen Widerrufsvorbehalt einbauen.

Späterer Gläubigerwechsel

Wenn man eine später wirksame Drittbegünstigung mit der Bank vereinbart, hat das vor allem den Vorteil, dass man diese Verfügung bis zu dem vorgesehenen Zeitpunkt oder bestimmten Ereignis jederzeit widerrufen kann. Problematisch ist es, wenn die Verfügungsberechtigung unwiderruflich ausgestaltet ist und der Dritte gegenüber der Bank oder Sparkasse die Begünstigung zur Kenntnis genommen und gleichzeitig durch seine Unterschrift angenommen hat. Ob der Schenker diese Verfügung dann noch widerrufen kann, ist strittig. Dem Kontoinhaber bleibt bis zum Eintritt des vorgesehenen Zeitpunktes oder Ereignisses allerdings die Möglichkeit vorbehalten, über seine eigenen Vermögenswerte frei zu verfügen. Infolgedessen kann er trotz unwiderruflicher Drittbegünstigung die Ausführung der Vermögensübertragung auf den Begünstigten dadurch verhindern, dass er das vorgesehene Konto auf null stellt.

Mit anderen Worten: Man zieht von der beauftragten Bank oder Sparkasse alles Geld oder den gesamten Wertpapierbesitz ab. Dann besteht die unwiderrufliche Drittbegünstigung zwar weiterhin, aber die Bank oder Sparkasse hat im entscheidenden Augenblick kein Geld vom Auftraggeber zur Verfügung, womit sie diese Begünstigung ausführen könnte.

Vorzeitiges Ableben eines Beteiligten

Wenn das Wirksamwerden der Begünstigung zeitlich hinausgeschoben ist, kann der Begünstigte oder der Schenker versterben. Für den Fall des Versterbens des Schenkers vor Eintritt des vorgesehenen Zeitpunktes oder Ereignisses ist bereits in den Formularen der Banken vorgesehen, dass die Verfügung unmittelbar mit dem Ableben wirksam werden soll, und zwar außerhalb des Nachlasses. Dieser Regelung liegt die Überlegung zugrunde, dass der Schenker das Wirksamwerden der Begünstigung in der Regel nur deswegen hinausgeschoben hat, um sich bis zum Tod die eigene Verfügungsmöglichkeit vorzubehalten. Andererseits würde mit dem Ableben des Schenkers den Erben die Möglichkeit eröffnet, die vorgesehene Begünstigung rückgängig zu machen, und zwar auch dann, wenn die Verfügung unwiderruflich vereinbart worden ist, zumindest solange, wie der begünstigte Dritte noch keine Kenntnis von der Verfügung zu seinen Gunsten erlangt bzw. diese Begünstigung noch nicht angenommen hat.

Selbst wenn sich die Erben nicht trauen sollten, die unwiderrufliche Verfügung zu widerrufen, weil ihnen das pietätlos erscheint, so können sie unverzüglich alle Vermögenswerte bei der Bank oder Sparkasse abziehen, sodass die Bank die vom Verstorbenen angewiesene Verfügung nicht mehr ausführen kann. Deshalb muss die Bank nach dem Tod des Schenkers die vorgesehene Verfügung sofort ausführen. (Das wird übrigens in dem Beispielfall von Seite 227 problematisch, wenn der Enkel das Abitur noch nicht bestanden hat.)

Ersatzbegünstigter

Für den Fall, dass der Begünstigte vor Eintritt des festgelegten Zeitpunktes bzw. Ereignisses verstirbt, muss eine konkrete Bestimmung darüber getroffen werden, wie sich dies auf die Drittbegünstigung auswirken soll. In den üblichen Vordrucken der Banken und Sparkassen sind als Alternative die Ernennung eines Ersatzbegünstigten oder das Hinfälligwerden der Begünstigung vorgesehen.

Verfügungen auf den Todesfall

Meist wird vereinbart, dass der Begünstigte die Zuwendung erst beim Ableben des Zuwendenden erwerben soll. Dies stellt eine von der Rechtsprechung anerkannte Möglichkeit dar, außerhalb des gesetzlichen Erbgangs eine mit dem Tod wirksame Zuwendung vorzunehmen, die nicht in den Nachlass fällt. Die Gründe für eine derartige Verfügung sind vielfältig. Häufig soll nach dem Wunsch des Schenkers/Erblassers diese Verfügung den Erben nicht bekannt werden. Wie aber bereits erwähnt, muss die Bank die Kontostände dem Finanzamt mitteilen. Außerdem haben die

Erben das Recht, die Kontoauszüge des Erblassers einzusehen. Die Bank oder Sparkasse muss auf gezielte Nachfrage Auskunft über eine derartige Drittbegünstigung geben.

Grundsätzlich ist diese Zuwendung erbrechtlich genauso zu behandeln wie eine Schenkung des Erblassers. Ist der Begünstigte selbst Erbe oder Miterbe, so ist die Schenkung bei einer erbrechtlichen Auseinandersetzung zu berücksichtigen, z. B. bei der Ausgleichung der Vorausempfänge der Geschwister, aber auch im Zusammenhang mit etwaigen Pflichtteilsergänzungsansprüchen. Der Betrag der Begünstigung ist als Zuwendung von Todes wegen erbschaftsteuerpflichtig.

Zuwendung als Schenkung

In der Regel erfolgt die Zuwendung durch Vertrag zugunsten Dritter als Geschenk. Bei einer Schenkung ist aber – wie bereits erwähnt – zu beachten, dass sie zu ihrer Wirksamkeit entweder sofort vollzogen sein muss oder als Schenkungsversprechen eines notariellen Vertrages bedarf. Daraus ergeben sich folgende Konsequenzen:

Bis zum Eintritt des Todesfalles gehört der vorgesehene Betrag (oder die Wertpapiere) noch zum Vermögen des Schenkers. Er kann frei darüber verfügen. Allerdings kann das Konto des Schenkers in dieser Zeit von seinen Gläubigern gepfändet werden. Die Rechtsstellung des Begünstigten ist bis zum Tod des Schenkers frei abänderbar, sei es aufgrund eines Vorbehaltes oder durch einseitige Erklärung des Schenkers. Auch wenn die Begünstigung nach der getroffenen Vereinbarung unwiderruflich ist, ist nach der überwiegenden Meinung der Schenker zu einer Kündigung eines solchen unwiderruflichen Vertrages berechtigt. Der Begünstigte hat also bis zum Todesfall weder ein Recht noch eine Anwartschaft, sondern lediglich die Hoffnung oder Chance auf einen künftigen Rechtserwerb.

Nach Eintritt des Todes erwirbt der Begünstigte, wenn die begünstige Verfügung nicht widerrufen ist, einen Leistungsanspruch gegen die Bank oder Sparkasse. Im Verhältnis des Begünstigten zu den Erben muss aber ein wirksamer Schenkungsvertrag zugrunde liegen. Das ist der Fall, wenn der Begünstigte schon zu Lebzeiten den Vertrag zu seinen Gunsten angenommen hat.

Das geht in der Praxis meist so vonstatten, dass der Schenker mit dem Begünstigten zusammen zur Bank oder Sparkasse geht und dass der Begünstigte dort den Vertrag zu seinen Gunsten als Zeichen seiner Annahme mit unterschreibt. Damit ist der Schenkungsvertrag erfüllt.

Fehlt eine derartige Annahmeerklärung durch den Begünstigten, kann eine wirksame Schenkung noch nach dem Tod des Schenkers dadurch zustande kommen, dass die Bank oder Sparkasse die Drittbegünstigungserklärung des Schenkers auftragsgemäß dem Begünstigten mitteilt. Darin liegt eine Schenkungsofferte, die der Begünstigte annehmen kann. Anders verhält es sich, wenn der Schenker der Bank keinen solchen Übermittlungsauftrag erteilt hat und der Begünstigte von der Absicht nur zufällig erfährt oder wenn der Erblasser in seinem Testament die Begünstigung widerrufen hat. Daraus können sich komplizierte Streitfragen ergeben, die gegebenenfalls die Gerichte beschäftigen.

Wie man die Ausführung einer Begünstigung zugunsten Dritter verhindern kann

Noch einmal zurück zu dem Beispielfall auf Seite 227, bei dem die Großmutter ihrem Lieblingsenkel für das bestandene Abitur 5000 Euro zukommen lassen will. Angenommen, sie hat sich über ihren Enkel aus irgendeinem Grunde sehr geärgert und will deswegen diese Begünstigung mit den 5000 Euro rückgängig machen. Es ist ihr aber peinlich, deswegen zur Bank zu gehen, zumal sie der Bank gegenüber erklärt hat, dass die Begünstigung unwiderruflich sei. Sie will auch dem Enkel nichts sagen. Deswegen räumt sie das Konto leer, von dem die Begünstigung zu gegebener Zeit ausgeführt werden soll. Sie hebt also alles Geld von diesem Konto ab und transferiert es auf ein anderes Konto. Dann kann die Bank oder Sparkasse die Begünstigung zu gegebener Zeit nicht ausführen, weil kein Geld auf dem Konto ist.

Oder-Konten

Zu den Verträgen zugunsten Dritter gehört eine interessante Variante, nämlich die Einrichtung eines Oder-Kontos bei der Bank oder Sparkasse. Die Banken und Sparkassen richten auf Wunsch – für Ehegatten, aber auch für Partner einer nichtehelichen Lebensgemeinschaft oder Freunde – so genannte Oder-Konten ein. Bei einem Oder-Konto sind die beiden Kontoinhaber Gesamtgläubiger gegenüber der Bank. Im Prinzip gehört den beiden Kontoinhabern jeweils die Hälfte der Einlage, jedoch kann jeder über das gesamte Konto verfügen, ja sogar das Konto auflösen. Die Einrichtung eines Oder-Kontos setzt also ein großes Vertrauen der Ehegatten oder Partner zueinander voraus.

Ein solches Oder-Konto ist zu unterscheiden von einem Einzelkonto, das nur einer Person gehört, für das aber eine oder mehrere andere Personen Vollmacht haben. Bei einem Einzelkonto gibt es nur einen Kontoinhaber, der damit alleiniger Gläubiger und gegebenenfalls Schuldner gegenüber der Bank oder Sparkasse ist, aber mehrere Personen dürfen über das Konto verfügen. Wenn dieses Einzelkonto in ein Oder-Konto umgewandelt wird, dann liegt darin eine Schenkung des hälftigen Kontoguthabens an den Partner. Jeder Kontoinhaber haftet insbesondere für solche Verbindlichkeiten, die durch Verfügungen eines anderen Mitinhabers oder dessen Bevollmächtigten über das Konto entstanden sind.

Tod eines Konto-Mitinhabers

Welche Konsequenzen hat die Einrichtung eines Oder-Kontos, wenn einer der Kontoinhaber stirbt? Formell ist der überlebende Mitinhaber berechtigt, das Konto aufzulösen oder auf seinen Namen umschreiben zu lassen.

Beispiel

Der Ehemann unterhält mit seiner (zweiten) Frau ein Oder-Konto. Die Frau hat durch Erbvertrag mit dem Mann zugunsten seiner Kinder aus erster Ehe auf ihr Erbe verzichtet. Nach dem Tod des Mannes hebt sie aber das gesamte Guthaben vom Oder-Konto ab und vereinnahmt das Geld allein für sich, ohne den Kindern aus der ersten Ehe etwas abzugeben.

Die Frau handelt gesetzwidrig, denn die Hälfte des Guthabens, nämlich der hälftige Anteil des Mannes, steht den Erben zu.

Anders ist der Fall zu beurteilen, wenn der Mann schon zu Lebzeiten seine Hälfte (in Form eines Vertrages mit der Bank zugunsten seiner Frau) abgetreten hat. In diesem Fall steht beim Tod des Mannes der Frau das gesamte Kontoguthaben zu und die Erben gehen leer aus.

Der Bundesgerichtshof hat einen solchen, allerdings noch komplizierteren Fall entschieden. Der Ehemann und Erblasser zwar zweimal verheiratet. Aus erster Ehe hatte er zwei Söhne und eine Tochter. Bei der Eheschließung mit seiner zweiten Frau hatte der Erblasser mit ihr einen notariellen Erbverzicht zugunsten seiner Kinder vereinbart. Seine beiden Söhne sollten Alleinerben werden und seine Tochter als Vermächtnis ein Grundstück erhalten. Der Erblasser richtete mit seiner zweiten Frau fünf Sparkonten als so genannte Oder-Konten ein. Dazu hatte ihm sein Nachbar, Vorstandsmitglied einer Bank, geraten. Der Erblasser hatte ihn nämlich gefragt, auf welche Weise er problemlos seine Sparkonten nach dem Tod auf seine Frau übergehen lassen könnte. In seinem Testament erwähnte der Erblasser die fünf Oder-Konten nicht. Bezüglich des Vermächtnisses für seine Tochter bestimmte er, dass die Tochter bei einem Verkauf des Grundstücks zu Lebzeiten einen Geldbetrag in Höhe des Verkaufserlöses erhalten solle. Das Grundstück verkaufte er selbst für 250 000 DM. Von dem Verkaufserlös überwies er 40 000 DM auf die Oder-Konten, einen Teil verbrauchte er anderweitig und nur 150 000 DM überwies er seiner Tochter. Als der Erblasser zweieinhalb Jahre später starb, wiesen die fünf Oder-Konten ein Gesamtguthaben von 211 000 DM auf und dieses Guthaben ließ die zweite Frau auf sich umschreiben.

Die Söhne verklagten ihre Stiefmutter und verlangten das gesamte Guthaben von 211 000 DM. Das Landgericht hatte ihnen nur die 40 000 DM (aus dem Grundstücksverkauf) zugesprochen und im Übrigen die Klage abgewiesen. Das Oberlandesgericht hatte den Söhnen mit 105 500 DM die Hälfte zugestanden, nämlich den halben Guthabenbetrag auf diesen Oder-Konten. Auf die Revision der Stiefmutter hin wurde die Klage der Söhne in vollem Umfang abgewiesen. Der Bundesgerichtshof stand nämlich auf dem Standpunkt, der Mann habe der Frau zu Lebzeiten sein Guthaben auf dem Oder-Konto schenkweise abgetreten und damit sei der Frau das gesamte Konto zum Todeszeitpunkt wirksam übertragen, sodass sie die vollen 211 000 DM beanspruchen könne.

Aus diesen unterschiedlichen Beurteilungen desselben Falles (Landgericht: 40 000 DM, Oberlandesgericht: 105 500 DM, Bundesgerichtshof: nichts zugunsten der Söhne) ersieht man bereits, wie schwer es ist, für einen solch nicht ganz alltäglichen Fall eine sichere Prognose zu geben. Im vorstehenden Fall ist es zumindest zweifelhaft, ob der Verstorbene seinerzeit „die andere Hälfte" der Oder-Konten wirksam an seine Frau abgetreten hat. Wäre die tatsächliche und rechtliche Situation eindeutig, dann hätte der Bundesgerichtshof keine so langen Rechtsausführungen zu machen brauchen.

Die Ausführungen des Bundesgerichtshofs lassen sich wie folgt zu-sammenfassen:

➤ Durch die Errichtung eines Oder-Kontos erhält der Beschenkte bereits zu Lebzeiten den hälftigen Anteil an diesem Konto. Insoweit liegt eine vollzogene Schenkung vor.

➤ Hat der Erblasser mit der Errichtung eines Oder-Kontos sicherstellen wollen, dass im Todesfall der Überlebende auch die andere Hälfte des Kontos bekommen soll, hätte er mit der Bank einen Vertrag zugunsten Dritter schließen müssen.

Noch besser und sicherer wäre es gewesen, wenn der Ehemann mit seiner (zweiten) Frau einen Schenkungs- und Abtretungsvertrag hätte beurkunden lassen. Die Kosten eines solchen Vertrages stehen in keinem Verhältnis zu den späteren Prozesskosten.

VOLLMACHTEN UND ANORDNUNGEN FÜR KRANKHEIT UND BETREUUNG

Vollmachten

Grundsätzlich kann man sich beim Abschluss eines Rechtsgeschäfts durch einen Bevollmächtigten vertreten lassen. Ausnahmen bilden die höchstpersönlichen Rechtsgeschäfte wie die Eheschließung und die Testamentserrichtung.

Einfache, gegenständlich beschränkte Vollmacht

Die Vollmacht ist die Legitimation nach außen, also gegenüber Dritten. In der Regel wird hierüber ein besonderes Schriftstück ausgestellt, nämlich die eigentliche Vollmachtsurkunde. Im Innenverhältnis zwischen dem Vollmachtgeber und dem Bevollmächtigten besteht meist ein Auftrag, ein Geschäftsbesorgungsvertrag, ein Dienstvertrag oder ein anderer Vertrag. So kann beispielsweise der Vater seinen Sohn bevollmächtigen, ihn bei den Mietvertragsverhandlungen über eine bestimmte Wohnung in seinem Hause zu vertreten. Zum Zeichen seiner Vertretungsbefugnis wird dem Sohn eine Vollmachtsurkunde ausgestellt. Ein Beispiel:

Vollmacht

Ich bevollmächtige meinen Sohn, Herrn Fritz Müller, wohnhaft Ottostr. 100 in Mönchengladbach, einen Mietvertrag über die in meinem Haus in der Ottostr. 100 in Mönchengladbach im 1. Obergeschoss gelegene Wohnung abzuschließen.

Mönchengladbach, 02.02.2002

Heinrich Müller

Dies ist eine beschränkte Vollmacht. Der Bevollmächtigte ist nur berechtigt, einen Mietvertrag über die Wohnung abzuschließen.

Wenn der Bevollmächtigte ein Grundstücksgeschäft tätigen, also etwa eine Eigentumswohnung verkaufen oder für den Vertretenen ein Haus kaufen soll, dann muss die Vollmacht notariell beglaubigt sein. Das bedeutet, dass der Notar die Richtigkeit der Unterschrift des Vollmachtgebers amtlich bestätigt. Dabei prüft er jedoch nicht die Geschäftsfähigkeit des Vollmachtgebers oder des Bevollmächtigten oder den sonstigen Inhalt der Urkunde, sondern nur die Richtigkeit der Unterschrift.

Generalvollmacht

Mit einer Generalvollmacht erteilt der Vollmachtgeber dem Bevollmächtigten das Recht einer generellen Vertretung seiner Person. Für Grundstücksangelegenheiten (nicht Mietsachen) und für den Rechtsverkehr mit Behörden wird auch hier eine beglaubigte Unterschrift des Vollmachtgebers – duch einen Notar bzw. die zuständige Behörde – benötigt. Ein Beispiel:

Generalvollmacht

Hiermit bevollmächtige ich, Johanna Krause, geb. am 17.10.1932, wohnhaft in der Bahnhofstraße 34, 10823 Berlin,

meine Tochter, Frau Sylvia Bremer, geb. am 28.12.1962, wohnhaft in der Herderstraße 23, 60316 Frankfurt,

mich in allen meinen Angelegenheiten zu vertreten.
Diese Vollmacht gilt über meinen Tod hinaus. Die Bevollmächtigte ist von der Vorschrift des § 181 BGB befreit.

Frankfurt, den 05.05.2002

Johanna Krause
(evtl. Beglaubigungsvermerk des Notars)

Die Befreiung von § 181 BGB bedeutet, dass der Bevollmächtigte im Namen des Vollmachtgebers mit sich selbst Geschäfte machen kann: Er darf beispielsweise das Auto des Vollmachtgebers erwerben. Dies nennt man Selbstkontrahieren.

Vollmacht über den Tod hinaus

Man kann in der Vollmacht ausdrücklich bestimmen, dass sie über den Tod hinaus Gültigkeit behalten soll. Dabei muss man zwischen dem Tod des Vollmachtgebers und dem Tod des Bevollmächtigten unterscheiden.

Wenn der Bevollmächtigte stirbt, dann erlischt die Vollmacht automatisch. Mit dem Tod endet das Vertrauensverhältnis zu dem Bevollmächtigten. Die Erben des Bevollmächtigten können diese Vollmacht nicht weiter verwenden. Anders verhält es sich, wenn der Vollmachtgeber stirbt. In diesem Falle gilt die Vollmacht über den Tod hinaus weiter.

Nach dem Tod des Vollmachtgebers müssen sämtliche Nachlassangelegenheiten, insbesondere die Bestattung, meist schnell geregelt werden, oft bevor die Erben zur Stelle sind. Deshalb ist eine solche Vollmacht über den Tod hinaus in vielen Fällen sehr praktisch.

Patientenbrief/Sterbehilfe

Die Sterbehilfe ist ein viel diskutiertes Thema. Jeder muss selbst entscheiden, ob er eine solche Hilfe in seinen letzten Stunden in Anspruch nehmen möchte und dem Arzt für diesen Fall einen „Patientenbrief" aushändigen lassen will. Ein solcher Patientenbrief ist an den Arzt gerichtet, der an der Grenze zwischen Leben und Tod des Patienten in einer Konfliktsituation steht, die er allein oft nicht bewältigen kann, wenn der Patient nicht ansprechbar ist und die Meinung der Angehörigen nicht maßgeblich ist. Der Arzt hat die Aufgabe, alle therapeutischen Maßnahmen auszuschöpfen, um das Leben seines Patienten zu erhalten. Wenn die Situation aber aussichtslos ist, erfordert es die Menschenwürde des Patienten, ihn in Ruhe sterben zu lassen.

Der Patientenbrief ist eine schriftliche Anweisung an den Arzt, unter bestimmten Umständen keine künstlichen lebensverlängernden Maßnahmen anzuwenden. Der Patient will damit vorsorglich die Einwilligung zu seiner ärztlichen Behandlung verweigern für den Fall, dass er wegen seines Zustands nicht mehr entscheidungsfähig sein sollte. Da sich seine Willenserklärung noch zu seinen Lebzeiten auswirken soll, ist dieser Patientenbrief keine Verfügung von Todes wegen und unterliegt daher auch nicht den Formvorschriften eines Testaments. Er braucht also nicht vor einem Notar oder handschriftlich abgegeben zu werden; auch die Bezeichnung „Patiententestament" ist irreführend.

Es ist eine juristische Streitfrage von erheblicher Tragweite, wieweit der Arzt in der konkreten Behandlungssituation an eine solche Erklärung gebunden ist. Der Arzt muss bedenken, dass eine solche Erklärung jederzeit widerrufen werden kann und dass die Möglichkeit einer zwischenzeitlichen Meinungsänderung des Patienten womöglich nicht erkannt wird. Deshalb wird überwiegend die Meinung vertreten, dass der Patientenbrief für den Arzt nur eine Entscheidungshilfe ist, die er bei der notwendigen Ermittlung des mutmaßlichen Willens seines nicht mehr entscheidungsfähigen Patienten berücksichtigen muss.

Im Folgenden ist das Muster für einen Patientenbrief abgedruckt.

Muster für einen Patientenbrief

Name, Anschrift, Datum

In vollem Bewusstsein und nach reiflicher Überlegung bestimme ich für den Fall, dass ich infolge Krankheit oder Unfalls meine Angelegenheiten nicht mehr selbst regeln kann, Folgendes:

1) Sollten zwei Ärzte festgestellt haben, dass ich mich in einem unaufhaltsamen Sterbeprozess befinde, soll man mir im ausreichenden Maße schmerzlindernde Mittel geben, selbst wenn dadurch der Tod schneller herbeigeführt wird.

2) In allen Fällen voraussichtlicher dauernder Bewusstlosigkeit, schwerer Dauerschädigungen des Gehirns, dauernden Ausfalles lebenswichtiger Funktionen meines Körpers und in allen Fällen, in denen ein Hinausschieben des aufgrund meiner Erkrankung sicheren Todes nur eine Verlängerung meines Leidens bedeuten würde, wünsche ich keine lebenserhaltenden oder wiederbelebenden ärztlichen Maßnahmen.

Den Wunsch nach einem menschenwürdigen Tod bringe ich hiermit eindringlich zum Ausdruck und bitte, diesen Brief dem behandelnden Arzt zu übergeben.

Unterschrift

Eine solche Patientenverfügung kann handschriftlich oder auch mit Schreibmaschine/PC verfasst werden. Ob man eine solche Verfügung verfasst oder nicht, muss jeder für sich selbst entscheiden. Wer sich dazu entschließt, muss die Patientenverfügung so aufbewahren, dass sie im Ernstfall aufgefunden werden kann.

Organspende

Nach jahrelanger Diskussion hat der Bundestag 1997 mit überwältigender Mehrheit und mit Zustimmung des Bundesrates das Gesetz über die Organtransplantation beschlossen. Nach diesem Gesetz ist es für eine Organentnahme zwingende Voraussetzung, dass zunächst durch zwei unabhängige Ärzte der so genannte „Hirntod" medizinisch festgestellt wird. In diesem Fall darf, wenn der Verstorbene dies vorher gestattet hat, eine Organentnahme erfolgen. Liegt keine Erklärung des Verstorbenen vor, können auch die Angehörigen eine Zustimmung erklären. Eine Organspende ist unzulässig, wenn sie der Verstorbene ausdrücklich untersagt hatte. Außerdem ist der Handel mit Organen verboten und wird bestraft. Ein Organspendeausweis ist beim Deutschen Roten Kreuz oder in Apotheken kostenlos erhältlich.

Vorsorgevollmacht

Jeder Mensch kann eines Tages betreuungsbedürftig werden, weil er im Alter oder aufgrund körperlicher oder geistiger Gebrechen oder auch aufgrund eines Unfalls nicht mehr in der Lage ist, seine Angelegenheiten ganz oder teilweise selbst zu besorgen. Wer hilfsbedürftig wird und der Betreuung bedarf, dem wird vom Gericht ein Betreuer zugeordnet, sofern keine anderweitige Unterstützung zur Verfügung steht.

Eigene Vorsorge – zum Beispiel aus dem privaten Umfeld oder durch kirchliche oder soziale Institutionen – kann frühzeitig durch eine so genannte Vorsorge-Vollmacht rechtlich abgesichert werden. Diese ist eine besonders ausgestaltete Form der Generalvollmacht und kann folgendermaßen aussehen:

Vorsorgevollmacht

Ich, Karolina Weber, geb. 25.01.1953, wohnhaft in Glockengasse 5, 81673 München,

bevollmächtigte meinen Sohn,

Herrn Uwe Weber, geb. 09.11.1973, wohnhaft in der Glockengasse 5, 81673 München,

mich in folgenden Angelegenheiten zu vertreten.

1) Der Bevollmächtigte soll mich in allen meinen Vermögensangelegenheiten vertreten, und zwar so, dass ich nach Möglichkeit meinen bisherigen Lebensstandard beibehalten kann.

2) Der Bevollmächtigte soll alle Entscheidungen treffen, die für meine medizinische Behandlung erforderlich sind. Ich habe noch einen gesonderten Patientenbrief verfasst.

3) Der Bevollmächtigte soll alle Entscheidungen treffen, die mit einem Wechsel meines Aufenthaltsortes verbunden sind. Ich möchte nur dann in einem Heim untergebracht werden, wenn meine anderweitige Versorgung und Pflege nicht mehr gewährleistet sind.

Ist der Bevollmächtigte nicht mehr bereit oder in der Lage, mich zu vertreten, soll an seiner Stelle die nachfolgende Person bevollmächtigt sein:

Frau Kathrin Bauer, geb. 11.09.1978, wohnhaft in der Tulpenstraße 7, 33790 Halle

Eine Überwachung des Bevollmächtigten durch das Vormundschaftsgericht soll nur geschehen, wenn hierzu ein konkreter Anlass besteht.

Ich kann diese Vollmacht stets widerrufen und sie gilt nur, wenn der Bevollmächtigte sie im Original vorlegen kann.

München, den 20.04.2002

Karolina Weber

Betreuungsverfügung

Durch das Betreuungsgesetz sind die bisherigen Vormundschaften für Volljährige und Pflegschaften in Betreuungen umgewandelt worden. Es gibt keine Entmündigung mehr und der bisherige Vormund oder Pfleger ist zu einem Betreuer für die hilfsbedürftige Person geworden. Dieser Betreuer steht unter der Aufsicht des Vormundschaftsgerichts (Abteilung des Amtsgerichts).

Man kann aber vorher, solange man noch im vollen Besitz seiner geistigen Kräfte ist, für diesen Fall der Betreuung Anordnungen treffen. Eine solche Anordnung nennt man Betreuungsverfügung. Sie ist an keine Form gebunden; man kann sie handschriftlich oder mit Schreibmaschine/PC schreiben. Es empfiehlt sich aber dringend, deutlich seinen Namen und seine Unterschrift auf das Schriftstück zu setzen und nach Möglichkeit einem nahen Angehörigen davon Kenntnis zu geben.

In einer Betreuungsverfügung – auch Alterstestament genannt – sollte Folgendes geregelt sein:

➤ Wer soll der Betreuer sein?
➤ Was soll mit der Wohnung geschehen?
➤ In welchem Alters- oder Pflegeheim möchte man im Bedarfsfall untergebracht werden?
➤ Wie viel Taschengeld muss der Betreuer dem Betreuten monatlich zur Verfügung stellen (z. B. 10 % der Rente)?
➤ Welcher Arzt soll die medizinische Betreuung übernehmen?
➤ Wer soll als Rechtsanwalt oder Verfahrenspfleger eingeschaltet werden?
➤ Wie soll das Vermögen später verwaltet werden?
➤ Was soll mit Haustieren geschehen?

Muster für eine Betreuungsverfügung

Hiermit bestimme ich, Hermann Müller, Goethestraße 1 in Mönchengladbach, derzeit im Vollbesitz meiner geistigen Kräfte, für den Fall, dass ich meine Angelegenheiten ganz oder teilweise nicht mehr selbst besorgen kann, Folgendes:

1. *Vorschlag zum Betreuer*

   Wenn ich nicht mehr in der Lage bin, meine Angelegenheiten selbst zu besorgen, so soll das Vormundschaftsgericht einen Betreuer für mich bestellen. Ein Betreuer soll nicht bestellt werden, wenn und soweit ich durch rechtsgeschäftliche Vollmachten Vorsorge getroffen habe. Betreuer soll sein mein Sohn Fritz Müller, wohnhaft Ottostraße 100 in Mönchengladbach. Ersatzweise schlage ich meinen Enkel Otto Müller zum Betreuer vor. Keinesfalls soll jedoch mein anderer Sohn Gerhard Müller zu meinem Betreuer bestellt werden.

2. *Anordnungen für die Betreuung*

   Der Betreuer soll alle diejenigen Maßnahmen ergreifen, die er im Rahmen des Aufgabenkreises, für den er bestellt ist, für notwendig hält. Wenn es mein Zustand erfordert, soll der Betreuer dafür sorgen, dass ich in einem Pflegeheim untergebracht werde. Dabei ist Folgendes zu berücksichtigen:
   a) Meine Unterbringung hat in einem Einzelzimmer zu erfolgen.
   b) Das Heim darf nicht weiter als 20 Kilometer vom Wohnsitz der Familie meines Sohnes Fritz Müller entfernt sein.
   c) Es muss die Möglichkeit bestehen, dass ich einige persönliche Gegenstände mit in das Zimmer des Heims nehmen kann. Überhaupt soll bei den Kosten für die Heimunterbringung in keiner Weise gespart werden. Um die monatlichen Kosten für die Heimunterbringung zu bestreiten, kann auch die Substanz meines Vermögens angegriffen werden. Erforderlichenfalls sind alle mir gehörenden Vermögensgegenstände, auch die Grundstücke, zu verkaufen.

3. *Anordnungen für den Fall schwerer Krankheit*
Wenn ich an einer unheilbaren, zum Tode führenden Krankheit leide und aufgrund dauernder Bewusstlosigkeit oder aus anderen Gründen keine Entscheidungen über meine Behandlung mehr treffen kann, soll eine Verzögerung des Sterbevorgangs oder meines Leidens mithilfe der so genannten Apparatemedizin unterbleiben. Die behandelnden Ärzte bitte ich hiermit ausdrücklich, sich auf schmerzlindernde Maßnahmen zu beschränken. Zu weiteren Eingriffen soll mein Betreuer seine Zustimmung verweigern.

4. *Anordnung über Organspende*
Für den Fall meines Ablebens bin ich schon heute mit der Entnahme von Organen einverstanden (Organspende).
(Alternative: Ich möchte nicht, dass meinem Körper Organe entnommen werden. Ich ordne daher an, dass die Zustimmung zu einer Organentnahme verweigert werden muss.)

Mönchengladbach, den 02.02.2002

Hermann Müller

Aufbewahrung

Eine solche Betreuungsverfügung sollte wegen eventueller Grundstücksgeschäfte notariell beglaubigt werden. Man kann sie zu Hause aufbewahren oder einem Verwandten anvertrauen. Bayern ist bisher das einzige Bundesland, in dem die Betreuungsverfügung wie ein Testament beim Amtsgericht hinterlegt werden kann. Erforderlich ist dies jedoch nicht. Im Betreuungsfall ist die Betreuungsverfügung unverzüglich beim Vormundschaftsgericht abzuliefern.

ANWEISUNGEN FÜR DIE BEERDIGUNG UND DAS WOHNUNGSMIETVERHÄLTNIS

Nach dem Tod eines Menschen müssen die Hinterbliebenen schnellstens Folgendes regeln:

➤ Sie müssen für eine würdige, möglichst den Wünschen des Verstorbenen entsprechende Beerdigung sorgen.

➤ Sie müssen sich Gedanken darüber machen, ob sie die Wohnung des Verstorbenen behalten oder kündigen wollen.

Beerdigung

Vielen Menschen ist es ein Bedürfnis, den Hinterbliebenen alles wohlgeordnet zu hinterlassen und Anweisungen für die Beerdigung zu geben. Mancher wünscht eine große feierliche Beerdigung, zu der alle Verwandten und Freunde eingeladen und bewirtet werden sollen. Andere Menschen ziehen eine möglichst stille Beerdigung im engsten Familienkreis oder eine anonyme Bestattung vor. Die Kosten spielen eine nicht unerhebliche Rolle. Die folgenden Beträge (nach Erkundigungen in Mönchengladbach, Dezember 2001) sind nur Richtwerte.

Einäscherung in Venlo und Verstreuung der Asche ohne Trauerfeier*	ca. 1400 Euro
Urnenbestattung in einem Einzel-Urnen-Reihengrab inklusive Einäscherungskosten und Urne	2300 Euro
Beerdigung in einem Reihengrab (Einzelgrab) mit einfachem Sarg (1000 Euro), einschließlich Gebühren auf dem städtischen Friedhof in Mönchengladbach	2400 Euro
Beerdigung in einem Rasengrab, einschließlich Grabplatte und Sarg	3000 Euro
Beerdigung in einem Tiefengrab (Familiengrab für zwei Särge oder vier Urnen) einschließlich Kosten des Sargs	5000 Euro
größerer Grabstein mit Inschrift	5000 Euro
* Besonderheit im Bereich Mönchengladbach: Nähe zu Venlo in Holland, wo sich ein Krematorium befindet, das günstige Preise bietet.	

Eine Beerdigung in einem Familiengrab mit einem aufwendigen Grabstein kostet also ca. 10 000 Euro. Hinzu kommen die Kosten für die Beerdigungsfeierlichkeiten und die Drucksachen.

Art und Weise der Bestattung und die Gestaltung der letzten Ruhestätte sollen sich nach dem Willen des Verstorbenen richten. Entscheiden darf derjenige, dem das so genannte Totenfürsorgerecht zusteht. Nach einer Entscheidung des Oberlandesgerichts Karlsruhe kann es sich auch um eine Person handeln, die nicht zum Kreis der eigentlich dazu berufenen Angehörigen gehört. Entscheidend ist der Wille des Verstorbenen.

Die Beerdigungskosten trägt der Erbe oder die Erbengemeinschaft, obwohl die Art und Weise der Beerdigung von den Hinterbliebenen und nicht von den Erben bestimmt wird. Die Verpflichtung des Erben zur Erstattung angefallener Kosten für die Beerdigung oder Feuerbestattung ist auf den Aufwand beschränkt, der durch die Lebensstellung des Erblassers angemessen ist.

Die Aufwendungen für die spätere Grabpflege fallen nicht unter die zu erstattenden Beerdigungskosten, sondern entspringen einer sittlichen Verpflichtung. Allerdings kann der Erblasser seine Erben zu dieser Grabpflege testamentarisch verpflichten oder einen Grabpflegevertrag abschließen.

Deshalb empfiehlt es sich – für die Hinterbliebenen ist es schwierig, eine solche Entscheidung zu treffen –, eine Mappe anzulegen, in der man die wichtigsten Unterlagen und Angaben über seine persönlichen und wirtschaftlichen Verhältnisse niederlegt und auch Angaben über Testament und Beerdigung beifügt.

Bei den Angaben über wirtschaftliche Verhältnisse sollte man allerdings vorsichtig sein. Die Mappe kann in falsche Hände geraten und das kann zu Missbrauch führen. Nicht selten wird Schmuck gestohlen, Bankkonten werden leer geräumt, auch Vollmachten können missbraucht werden oder Testamente verschwinden.

Wichtig sind aber Angaben zum Testament (z. B. Verwahrungsort) und Anweisungen für die Beerdigung.

Angaben zum Testament

1. Ich habe kein Testament verfasst, denn es soll bei der gesetzlichen Erbfolge bleiben.

2. Ich habe ein öffentliches (notarielles) Testament verfasst, das beim Amtsgericht … hinterlegt ist.

Der Hinterlegungsschein befindet sich

❏   in dieser Mappe

❏   am folgenden Ort: …

Wird ein öffentliches (notarielles) Testament aus der amtlichen Verwahrung (beim Amtsgericht) genommen, wird es dadurch ungültig. Wird ein privatschriftliches Testament aus der amtlichen Verwahrung genommen, hat dies auf die Gültigkeit keinen Einfluss. Ein privatschriftliches Testament wird erst ungültig, wenn es vernichtet und/oder durch ein neues Testament ersetzt wird.

Anweisungen für die Beerdigung

Ich wünsche eine Beerdigung

❏   in aller Stille im engsten Kreis,

❏   im Verwandten- und Freundeskreis,

❏   im größeren Kreis, es mag kommen, wer will.

❏   Ich wünsche ein Erdbegräbnis.

❏   Ich wünsche eine Feuerbestattung.

❏   Ich wünsche eine Seebestattung.

Ich wünsche

❏   Blumenschmuck,

❏   Spenden an: …

Ich will auf dem Friedhof … beigesetzt werden.

Mit der Durchführung der Bestattung soll das Beerdigungsinstitut … beauftragt werden. Ich habe dort bereits einen Vertrag abgeschlossen.

Nach der Beerdigung sollen bewirtet werden
- ❏ alle Teilnehmer an der Beerdigung,
- ❏ die Personen gemäß anliegender Liste.

Eine besondere Todesanzeige sollen erhalten
- ❏ niemand,
- ❏ die Personen gemäß beiliegender Liste.

Ich wünsche Todesanzeigen in folgenden Zeitungen: ...

Später soll mein Grab geschmückt werden mit einem Holzkreuz/ einem schmiedeeisernen Kreuz/einem Grabstein mit folgender Inschrift: …

Merkzettel für die Hinterbliebenen

1) Benachrichtigung der nächsten Angehörigen
2) Beauftragung des Beerdigungsinstituts und Auswahl des Sargs
3) Einholung des vom Arzt ausgestellten Totenscheins
4) Vorlage des Totenscheins beim Standesamt
5) Benachrichtigung der Friedhofsverwaltung und Wahl des Grabplatzes
6) Benachrichtigung der Sterbe-/Krankenversicherung
7) Benachrichtigung der Lebensversicherung
8) Benachrichtigung des Arbeitgebers
9) Aufgabe/Versand von Zeitungs- und Traueranzeigen
10) Beschaffung des Blumenschmucks
11) Beschaffung der Trauerkleidung
12) Gespräch mit einem Geistlichen oder einem Freund, der die Trauerrede hält
13) Besorgung von Beerdigungskaffee/Leichenschmaus

Nach der Beerdigung

1) Druck und Versand der Danksagungen
2) Dankbesuch beim Geistlichen oder Freund
3) Abrechnung mit dem Beerdigungsinstitut
4) Bestellung des Grabsteins
5) Abrechnung mit der Krankenversicherung
6) Ein Testament oder eine letztwillige Verfügung ist beim Amtsgericht zur Eröffnung abzuliefern.

Wohnung des Verstorbenen

Die folgenden Ausführungen beziehen sich zunächst nur auf das Wohnraummietverhältnis.

Tod des Mieters

Beim Tod des Mieters wird das Mietverhältnis, wenn mehrere Personen gemeinsam Mieter sind, mit dem oder den überlebenden Mietern fortgesetzt. Die überlebenden Mieter können allerdings innerhalb eines Monats, nachdem sie von dem Tod ihres Mitmieters Kenntnis erlangt haben, das Mietverhältnis unter Einhaltung der gesetzlichen Frist (drei Monate) kündigen. Dieses Sonderkündigungsrecht kann nicht wirksam zum Nachteil der Mieter ausgeschlossen werden.

Sind keine Mitmieter vorhanden, gilt bei Wohnraummietverhältnissen Folgendes: Im Falle des Todes des Mieters treten der Ehegatte oder andere Familienangehörige, die mit dem Verstorbenen einen gemeinsamen Haushalt geführt haben, in das Mietverhältnis ein. Familienangehörige sind zunächst der Ehegatte und der eingetragene Lebenspartner. In diesem Fall wird das Mietverhältnis so weitergeführt, wie es zwischen dem Vermieter und dem verstorbenen Mieter bestanden hat.

Dasselbe Recht haben Personen, die mit dem Mieter einen auf Dauer angelegten gemeinsamen Haushalt geführt haben. Das gilt nicht nur für eingetragene Lebenspartnerschaften, sondern auch für nichteheliche Lebensgemeinschaften. In den Mietvertrag können auch die Kinder des Verstorbenen eintreten, und zwar auch dann, wenn sie die Wohnung für eine nichteheliche Gemeinschaft nutzen wollen. Schließlich können noch die Stiefkinder, Geschwister, der getrennt lebende Ehegatte, Enkel sowie Neffen und Nichten eintreten, allerdings müssen familiäre Beziehungen bestehen.

Wer in den Mietvertrag eingetreten ist, kann innerhalb eines Monats nach Kenntnis vom Tod des Mieters erklären, dass er das Mietverhältnis nicht fortsetzen will. Dann gilt der Eintritt als nicht erfolgt.

Wenn kein Familienangehöriger in das Mietverhältnis eintritt und sonst niemand das Mietverhältnis fortsetzt, z. B. bei einem allein stehenden Mieter, wird das Mietverhältnis mit dem Erben fortgesetzt. Diese können aber, wie bereits erwähnt, das Mietverhältnis mit einer Frist von drei Monaten kündigen.

Rechte des Vermieters

Wird das Mietverhältnis mit den überlebenden Mietern fortgesetzt, gelten die allgemeinen Regeln über Kündigung. Dem Vermieter steht wegen des Todes des Mieters kein besonderes Kündigungsrecht zu.

Wird das Mietverhältnis mit dem Ehegatten des Mieters, dem Lebenspartner oder Familien- und Haushaltsangehörigen fortgesetzt (also mit Personen, die vorher keinen eigenen Mietvertrag hatten), kann der Vermieter innerhalb eines Monats nach Kenntnis vom endgültigen Eintritt in das Mietverhältnis mit einer Frist von drei Monaten kündigen.

Voraussetzung für die Kündigung ist jedoch ein wichtiger Grund, z. B. Eigenbedarf. Die Kündigung durch den Vermieter wird erleichtert, wenn die Erben nicht im Haushalt leben und das Mietverhältnis trotzdem fortsetzen. Dann ist der Vermieter ohne weiteres berechtigt, mit einer Frist von drei Monaten zu kündigen. Ein besonderer Kündigungsgrund muss nicht vorliegen. Die Kündigung muss allerdings innerhalb eines Monats erfolgen, nachdem der Vermieter vom Tod des Mieters und der Fortsetzung durch die Erben Kenntnis erlangt hat.

Wer in das Mietverhältnis eingetreten ist bzw. den Vertrag fortsetzt, haftet neben den Erben für die bis zum Tod des Mieters entstandenen Verbindlichkeiten; der Vermieter kann sich also aussuchen, von wem er z. B. noch offene Mietzahlungen fordert. Außerdem hat der Vermieter das

Recht, von demjenigen, der das Mietverhältnis fortsetzt, eine Kaution zu verlangen, auch wenn dies mit dem verstorbenen Mieter nicht vereinbart war. (Das gilt nicht, wenn der Erbe das Mietverhältnis fortsetzt.)

Stirbt der Vermieter, so wird das Mietverhältnis mit den Erben des Vermieters fortgesetzt. Die Erben können vom Mieter nicht den Abschluss eines neuen Mietvertrages verlangen.

Sonstige Mietverhältnisse

Neben Wohnraummietverhältnissen gibt es noch Mietverhältnisse über Grundstücke, Geschäftsräume oder bewegliche Sachen. Für diese Mietverhältnisse gilt Folgendes:

Stirbt der Mieter, so ist sowohl der Erbe als auch der Vermieter berechtigt, das Mietverhältnis zu kündigen. Der Tod des Mieters gibt beiden Parteien ein Sonderkündigungsrecht, das unabhängig von der Dauer und der Befristung des Mietvertrages ausgeübt werden kann. Seit der Neuregelung des Mietrechts im Bürgerlichen Gesetzbuch zum 1.9.2001 sind nach diesem Sonderkündigungsrecht der Vermieter und der Erbe zur Kündigung innerhalb eines Monats berechtigt, nachdem sie von dem Tod des Mieters Kenntnis erlangt haben.

Für Grundstücke und Räume, die keine Geschäfts- und Wohnräume sind, beträgt die Kündigungsfrist drei Monate. Die Kündigung muss dem Vermieter spätestens am dritten Werktag eines Kalendermonats zugegangen sein, sie beendet das Mietverhältnis dann zum Ablauf des übernächsten Monats.

Für Geschäftsraummietverhältnisse beträgt die Kündigungsfrist äußerstenfalls neun Monate, mindestens sechs Monate. Die Kündigung muss spätestens zum dritten Werktag eines Kalendervierteljahres zugehen und wirkt dann auf den Ablauf des nächsten Kalendervierteljahres.

Für Mietverträge über bewegliche Sachen beträgt die Kündigungsfrist, wenn die Mieten nach längeren Zeitabschnitten als Tagen bemessen ist, mindestens drei Tage.

Die genannten Kündigungsfristen für Grundstücke, Geschäftsräume und bewegliche Sachen sind dispositiv. Das bedeutet, dass die für den Fall des Tod des Mieters im Gesetz vorgesehenen Kündigungsmöglichkeiten vertraglich für eine oder für beide Mietvertragsparteien ausgeschlossen oder geändert werden können.

BEENDIGUNG EINES ARBEITSVERHÄLTNISSES UND VERSORGUNG DER HINTERBLIEBENEN

Beendigung des Arbeitsverhältnisses durch Tod des Arbeitnehmers

Der Arbeitnehmer muss (nach der Regelung von § 613 BGB) seine Arbeit in eigener Person leisten. Aus diesem Grundsatz der persönlichen Arbeitsleistung folgt, dass das Arbeitsverhältnis mit dem Tod des Arbeitnehmers erlischt. Der Erbe ist weder verpflichtet noch berechtigt, in den Arbeitsvertrag einzutreten. Tut er dies trotzdem, so wird regelmäßig ein neuer Arbeitsvertrag begründet. Der Erbe kann aufgrund seiner Erbenhaftung allerdings verpflichtet sein, noch einzelne Pflichten aus dem Arbeitsverhältnis zu erfüllen. So ist er beispielsweise gehalten, das vom Arbeitgeber zur Verfügung gestellte Arbeitsmaterial aufzubewahren und zurückzugeben. Für bereits entstandene Ansprüche aus dem Arbeitsverhältnis, insbesondere Lohn- und Gehaltsansprüche, gilt die allgemeine Erbfolge. Das bedeutet: Offene Lohn- und Gehaltsansprüche sind an die Erben zu zahlen. Aus der Höchstpersönlichkeit der Urlaubsansprüche kann sich allerdings etwas anderes ergeben. So ist heftig umstritten, ob Urlaubsansprüche vererblich sind. Dies gilt grundsätzlich auch für bereits entstandene Urlaubsabgeltungsansprüche, da sie nach ihrer Rechtsnatur die Freistellung des verstorbenen Arbeitnehmers von der Arbeit bedeuten. Zu den Urlaubsansprüchen bestehen zahlreiche vertragliche bzw. tarifvertragliche Regelungen.

Es kann ausdrücklich oder stillschweigend vereinbart sein, dass der Arbeitnehmer berechtigt oder verpflichtet ist, zur Erfüllung der Arbeitsleistung Dritte hinzuzuziehen. Dies ist z. B. bei der Anstellung eines Hausmeisters und der gleichzeitiger Wohnungsgewährung an das Hausmeisterehepaar möglich. In diesem Fall wird die Ehefrau des Hausmeisters verpflichtet sein, die Reinigungs- und Wartungsarbeiten weiterzuführen und die Heizung zu versorgen, bis mit dem Arbeitgeber eine Neuregelung abgesprochen ist.

Auch in anderen Fällen können sich für die Erben aus dem Arbeitsverhältnis des verstorbenen Arbeitnehmers Abwicklungspflichten ergeben, etwa Abrechnungen über Kommissionsware zu erstellen oder restliche Waren auszuliefern.

Tod des Arbeitgebers

Beim Tod des Arbeitgebers wird im Zweifel das Arbeitsverhältnis nicht beendet. Anderes gilt nur, wenn sich dies aus den Umständen oder der Art des Arbeitsverhältnisses ergibt, z. B. bei der Tätigkeit einer Pflegerin oder einer Privatsekretärin.

Hinterbliebenenrenten

Die gesetzliche Rentenversicherung soll nicht nur den Versicherten selbst im Alter und bei Verminderung seiner Erwerbsfähigkeit schützen, sondern bei dessen Tod auch den Unterhalt des überlebenden (früheren) Ehegatten und seiner Kinder sichern. Deswegen zahlt die Rentenversicherung so genannte Hinterbliebenenrenten. Die gesetzlichen Rentenversicherungträger zahlen auf Antrag bei Tod eines oder einer Versicherten:
➤ kleine bzw. große Witwen-/Witwerrente,
➤ Erziehungsrente an geschiedene Ehegatten aus eigener Versicherung bei Ehescheidung nach dem 30.6.1977,
➤ Halb- bzw. Vollwaisenrente,
➤ gegebenenfalls die kleine bzw. die große Witwen-/Witwerrente an vor dem 1.6.1977 geschiedene Ehegatten oder nach dem vorletzten Ehegatten.

Diese Hinterbliebenenrenten beruhen sämtlich auf abgeleiteten Rentenansprüchen, d. h., diese Witwen- und Witwerrenten werden nur deshalb gezahlt, weil der Verstorbene Versicherungsnehmer war. Die Hinterbliebenen selbst brauchen also nicht rentenversichert zu sein. Eine Ausnahme besteht nur bei der Erziehungsrente.

Zusätzlich können die Versicherten Renten aus eigener Versicherung beziehen. Diese Renten werden aber als eigenes Einkommen auf die Hinterbliebenenrente angerechnet.

Versicherungsrechtliche Voraussetzungen

Eine Rente aus der gesetzlichen Rentenversicherung kann nur nach einer Mindestversicherungszeit gezahlt werden. Diese so genannte Wartezeit beträgt für Renten von Todes wegen fünf Jahre (= 60 Monate). Nur bei der Erziehungsrente muss der überlebende Ehegatte die Mindestversicherungszeit selbst bis zum Tod seines Ehegatten erfüllt haben.

Auf die Wartezeit von fünf Jahren werden Beitragszeiten, Ersatzzeiten sowie Zeiten angerechnet, die durch einen Versorgungsausgleich oder ab 1.4.1999 durch eine geringfügige Beschäftigung erworben sind. Die Wartezeit gilt auch als erfüllt, wenn der Verstorbene bis zum Tod eine Rente bezogen hat oder der Berechtigte bereits vor dem 1.1.1992 einen Anspruch auf Hinterbliebenenrenten nach den Vorschriften der früheren DDR hatte.

Die Wartezeit gilt als vorzeitig erfüllt, wenn der Versicherte wegen eines Arbeitsunfalls oder einer Berufskrankheit, einer Wehrdienst- oder Zivildienstbeschädigung, wegen eines politischen Gewahrsams oder vor Ablauf von sechs Jahren nach Beendigung einer Ausbildung gestorben ist. In diesen Fällen genügt eine einzige Beitragszahlung des Verstorbenen.

Witwen-/Witwerrente

Witwe bzw. Witwer ist der Ehegatte, der zum Zeitpunkt des Todes des Versicherten mit ihm in gültiger Ehe gelebt hat. Die Ehedauer spielt keine Rolle. Eine gültige Ehe liegt auch vor, wenn die Ehegatten dauernd getrennt gelebt haben. Die Ehe darf aber beim Tod des Versicherten weder geschieden noch für nichtig erklärt oder aus sonstigen Gründen aufgehoben sein. Ist ein Scheidungsurteil zum Zeitpunkt des Todes zwar ergangen, aber noch nicht rechtskräftig, besteht die Ehe noch, sodass Witwen- bzw. Witwerrentenansprüche geltend gemacht werden können (siehe Seite 224).

Dagegen haben Verlobte und nichteheliche Partner selbst nach jahre- oder jahrzehntelangem Zusammenleben keinen Anspruch auf Witwen-/Witwerrente.

Rentenbeginn und Rentenende

Hat der verstorbene Ehegatte bereits eine Rente bezogen, so beginnt die Witwen-/Witwerrente frühestens mit dem Ersten des auf den Sterbemonat folgenden Monats. Stand dem Verstorbenen zur Zeit seines Todes noch keine eigene Rente zu, kann die Witwen-/Witwerrente bereits mit dem Todestag des Versicherten beginnen.

Die Rentenzahlung endet mit Ablauf des Kalendermonats, in dem der überlebende Ehegatte wieder heiratet oder selbst verstirbt. Eine Rente, die der überlebende Ehegatte aus eigener Versicherung bezieht, z. B. eine Altersrente, fällt bei Wiederheirat nicht weg. Für die bei Wiederheirat wegfallende Rente besteht ein Anspruch auf Rentenabfindung (siehe Seite 256).

Sterbevierteljahr

Für die auf den Sterbemonat folgenden drei Kalendermonate, auch Sterbevierteljahr genannt, erhält die Witwe/der Witwer die Rente in Höhe einer auf den Todeszeitpunkt berechneten vollen Versichertenrente. Hat der verstorbene Ehegatte noch keine Rente bezogen, wird diese erhöhte Rente bereits vom Todestag an für drei Monate gezahlt. Diese befristete Zahlung der erhöhten Rente soll dem überlebenden Ehegatten den finanziellen Übergang auf die plötzlich veränderten Verhältnisse erleichtern.

Der überlebende Ehegatte kann (innerhalb von 30 Tagen nach dem Tod seines Ehepartners) einen Vorschuss auf diese Rente beantragen, allerdings nur dann, wenn der verstorbenen Ehegatte bereits eine Rente bezogen hat.

Der Vorschuss ist beim Rentenservice der Deutschen Post AG zu beantragen. Antragsformulare sind auf jedem Postamt erhältlich. Der Vorschuss beträgt das Dreifache des für den Sterbemonat gezahlten Rentenbetrages.

Witwen- und Witwerrente an vor dem 1.7.1977 geschiedene Ehegatten

Anspruch auf eine Witwen-/Witwerrente haben auch geschiedene Ehegatten, wenn die Ehe vor dem 1.7.1977 geschieden worden ist. Diese Regelung besteht, weil es vor dem 1.7.1977 im Fall der Scheidung keinen Versorgungsausgleich und damit auch keine Erziehungsrente gab.

Eine entsprechende Sonderregelung besteht auch für die Bewohner der früheren DDR, die nach dem 30.7.19777 dort geschieden worden sind.

Witwen- bzw. Witwerrenten können gegebenenfalls auch nach dem vorletzten Ehegatten gezahlt werden, wenn der überlebende Ehegatte nach dem Tod des Versicherten wieder geheiratet hat, die neue Ehe aufgelöst ist und die Voraussetzungen für eine Witwen-/Witwerrente aus der Zeit vor dem 1.7.1977 gegeben sind.

Kleine und große Witwen-/Witwerrente

Die Witwen-/Witwerrente wird als kleine oder als große Rente gezahlt. Die *kleine Witwen-/Witwerrente* erhält der überlebende Ehegatte, wenn er beim Tod des verstorbenen Ehegatten noch keine 45 Jahre alt war oder kein Kind zu versorgen hat. Die kleine Witwen-/Witwerrente beträgt 25 Prozent einer auf den Todeszeitpunkt berechneten Versichertenrente des verstorbenen Ehegatten.

Die *große Witwen-/Witwerrente* beträgt 60 Prozent und wird unter folgenden Voraussetzungen gezahlt:

➤ Die Witwe/der Witwer muss das 45. Lebensjahr vollendet haben oder
➤ die Witwe/der Witwer muss erwerbsgemindert sein oder
➤ die Witwe/der Witwer muss ein eigenes Kind oder ein Kind des verstorbenen Ehegatten (hierzu zählen unter bestimmten Voraussetzungen auch Stief- und Pflegekinder, Enkel und Geschwister), das das 18. Lebensjahr noch nicht vollendet hat, erziehen.

Ändern sich die persönlichen Verhältnisse des Rentenempfängers, wird anstelle der kleinen die große Witwen-/Witwerrente gezahlt oder umgekehrt. Das ist z. B. der Fall, wenn die Witwe/der Witwer das 45. Lebensjahr vollendet oder wenn ein Kind – wegen Vollendung des 18. Lebensjahres – nicht mehr erzogen wird.

Rentenabfindung

Bei Wiederheirat der Witwe/des Witwers (gegebenenfalls des geschiedenen Ehegatten bzw. des vor dem 1.7.1977 geschiedenen Ehegatten) fällt die Witwen- bzw. Witwerrente mit Ablauf des Monats der neuen Eheschließung weg. Als Starthilfe für eine neue Ehe kann der Hinterbliebene auf Antrag eine Abfindung der Witwen-/Witwerrente erhalten.

Diese Abfindung beträgt grundsätzlich das 24fache der im letzten Jahr monatlich bezogenen Witwen-/Witwerrente. Maßgeblich ist der Rentenbetrag nach Einkommensanrechnung, aber vor Abzug eventueller Eigenanteile zur Kranken- und Pflegeversicherung.

Mehrere Anspruchsberechtigte

Manche Versicherte haben wiederholt geheiratet, sodass bei ihrem Tod mehrere früherer Ehegatten mit Anspruch auf Hinterbliebenenrente vorhanden sein können. In einem solchen Fall wird bei mehreren Anspruchsberechtigten die Rente aufgeteilt. Jeder überlebende Ehegatte erhält den Teil der Rente, der seiner Ehedauer mit dem Versicherten entspricht.

Erziehungsrente

Die Erziehungsrente gehört zwar zu den Renten wegen Todes; sie ist aber eine Rente aus eigener Versicherung. Sie wird also nicht aus der Versicherung des verstorbenen Ehegatten gezahlt. Deshalb muss der überlebende Ehegatte beim Tod seines Ehepartners selbst die allgemeine Wartezeit erfüllt haben. Auf Antrag wird Erziehungsrente gezahlt, wenn

➤ der frühere Ehegatte gestorben ist,
➤ der überlebende Ehegatte unverheiratet bleibt und ein eigenes Kind oder ein Kind des verstorbenen Ehegatten erzieht, das das 18. Lebensjahr noch nicht vollendet hat; gegebenenfalls zählen hierzu auch Stief- und Pflegekinder, Enkel und Geschwister.

Das Gleiche gilt bei in häuslicher Gemeinschaft ausgeübter Sorge für ein eigenes oder ein Kind des früheren Ehegatten, das sich wegen Behinderung nicht selbst unterhalten kann. Dabei kommt es auf dessen Lebensalter nicht an.

Die Erziehungsrente entspricht der Rente, die der erziehende Ehegatte im Falle der Erwerbsunfähigkeit erhalten würde. Bei Inanspruchnahme vor dem 63. Lebensjahr kommt gegebenenfalls ein Abschlag in Betracht. Erhält der erziehende Ehegatte bereits eigene Altersrente, fällt die Erziehungsrente weg.

Wenn für denselben Zeitraum Anspruch auf mehrere Renten aus eigener Versicherung bestehen, z. B. Erziehungsrente und Rente wegen Erwerbsminderung, so wird nur die höchste Rente gezahlt. Bei Wiederheirat besteht für Erziehungsrente kein Anspruch auf Rentenabfindung.

Waisenrente

Waisenrente erhalten nach dem Tod des Versicherten auf Antrag seine
➤ Kinder (leibliche und adoptierte Kinder),
➤ Stiefkinder und Pflegekinder, die in seinem Haushalt aufgenommen waren,
➤ Enkel und Geschwister, die in seinem Haushalt aufgenommen waren oder von ihm überwiegend unterhalten wurden.

Die Waisenrente wird grundsätzlich bis zur Vollendung des 18. Lebensjahres gezahlt, wenn der verstorbene Elternteil bis zu seinem Tod die allgemeine Wartezeit erfüllt hat oder diese als erfüllt gilt.

Über das 18. Lebensjahr hinaus wird die Waisenrente längstens bis zur Vollendung des 27. Lebensjahres gezahlt, wenn das Kind
➤ sich in einer Schul- oder Berufsausbildung befindet oder
➤ ein freiwilliges soziales Jahr leistet oder
➤ ein freiwilliges ökologisches Jahr leistet oder
➤ sich wegen einer körperlichen, geistigen oder seelischen Behinderung nicht selbst unterhalten kann.

Manchmal wird die Schul- oder Berufsausbildung durch den gesetzlichen Wehrdienst, Zivildienst oder einen gleichgestellten Dienst (z. B. beim Bundesgrenzschutz oder als Entwicklungshelfer) unterbrochen oder hinausgeschoben. Nur in diesen Fällen kann die Waisenrente auch über das 27. Lebensjahr hinaus gezahlt werden, und zwar für einen der Dauer des gesetzlichen Wehr- oder Zivildienstes entsprechenden Zeitraum.

Halbwaisenrente wird gezahlt, wenn das Kind noch einen Elternteil hat, der unabhängig von den wirtschaftlichen Verhältnissen unterhaltspflichtig ist. Sie wird ermittelt aus 10 % der Entgeltpunkte, die für eine auf den Todeszeitpunkt berechneten Rente des verstorbenen Elternteils maßgebend sind.

Vollwaisenrente wird gezahlt, wenn kein unterhaltspflichtiger Elternteil mehr vorhanden ist. Sie leitet sich in der Regel aus dem rentenrechtlichen Zeiten der verstorbenen Mutter und des verstorbenen Vaters ab. Sie wird ermittelt aus 20 % der Entgeltpunkte, die für eine auf den Todeszeitpunkt berechnete Rente der Verstorbenen maßgebend sind, zuzüglich eines – individuell unterschiedlich hohen – Zuschlags.

Anrechnung von Einkommen

Auf die Witwen-/Witwerrente, die Erziehungsrente und die Waisenrente für über 18 Jahre alte Kinder werden eigene Einkünfte des Rentenberechtigten, soweit sie einen Freibetrag übersteigen, zu 40 % angerechnet. Keine Anrechnung erfolgt während des Sterbevierteljahres. Auf die Hinterbliebenenrenten werden angerechnet

➤ Erwerbseinkommen aus Arbeitsverdienst,

➤ Einnahmen aus Abhängigenbeschäftigungsverhältnis,

➤ Einkommen aus selbstständiger Tätigkeit und vergleichbaren Einkommen wie z. B. Bezüge von Beamten,

➤ Erwerbsersatzeinkommen, das aus öffentlich-rechtlichen Versorgungssystemen anstelle des Einkommens bezahlt wird.

Nicht angerechnet werden

➤ alle Einkünfte aus Kapitalvermögen,

➤ Einkünfte aus Vermietung oder Verpachtung,

➤ Einkünfte aus privaten Unfall- und Lebensversicherungen,

➤ Leistungen der betrieblichen Altersversorgung einschließlich der Zusatzversorgung des öffentlichen Dienstes und andere Leistungen.

Das von der Rentenversicherung ermittelte „Nettoeinkommen" wird nicht in voller Höhe auf die Hinterbliebenenrente angerechnet. Zunächst wird ein Freibetrag abgezogen. Dieser Freibetrag ist dynamisch und gilt jeweils vom 1.7. bis zum 30.6. eines Folgejahres. Erst das nach Berücksichtigung des Freibetrages verbleibende Nettoeinkommen wird in Höhe von 40 % angerechnet. Besonderheiten gelten beim Zusammentreffen von Hinterbliebenenrenten mit Renten aus der Unfallversicherung.

Hinterbliebenenversorgung bei Beamten

Die Hinterbliebenenversorgung bei Beamten ist ähnlich geregelt wie bei der gesetzlichen Rentenversicherung. Das Beamtenversorgungsgesetz spricht nur von der Witwe. Nach § 28 dieses Gesetzes wird aber der Witwer gleichgestellt, er bekommt also die gleichen Bezüge wie eine Witwe. Die Hinterbliebenenversorgung bei Beamten umfasst Bezüge für den Sterbemonat, Sterbegeld, Witwengeld, Abfindung, Waisengeld und Unterhaltsbeiträge.

Bezüge für den Sterbemonat

Den Erben eines verstorbenen Beamten, Ruhestandsbeamten oder entlassenen Beamten verbleiben für den Sterbemonat die vollen Bezüge des Verstorbenen. Dies gilt auch für eine für den Sterbemonat gewährte Aufwandsentschädigung.

Sterbegeld

Beim Tod eines Beamten erhalten der überlebende Ehegatte und die Abkömmlinge des Beamten ein Sterbegeld. Dieses Sterbegeld wird in Höhe der zweifachen Dienstbezüge des verstorbenen Beamten gezahlt. Hinterlässt der verstorbene Beamte keinen Ehegatten und keine Kinder, so ist das Sterbegeld auf Antrag zu zahlen

➤ an Verwandte und Personen, die mit dem Beamtem in häuslicher Gemeinschaft gelebt haben oder von ihm ernährt worden sind, oder

➤ an sonstige Personen, die die Kosten der letzten Krankheit oder der Bestattung getragen haben (begrenzt auf die Höhe ihrer tatsächlichen Aufwendungen).

Witwengeld

Die Witwe eines Beamten erhält Witwengeld. Das gilt nicht, wenn

➤ die Ehe weniger als drei Monate gedauert hat, es sei denn, sie ist nicht zum Zwecke der Versorgung geschlossen worden,

➤ die Ehe erst nach Eintritt des Beamten in den Ruhestand geschlossen worden ist und der Beamte zur Zeit der Eheschließung das 65. Lebensjahr bereits vollendet hatte.

Das Witwengeld beträgt 60 % des Ruhegehaltes des verstorbenen Beamten. War die Witwe mehr als 20 Jahre jünger als der Verstorbene und ist aus der Ehe kein Kind hervorgegangen, wird das Witwengeld gekürzt.

Unterhaltsbeitrag

Erhält eine Witwe kein Witwengeld, weil sie weniger als drei Monate verheiratet war oder erst nach Eintritt in den Ruhestand des Verstorbenen geheiratet hat, erhält sie auf Antrag einen Unterhaltsbeitrag bis zur Höhe des Witwengeldes. Erwerbseinkommen und Erwerbsersatzeinkommen sind in angemessenem Umfang anzurechnen.

Witwenabfindung

Eine Witwe, die Anspruch auf Witwengeld oder auf einen Unterhaltsbeitrag hat, erhält im Falle einer Wiederverheiratung eine Witwenabfindung. Die Witwenabfindung beträgt das 24fache des durchschnittlichen letzten Witwengeldes.

Waisengeld

Die Kinder eines verstorbenen Beamten erhalten Waisengeld. Das Waisengeld beträgt für Halbwaisen 12 % und für Vollwaisen 20 % des Ruhegehaltes. Wenn der überlebende Elternteil nicht zum Bezug von Witwengeld berechtigt ist und auch keinen Unterhaltsbeitrag erhält, wird das Waisengeld nach dem Satz für Vollwaisen gezahlt.

Zusammentreffen von Witwen-, Waisen- und Unterhaltsbeiträgen

Witwen- und Waisengeld dürfen weder einzeln noch zusammen den Betrag des ihrer Berechnung zugrunde liegenden Ruhegehaltes übersteigen. Ergibt sich mit Witwen- und Waisengeld zusammen ein höherer Betrag, so werden die einzelnen Bezüge im gleichen Verhältnis gekürzt.

ERBSCHAFTSTEUER

Kommentar: Erbschaftsteuer sparen

Ein kluger Mann hat einmal gesagt: Wer die Pflicht hat, Steuern zu zahlen, hat auch das Recht, Steuern zu sparen. Dieser Satz bezieht sich auf die Einkommensteuer, gilt aber auch für die Schenkung- und Erbschaftsteuer. Die Erbschaftsteuer ist in Deutschland nicht besonders hoch. In Amerika ist sie viel höher.

In den USA wird grundsätzlich die gesamte Erbschaft besteuert, während in Deutschland immer nur der Teil besteuert wird, der dem einzelnen Erben zufällt.

Trotzdem – auch beim Erben hat man nichts zu verschenken! Es gibt verschiedene legale Möglichkeiten, Erbschaftsteuer zu sparen. Der Erblasser selbst muss diese Steuer nicht bezahlen. Wenn er also Steuern spart, dann spart er diese für seine Erben.

Für den Erblasser ist es natürlich die bequemste Art der Steuerersparnis, sein Geld selbst zu verbrauchen. Was der Erblasser nicht hinterlässt, brauchen seine Erben nicht zu versteuern. Allerdings besitzen manche Menschen so viel, dass sie es zu Lebzeiten nicht verbrauchen können und „notgedrungen" ihren Erben hinterlassen müssen.

Zunächst mag der Erblasser daran denken, sein Geld ins Ausland zu bringen. Das ist aber meist mit vielen Risiken verbunden. Man darf auch nicht außer Acht lassen, dass deutsche Staatsbürger im Ausland grundsätzlich fünf Jahre dem hiesigen Finanzamt verpflichtet bleiben. Wenn man denn sein Geld schon im Ausland versteckt – legal oder illegal –, dann sollte man tunlichst nicht vergessen, seinen Erben die Geheimnummern der ausländischen Konten mitzuteilen.

Zu bedenken ist auch, dass die Erben in Zwietracht geraten könnten. Vor einiger Zeit hat sich folgender Fall zugetragen: Der Vater hatte seinen drei Söhnen die Geheimnummern von Konten in der Schweiz mitgeteilt mit dem Bemerken, dass sie sich später das dort gelegene Geld teilen sollten. Ein Sohn hob kurz nach dem Tod des Vaters den größten Teil des Geldes ab und erklärte seinen Brüdern, es sei viel weniger Geld auf den Konten gewesen, als der Vater gesagt habe.

Eine viel bessere Möglichkeit der Steuerersparnis ist das Verschenken des späteren Erbes „mit warmer Hand". Dabei hat der Ehegatte einen persönlichen Freibetrag von 307 000 Euro und jedes Kind von 205 000 Euro, für den keine Erbschaftsteuer anfällt. Diese Freibeträge kann man alle zehn Jahre ausnutzen. Unter Ehegatten gibt es zusätzlich noch die Möglichkeit der ehebedingten Schenkungen, die teilweise steuerfrei sind.

Das Verschenken zu Lebzeiten hat allerdings einen Haken. Wenn der Schenker in finanzielle Bedrängnis gerät und das verschenkte Geld selbst benötigt, dann muss er es zurückfordern. Noch häufiger kommt es vor, dass der Beschenkte groben Undank zeigt. Dann will der Schenker das Geld zurückhaben. Das ist aber nur möglich, wenn die Schenkung höchstens zehn Jahre zurückliegt und wenn das Geld nicht verbraucht ist.

Bei Grundstücken kann man sich schützen und einen Vorbehalt ins Grundbuch eintragen lassen, sodass der Schenker die Schenkung jederzeit zurückfordern kann. Ein solcher Vorbehalt ist unbedingt zu empfehlen, wenn man seinem nichtehelichen Partner etwas schenken will und die Sorge hat, dass dieser Partner die Beziehung eines Tages beenden könnte. Im Übrigen ist das Schenken und auch Vererben von Grundstücken steuerlich günstiger als das Schenken und Vererben von Geld- und Wertpapieren, denn die Erbschaftsteuer auf Geld wird nach dem Nennwert, bei Wertpapieren nach ihren Kurswert, alles sonstige Vermögen nach dem Verkehrswert berechnet, während Grundstücke nach dem Bewertungsgesetz bemessen werden. Diese steuerlichen Grundstückswerte sind in der Regel wesentlich niedriger als die Verkehrswerte.

Außerdem besteht die Möglichkeit, das Grundstück zwar zu verschenken, sich selbst aber bis ans Lebensende ein Wohnrecht oder den Nießbrauch vorzubehalten. Durch die Bestellung eines Nießbrauchs zugunsten des Schenkers, beispielsweise an einer vermieteten Immobilie, bleibt der Schenker wirtschaftlicher Eigentümer. Der Schenker behält also weiterhin die Mieteinnahmen, sodass sich einkommensteuerlich für ihn vorerst nichts ändert.

Auch umgekehrtes Vorgehen ist möglich. So kann man seinen Kindern oder Enkeln den Nießbrauch schenken und sich selbst das Grundstück vorbehalten. Oft haben die Nachkommen noch kein so hohes Einkommen, sodass sie die zusätzlichen Mieteinnahmen mit geringen Sätzen versteuern können.

Die Übertragung von Betrieben ist erbschaftsteuerlich wesentlich begüns-tigt. Der Betriebsnachfolger hat zunächst einen Freibetrag von 256 000 Eu-ro, der verbleibende Wert des Betriebsvermögens wird nur mit 60 % ange-setzt. Außerdem gehört der Betriebsnachfolger in die steuerlich günstigste Steuerklasse I, selbst wenn er mit dem Erblasser nicht verwandt ist.

Es gibt noch eine Fülle von weiteren legalen Steuersparmöglichkeiten, ins-besondere durch Zuwendungen an gemeinnützige Einrichtungen. Es ist auch eine Überlegung wert, den nichtehelichen Partner formell zu heiraten, um ihn von der ungünstigen Steuerklasse III in die Steuerklasse I zu bringen und ihm dadurch einen Freibetrag von 307 600 Euro zu verschaffen; eine Kurzzeit-Ehe genügt. Auch die steuerlichen Vorteile einer Adoption sind nicht unerheblich.

Der Schenker oder Erblasser, der größere Vermögen weiterzugeben hat, sollte sich mit dem Erbschafts- und Schenkungssteuergesetz intensiv be-schäftigen. Nicht sinnvoll sind jedoch komplizierte Erbschaftskonstruk-tionen, die weder vom Erblasser noch seinen Erben verstanden und nur mit-hilfe von Anwälten und Gerichten gelöst werden können.

Das deutsche Erbschaftsteuergesetz bietet den nächsten Familienangehö-rigen bereits so hohe Freibeträge, dass diese Erben bei einem „normalen" Nachlass keine oder jedenfalls doch nur sehr geringe Erbschaftsteuer zu be-zahlen brauchen.

Und für alle, denen keine Erbschaft zugefallen ist, hier noch ein Wort von Peter Ustinow: „Wer in einem Testament nicht bedacht worden ist, findet Trost in dem Gedanken, dass der Verstorbene ihm vermutlich die Erb-schaftsteuer ersparen wollte."

Vorbemerkung

Jede Person (mit deutscher Staatsangehörigkeit) ist frei, ihr Vermögen an beliebige Personen zu verschenken oder zu vererben (Testierfreiheit). Bei Schenkungen zu Lebzeiten bestehen keine Einschränkungen, bei Erb-schaften müssen die Pflichtteilsansprüche der nächsten Familienangehö-rigen beachtet werden. Außerdem verlangt der Staat von allen Erbschaf-ten und Schenkungen, die die jeweiligen Freibeträge überschreiten, ei-nen prozentualen Anteil als Erbschaft- bzw. Schenkungsteuer.

Wer also eine Erbschaft macht, ein Vermächtnis erhält oder etwas geschenkt bekommt, muss dafür Erbschaftsteuer zahlen. Dieser Erbschaftsteuer unterliegen alle Erwerbe von Todes wegen und alle Schenkungen unter Lebenden. Nur die Gelegenheitsgeschenke sind von dieser Steuer befreit.

Das Gesetz unterscheidet grundsätzlich nicht zwischen Vererben und Schenken. Deswegen wird im Folgenden aus Vereinfachungsgründen nur von der Erbschaftsteuer gesprochen.

Die Erbschaftsteuer wird in Deutschland als „Erbanfallssteuer" erhoben. Das bedeutet, dass nur das besteuert wird, was dem einzelnen Erben „anfällt"; der einzelne Erbe muss nur auf seinen Anteil die Erbschaftsteuern bezahlen. In Amerika ist das umgekehrt. Dort wird erst die gesamte Erbschaft besteuert und die Erbschaft dann an die einzelnen Beteiligten verteilt. Da die Erbschaftsteuer auch in Amerika progressiv ansteigt, ist die amerikanische Art der Besteuerung bei mehreren Erben ungünstiger.

Der deutsche Steuersatz richtet sich nach dem Wert des Anteils und nach dem Grad der Verwandtschaft zum Erblasser. Der überlebende Ehegatte und die Kinder zahlen – bei gleich hohem Nachlass – weniger Erbschaftsteuer als die entfernteren Verwandten und die sonstigen Erben. Die Steuersätze ergeben sich aus den drei Steuerklassen.

Im Rahmen dieses Buches kann auf schwierige Einzelfragen nicht eingegangen werden. Für den „Normalerben", dem etwas Grundbesitz, Hausrat, einige Kunstgegenstände, Geld- und Wertpapiervermögen zufallen, dürften die nachfolgenden Erläuterungen aber ausreichen. Man kann anhand dieser Darstellungen seine Steuerverpflichtung ermitteln und zumindest den vom Finanzamt erstellten Steuerbescheid auf seine Richtigkeit überprüfen. Im Zweifelsfall muss der Erbe einen Steuerberater hinzuziehen oder – was die billigere Lösung ist – persönlich bei dem jeweiligen Sachbearbeiter der Erbschaftsteuerstelle des zuständigen Finanzamtes nachfragen und sich unklare Steueransätze erklären lassen. Wenn man dabei überhaupt nicht weiterkommt, bleibt schließlich noch die Möglichkeit, gegen einen ungünstigen Erbschaftsteuerbescheid Einspruch einzulegen und notfalls Klage beim Finanzgericht zu erheben.

Die folgenden Ausführungen geben einen Überblick über das Erbschaftsteuergesetz in der Fassung vom 27.2.1997 in Verbindung mit dem

Steuer-Euro-Glättungsgesetz vom 19. 12. 2000. Durch dieses Gesetz sind die DM-Steuersätze auf Euro umgestellt und „geglättet" worden.

Steuerpflichtige Vorgänge

Die Erbschaftsteuer erfasst grundsätzlich alle Vermögensübertragungen, die zu einer unentgeltlichen Bereicherung des Empfängers geführt haben. Die beiden hauptsächlichen steuerlichen Tatbestände sind der Erwerb von Todes wegen und die Schenkung unter Lebenden. Hinzuzurechnen sind noch die Zweckzuwendungen. Dies sind solche Zuwendungen, die mit der Erfüllung einer Auflage verbunden sind. Außerdem gehört in diesen Zusammenhang die Überführung des Vermögens in eine Familienstiftung oder einen Familienverein. Im Folgenden geht es nur um den Erwerb von Todes wegen. Für Schenkungen und Zweckzuwendungen gelten aber im Wesentlichen die gleichen Bestimmungen.

Der Erwerb von Todes wegen ist der Übergang des Vermögens vom Erblasser auf den Erben, und zwar aufgrund gesetzlicher Erbfolge oder infolge eines Testaments oder eines Erbvertrags. Weiterhin zählt dazu auch der Erwerb eines Vermögensvorteils aus der Differenz zwischen einem testamentarisch festgesetzten niedrigen Erwerbspreis eines Gegenstands oder Grundstücks und dem tatsächlichen Verkehrswert. Diese „unentgeltliche" Differenz ist erbschaftsteuerpflichtig.

Steuerpflichtig ist auch ein Abfindungsbetrag, den man für den Verzicht auf einen Erb- oder Pflichtteil erhält. Die Steuerpflicht wird nicht durch die Geltendmachung des Pflichtteilsanspruchs ausgelöst, sondern erst durch die Zahlung.

Der Erbschaftsteuerpflicht unterliegen auch testamentarisch zugewandte Renten, Wohn- und Nießbrauchsrechte und ähnliche wiederkehrende Nutzungen und Leistungen. Allerdings sind derartige Zuwendungen nur dann erbschaftsteuerpflichtig, wenn sie dem Empfänger aufgrund gesetzlicher oder testamentarischer Bestimmung zufließen. Dagegen sind die Renten und Pensionen, die der Staat, der Arbeitgeber oder die Rentenkassen bezahlen, keine erbschaftsteuerlichen Zuwendungen. Diese Renten und Pensionen unterliegen allerdings der Einkommensteuer.

Unter die Erbschaftsteuerpflicht fallen weiter die Begünstigungen aus Verträgen zugunsten Dritter, die der Erblasser oder Schenker mit einer Bank oder Sparkasse abgeschlossen hat (siehe Seite 226). Zum Erwerb von Todes wegen gehören auch Vorteile aus den Leistungen der Lebens- und Sterbeversicherungen, soweit sie dem überlebenden Ehegatten oder anderen Personen zufallen. Dagegen ist nicht erbschaftsteuerpflichtig, wer selbst die Prämie für die eigene Versicherung bezahlt hat. Schließlich sind auch Schenkungen auf den Todesfall steuerpflichtig.

Damit ist fast alles erfasst, was einem Begünstigten „von Todes wegen" an Vermögenswerten zufallen kann. Nicht erbschaftsteuerpflichtig ist dagegen der Verzicht auf eine Erbschaft, ein Erbteil oder den Pflichtteil. Kurz gesagt, was man nicht bekommt, braucht man auch nicht zu versteuern.

Persönliche Steuerpflicht und Auslandsberührung

In den meisten Fällen werden der Erblasser und der Erbe ihren Wohnsitz im Bundesgebiet haben, das übertragene Vermögen wird sich also ebenfalls im Gebiet der Bundesrepublik Deutschland befinden. Für diese Erben ergeben sich keine Besonderheiten. Das übertragene Vermögen unterliegt voll der deutschen Erbschaftsteuerpflicht. Mit der Wiedervereinigung Deutschlands gilt das (westdeutsche) Erbschaftsteuergesetz auch für alle Erbfälle, die nach dem 3.10.1990 auf dem Gebiet der ehemaligen DDR angefallen sind.

Besonderheiten ergeben sich dann, wenn entweder der Erblasser oder der Erbe seinen Wohnsitz im Ausland hat oder wenn das Vermögen dort gelegen ist. Dabei ist es auch von Bedeutung, welcher Art das übertragene Vermögen ist. Als Wohnsitz gilt bei natürlichen Personen der Ort, an dem sich der Betreffende ständig aufhält, an dem sich also seine ständig benutzte Wohnung befindet. Ein vorübergehender Aufenthalt im Ausland ist ohne Bedeutung. Wenn also der Erblasser auf einer Urlaubs- oder Geschäftsreise im Ausland verstirbt, gilt trotzdem deutsches Steuerrecht.

Im Übrigen kann es auch vorkommen, dass für denselben Erwerb sowohl inländische als auch ausländische Erbschaftsteuer anfällt. Zur Vermeidung der Doppelbesteuerung durch deutsche und ausländische

Steuerbehörden hat die Bundesrepublik Deutschland mit einigen ausländischen Staaten so genannte Doppelbesteuerungsabkommen abgeschlossen. Während es auf dem Gebiet der Steuer von Einkommen und Vermögen zahlreiche Doppelbesteuerungsabkommen gibt, an denen die Bundesrepublik Deutschland beteiligt ist, liegen für das Gebiet der Erbschaftsteuer jedoch nur ganz wenige solcher Abkommen vor.

Liegt ein Doppelbesteuerungsabkommen vor, so kann unter gewissen Voraussetzungen die ausländische Steuer auf die deutsche Steuer angerechnet werden, soweit diese auf Auslandsvermögen anfällt.

Wie schon erwähnt, bleiben deutsche Staatsangehörige, die ihren Wohnsitz ins Ausland verlegen, noch fünf Jahre lang nach deutschem Gesetz erbschaftsteuerpflichtig. Damit soll verhindert werden, dass durch eine Wohnsitzverlegung ins Ausland die deutsche Erbschaftsteuer umgangen wird.

Steuerklassen

Die Erbschafts- und Schenkungssteuerbelastung richtet sich nach der Steuerklasse eines Erwerbers und innerhalb dieser nach der Höhe des steuerpflichtigen Erwerbs. Dadurch wird die Steuerbelastung nach der Verwandtschaftsnähe und innerhalb der Steuerklasse nach der Höhe der steuerlichen Leistungsfähigkeit abgestuft.

Nach dem persönlichen Verhältnis des Erwerbers zum Erblasser oder Schenker werden drei Steuerklassen unterschieden. Die früheren Steuerklassen I und II sind zu einer neuen Steuerklasse I zusammengefasst worden, zu der jetzt neben dem Ehegatten und den Kindern des Erblassers auch die Enkel, Urenkel und weitere Abkömmlinge – sowie bei Erwerben von Todes wegen die Eltern und Voreltern – gehören.

Steuerklasse I
1. der Ehegatte,
2. die Kinder und Stiefkinder,
3. die Abkömmlinge der in Nummer 2 genannten Kinder und Stiefkinder,
4. die Eltern und Voreltern bei Erwerben von Todes wegen

Steuerklasse II
1. die Eltern und Voreltern, soweit sie nicht zur Steuerklasse I gehören,
2. die Geschwister,
3. die Abkömmlinge ersten Grades von Geschwistern,
4. die Stiefeltern,
5. die Schwiegerkinder,
6. die Schwiegereltern,
7. der geschiedene Ehegatte

Steuerklasse III
alle übrigen Erwerber und die Zweckzuwendungen

Steuersätze

Die Steuersätze für die drei Steuerklassen sind neu abgestuft worden. Da die Freibeträge deutlich angehoben worden sind, vermindert sich mit den neuen Tarifen die tatsächliche Steuerbelastung bei kleinen und mittleren Erbfällen erheblich:

Wert des steuerpflichtigen Erwerbs bis einschließlich Euro	Versteuerungsprozentsatz in der Steuerklasse		
	I	II	III
52 000	7	12	17
256 000	11	17	23
512 000	15	22	29
5 113 000	19	27	35
12 783 000	23	32	41
25 565 000	27	37	47
über 25 565 000	30	40	50

Persönliche Freibeträge

Steuerfrei bleibt der Erwerb
➤ des Ehegatten in Höhe von 307 000 Euro,
➤ der Kinder im Sinne der Steuerklasse I Nr. 2 und der Kinder verstorbener Kinder im Sinne der Steuerklasse I Nr. 2 in Höhe von 205 000 Euro,

➤ der übrigen Personen der Steuerklasse I in Höhe von 51 200 Euro,

➤ der Personen der Steuerklasse II in Höhe von 10 300 Euro,

➤ der Personen der Steuerklasse III in Höhe von 5 200 Euro.

Besonderer Versorgungsfreibetrag

Dem überlebenden Ehegatten wird neben dem persönlichen Freibetrag von 307 000 Euro noch ein besonderer Versorgungsfreibetrag von 256 000 Euro gewährt. Dieser Freibetrag wird um den Kapitalwert der Versorgungsbezüge gekürzt, die nicht der Erbschaftsteuer unterliegen.

Unter den gleichen Voraussetzungen wird den Kindern des Erblassers ebenfalls ein Versorgungsfreibetrag gewährt, und zwar in folgender Höhe:

➤ 52 000 Euro bei einem Alter bis zu 5 Jahren,

➤ 41 000 Euro bei einem Alter von mehr als 5 bis 10 Jahren,

➤ 30 700 Euro bei einem Alter von mehr als 10 bis 15 Jahren,

➤ 20 500 Euro bei einem Alter von mehr als 15 bis 20 Jahren,

➤ 10 300 Euro bei einem Alter von mehr als 20 Jahren bis zur Vollendung des 27. Lebensjahres.

Die gesetzliche Bezeichnung „Versorgungsfreibetrag" ist missverständlich, denn es handelt sich weder um einen Freibetrag für Versorgungswerte wie den Hausratsfreibetrag noch um einen Freibetrag, der im Hinblick auf eine Versorgung gewährt wird.

Der Versorgungsfreibetrag des Erbschaftsteuergesetzes ist vielmehr ein ganz normaler Freibetrag, der den überlebenden Ehegatten für alle erbschaftsteuerlichen Erwerbe von der Erbschaftsteuer freistellt.

Die Besonderheit dieses Freibetrages besteht in der Anrechnungsanordnung. Auf diesen Freibetrag wird der Kapitalwert aller sonstigen (nicht erbschaftsteuerpflichtigen) Versorgungswerte angerechnet oder anders ausgedrückt: Dieser Freibetrag wird um die Kapitalwerte der sonstigen Versorgung gekürzt. Es handelt sich bei dem Ehegattenfreibetrag also im Grunde nicht um einen Versorgungsfreibetrag, sondern um einen Freibetrag für den Fall, dass der überlebende Ehegatte nicht ausreichend versorgt ist. Das Gleiche gilt für die Kinderfreibeträge.

Beispiel

Eine Witwe erbt von ihrem Ehemann ein Gesamtvermögen von 500 000 Euro. Als Witwe hat sie einen persönlichen Freibetrag von 307 000 Euro, außerdem einen Hausratsfreibetrag von 41 000 Euro sowie für sonstige Gegenstände 10 300 Euro. Es bleibt ein steuerpflichtiger Nachlass von 500 000 – 307 000 – 41 000 – 10 300 = 141 700 Euro.

Bezieht die Witwe nach ihrem verstorbenen Ehemann noch eine Rente oder Pension, so ist diese zwar erbschaftsteuerfrei, muss aber mit ihrem Kapitalwert auf den Versorgungsfreibetrag angerechnet werden. Der Kapitalwert ergibt sich aus § 14 des Bewertungsgesetzes (für Kinder aus § 13 Bewertungsgesetz). Die Kapitalwerte werden nach Anlage 9 zu § 14 (Anlage 9a zu § 13 Bewertungsgesetz) ermittelt.

Beispiel

Die Witwe bekommt nach ihrem Mann eine monatliche Rente von 1000 Euro. Der Jahreswert dieser Rente beträgt 12 000 Euro. Die Witwe ist am Todestag ihres Mannes 70 Jahre alt. Aus der Anlage 9 ergibt sich nach einem Multiplikationsfaktor von 8,99 ein Kapitalwert ihrer Witwenrente in Höhe von 107 880 Euro. Ihr Versorgungsfreibetrag beträgt 256 000 Euro. Hierauf muss sie sich den Kapitalwert ihrer Rente mit 107 880 Euro anrechnen lassen. Somit verbleibt ein restlicher Versorgungsfreibetrag von 148 120 Euro. Dieser restliche Versorgungsfreibetrag ist höher als der erbschaftsteuerpflichtige Nachlass in Höhe von 141 700 Euro. Die Witwe braucht also keine Erbschaftsteuer zu bezahlen.

Anlage 9 zu § 14 Bewertungsgesetz

Kapitalwert einer lebenslänglichen Nutzung oder Leistung im Jahresbetrag von einer Deutschen Mark (einem Euro)

Der Kapitalwert ist nach der „Sterbetafel für die Bundesrepublik Deutschland 1986/88; Gerichtsstand seit dem 3. Oktober 1990" unter Berücksichtigung von Zwischenzinsen und Zinseszinsen mit 5,5 von Hundert errechnet worden. Der Kapitalwert der Tabelle ist der Mittelwert zwischen dem Kapitalwert für jährlich vorschüssige und jährlich nachschüssige Zahlungsweise.

Vollendetes Lebensalter in Jahren	Männer	Frauen	Vollendetes Lebensalter in Jahren	Männer	Frauen
0	17,908	18,136	48	13,406	14,684
1	18,040	18,239	49	13,187	14,503
2	18,019	18,227	50	12,961	14,316
3	17,992	18,210	51	12,730	14,122
4	17,961	18,189	52	12,494	13,920
5	17,927	18,166	53	12,253	13,711
6	17,891	18,142	54	12,008	13,495
7	17,853	18,115	55	11,759	13,271
8	17,813	18,087	56	11,506	13,040
9	17,769	18,058	57	11,249	12,801
10	17,723	18,026	58	10,987	12,553
11	17,674	17,993	59	10,720	12,298
12	17,623	17,958	60	10,448	12,034
13	17,569	17,921	61	10,171	11,763
14	17,512	17,882	62	9,889	11,484
15	17,453	17,842	63	9,603	11,197
16	17,393	17,800	64	9,313	10,903
17	17,322	17,756	65	9,019	10,601
18	17,272	17,712	66	8,723	10,292
19	17,212	17,665	67	8,422	9,977
20	17,151	17,616	68	8,120	9,654
21	17,086	17,564	69	7,816	9,325
22	17,018	17,510	70	7,511	8,990
23	16,945	17,452	71	7,206	8,650
24	16,867	17,392	72	6,904	8,307
25	16,785	17,328	73	6,604	7,962
26	16,699	17,261	74	6,310	7,616
27	16,608	17,190	75	6,020	7,271
28	16,512	17,116	76	5,738	6,930
29	16,411	17,038	77	5,464	6,592
30	16,306	16,956	78	5,198	6,261
31	16,196	16,870	79	4,941	5,937
32	16,080	16,781	80	4,693	5,622
33	15,960	16,687	81	4,456	5,317
34	15,833	16,589	82	4,228	5,022
35	15,700	16,486	83	4,010	4,739
36	15,562	16,379	84	3,802	4,468
37	15,417	16,267	85	3,603	4,210
38	15,267	16,150	86	3,415	3,964
39	15,109	16,029	87	3,235	3,731
40	14,945	15,902	88	3,065	3,511
41	14,775	15,770	89	2,904	3,304
42	14,598	15,632	90	2,753	3,109
43	14,415	15,489	91	2,609	2,927
44	14,225	15,341	92	2,475	2,756
45	14,030	15,186	93	2,348	2,597
46	13,828	15,025	94	2,229	2,448
47	13,620	14,858	95	2,118	2,310

Vollendetes Lebensalter in Jahren	Männer	Frauen
96	2,014	2,183
97	1,917	2,064
98	1,826	1,955
99	1,741	1,854
100	1,662	1,761
101	1,589	1,675
102	1,520	1,595
103	1,455	1,522
104	1,394	1,453

Vollendetes Lebensalter in Jahren	Männer	Frauen
105	1,334	1,387
106	1,272	1,318
107	1,199	1,238
108	1,095	1,125
109	0,908	0,924
110 und darüber	0,500	0,500

Anlage 9a zu § 13 Bewertungsgesetz

Kapitalwert einer wiederkehrenden, zeitlich beschränkten Nutzung oder Leistung im Jahresbetrag von einer Deutschen Mark (einem Euro)

Der Kapitalwert ist unter Berücksichtigung von Zwischenzinsen und Zinseszinsen mit 5,5 vom Hundert errechnet worden. Er ist der Mittelwert zwischen dem Kapitalwert für jährliche vorschüssige und jährlich nachschüssige Zahlungsweise.

Laufzeit in Jahren	Kapitalwert	Laufzeit in Jahren	Kapitalwert	Laufzeit in Jahren	Kapitalwert
1	0,974	25	13,783	49	17,326
2	1,897	26	14,038	50	17,397
3	2,772	27	14,280	51	17,464
4	3,602	28	14,510	52	17,528
5	4,388	29	14,727	53	17,588
6	5,133	30	14,933	54	17,645
7	5,839	31	15,129	55	17,699
8	6,509	32	15,314	56	17,750
9	7,143	33	15,490	57	17,799
10	7,745	34	15,656	58	17,845
11	8,315	35	15,814	59	17,888
12	8,856	36	15,963	60	17,930
13	9,368	37	16,105	61	17,969
14	9,853	38	16,239	62	18,006
15	10,314	39	16,367	63	18,041
16	10,750	40	16,487	64	18,075
17	11,163	41	16,602	65	18,106
18	11,555	42	16,710	66	18,136
19	11,927	43	16,813	67	18,165
20	12,279	44	16,910	68	18,192
21	12,613	45	17,003	69	18,217
22	12,929	46	17,090	70	18,242
23	13,229	47	17,173	71	18,264
24	13,513	48	17,252	72	18,286

Laufzeit in Jahren	Kapital-wert	Laufzeit in Jahren	Kapital-wert	Laufzeit in Jahren	Kapital-wert
73	18,307	83	18,462	93	18,553
74	18,326	84	18,474	94	18,560
75	18,345	85	18,485	95	18,566
76	18,362	86	18,495	96	18,572
77	18,379	87	18,505	97	18,578
78	18,395	88	18,514	98	18,583
79	18,410	89	18,523	99	18,589
80	18,424	90	18,531	100	18,593
81	18,437	91	18,539	101	18,598
82	18,450	92	18,546	mehr als 101	18,600

Vor- und Nacherbschaft

Im Fall der Vor- und Nacherbfolge teilen sich zwei (mehrere) Erben den Nachlass. Sie werden nicht gleichzeitig, sondern nacheinander Erben. Mit dem Erbfall geht das Vermögen des Erblassers zunächst auf den Vorerben über. Mit dem Nacherbfall hört der Vorerbe jedoch auf, Erbe zu sein, und der Nachlass fällt dem Nacherben an. Der Vorerbe ist also Erbe auf Zeit. Seine Erbenstellung dauert nur bis zum Nacherbfall. Dabei kann der Nacherbfall bedingt oder befristet angeordnet sein. Im Fall der Befristung (Beispiel: Eintritt eines bestimmten Datums) steht fest, dass es zum Nacherbfall kommt und der Vorerbe damit seine Erbenstellung verliert. Im Fall der Bedingung (Beispiel: Nacherbfall bei Wiederheirat) ist es dagegen nicht sicher, ob der Nacherbfall eintritt. Fällt die Bedingung aus, bleibt der Nachlass dem Vorerben unbegrenzt erhalten. Als Erbe auf Zeit unterliegt der Vorerbe gewissen Beschränkungen. Von den meisten Beschränkungen kann er allerdings befreit werden, er darf den Nachlass aber nicht verschenken.

Steuerlich wird der Vorerbe wie ein Vollerbe behandelt. Er muss also wie ein unbeschränkt eingesetzter Erbe Steuern zahlen. Der Nacherbe unterliegt vor dem Eintritt des Nacherbfalls grundsätzlich keiner Steuerpflicht.

Mit dem Eintritt des Nacherbfalls fällt die Erbschaft dem Nacherben an. Dieser Erwerb ist als vom Vorerben stammend zu versteuern. Auf Antrag ist bei der Versteuerung das (Verwandtschafts-)Verhältnis des Nacherben zum Erblasser zugrunde zu legen. Geht in diesem Fall auch eigenes

Vermögen des Vorerben auf den Nacherben über, sind beide Vermögens-
anfälle hinsichtlich der Steuer*klasse* getrennt zu behandeln. Der Steuer-
satz für jeden Einzelerwerb bemisst sich nach dem Wert des gesamten Erwerbs.

Tritt die Nacherbfolge nicht durch den Tod des Vorerben ein, gilt die
Vorerbfolge als auflösend bedingter, die Nacherbfolge als aufschiebend
bedingter Anfall. In diesem Fall ist dem Nacherben die vom Vorerben ent-
richtete Steuer anzurechnen.

Zweckzuwendungen

Zweckzuwendungen sind Zuwendungen von Todes wegen oder freigiebige Zuwendungen unter Lebenden, die mit einer Auflage verbunden sind.
Davon zu unterscheiden sind Zuwendungen an religiöse oder gemeinnützige Einrichtungen.

Ein Beispiel für eine Zweckzuwendung wäre, dass jemand seinem
Freund eine größere Summe mit der Auflage schenkt oder hinterlässt, dafür die Kegelbahn seines Vereins renovieren zu lassen. In diesem Fall
muss der Freund nicht nur das versteuern, was er für die Renovierung
der Kegelbahn ausgibt, sondern auch das, was ihm letztlich von dieser
Zuwendung übrig bleibt.

Schenkungen unter Lebenden

Das Erbschaftsteuergesetz behandelt auch die Schenkung unter Lebenden. Unter einer Schenkung versteht das Gesetz jede freigiebige Zuwendung unter Lebenden, soweit der Bedachte durch sie auf Kosten des Zuwendenden bereichert wird. Werden dafür Gegenleistungen erbracht,
werden sie bei der Feststellung, ob eine Bereicherung vorliegt, berücksichtigt, allerdings nur dann, wenn sie in Geld veranschlagt werden können, wenn es sich also um geldwerte Gegenleistungen handelt.

Steuerbefreiungen

Neben den persönlichen Freibeträgen gibt es noch zahlreiche sachliche Steuerbefreiungen. Steuerfrei bleiben unter anderem

➤ beim Erwerb durch Personen der Steuerklasse I
  – 41 000 Euro für Hausrat einschließlich Wäsche und Kleidungsstücke,
  – 10 300 Euro für andere bewegliche Gegenstände – auch Kunstgegenstände und Sammlungen (außer Geld, Wertpapieren, Münzen, Edelmetallen, Edelsteinen und Perlen)
➤ beim Erwerb durch Personen der Steuerklassen II und III
  – 10 300 Euro für Hausrat einschließlich Wäsche und Kleidungsstücke sowie andere bewegliche Gegenstände

> *Wichtig:* Kunstgegenstände und Sammlungen bleiben unter bestimmten Voraussetzungen bis zu 60 % ihres Wertes oder in vollem Umfang steuerfrei, wenn ihre Erhaltung wegen ihrer Bedeutung für Kunst, Geschichte oder Wissenschaft im öffentlichen Interesse liegt und wenn sie für Zwecke der Forschung oder Volksbildung nutzbar gemacht bzw. wenn sie innerhalb von zwei Jahren nach dem Erwerb dem Bund, einem Land oder einer inländischen gemeinnützigen wissenschaftlichen oder kulturellen Zwecken dienenden Stiftung zugewendet werden.

➤ Erwerbe bis zu 5200 Euro für Personen, die dem Erblasser unentgeltlich oder gegen unzureichendes Entgelt Pflege oder Unterhalt gewährt haben
➤ Zuwendungen unter Lebenden zum Zwecke des angemessenen Unterhalts oder zur Ausbildung
➤ übliche Gelegenheitsgeschenke
➤ Spenden zu ausschließlich kirchlichen, gemeinnützigen oder mildtätigen Zwecken oder an politische Parteien

Steuerbefreiung für Betriebsvermögen
Auf Betreiben der mittelständischen Wirtschaft ist mit Wirkung vom 1.1.1995 ein neuer Freibetrag für Betriebsvermögen eingeführt worden.

Beim Erwerb von inländischen Betriebsvermögen, inländischem land- und forstwirtschaftlichem Vermögen und bestimmten Anteilen an inländischen Kapitalgesellschaften beträgt dieser Freibetrag 256 000 Euro. Bei mehreren Erwerbern ist der Freibetrag anteilig zu berücksichtigen. Er wird wie folgt aufgeteilt:
➤ bei Erwerben von Todes wegen, an denen nur Erben beteiligt sind, nach den Erbteilen,
➤ bei den übrigen Erwerben von Todes wegen auf alle Erwerber gleichmäßig,
➤ bei Schenkungen entsprechend der vom Schenker festgelegten Aufteilung unter den Erwerbern.

Der über den Freibetrag hinausgehende Wert des begünstigten Vermögens ist mit 60 % anzusetzen. Freibetrag, Freibetragsanteil und verminderter Wertansatz entfallen mit Wirkung für die Vergangenheit, wenn der Erwerber innerhalb von fünf Jahren „steuerschädlich" über das begünstigt erworbene Vermögen verfügt, d. h., wenn er es veräußert oder aber den Betrieb aufgibt.

Die Betriebserben werden durch eine weitere Regelung bevorzugt behandelt. Für sie gelten die Abgabensätze der Steuerklasse I, unabhängig davon, in welchem Familienverhältnis sie zum ehemaligen Besitzer stehen. Voraussetzung: Der neue Besitzer führt das Unternehmen mindestens fünf Jahre fort.

Der Grund für diese Begünstigung: Immer öfter werden verdiente Mitarbeiter oder entfernte Verwandte zum Unternehmensnachfolger erkoren. Nach dem alten Erbschaftsteuergesetz mussten sie als Mitglieder der Steuerklasse III hohe Steuern zahlen. Diese finanzielle Last gefährdete in einigen Fällen sogar die Existenz des Betriebes. Unternehmensteile mussten verkauft werden, um die Erbschaftsteuer zu zahlen. Arbeitsplätze standen auf dem Spiel. Die neue Steuerklassenregelung soll solche Entwicklungen verhindern helfen. Die Erbschaftsteuerbelastung der familienfremden Betriebserben ist aber immer noch höher als bei Verwandten. Denn von der Steuerklasse I werden nur die günstigeren Steuersätze übernommen und nicht die höheren persönlichen Freibeträge.

Neue steuerliche Bewertung des Grundbesitzes

Grundbesitz wurde seit vielen Jahren bei der Erbschaft- und Schenkungsteuer mit Werten herangezogen, die auf der Basis der Wertverhältnisse vom 1.1.1964 bzw. in den neuen Ländern auf der Basis der Wertverhältnisse vom 1.1.1935 ermittelt wurden. Das waren die so genannten *Einheitswerte.* Diese Einheitswerte führten im Vergleich zum sonstigen Vermögen beim Grundbesitz zu einer geringeren Erbschafts- und Schenkungsteuer. Diese Ungleichheit hat das Bundesverfassungsgericht in einer Entscheidung vom 22.6.1995 für verfassungswidrig erklärt und den Gesetzgeber aufgefordert, eine neue Regelung bezüglich des Grundbesitzes herbeizuführen.

Die neue Grundbesitzbewertung ist in das Bewertungsgesetz aufgenommen worden, und zwar für die Erbschaft- und Schenkungsteuer sowie für die Grunderwerbssteuer ab 1.1.1997. (Für die Grundsteuer gilt weiterhin die bisherige Einheitsbewertung.) Im Gesetz spielt bei der Land- und Forstwirtschaft die Ertragsfähigkeit von Grund und Boden noch immer eine Rolle; man hat eine Neubewertung nach aktuellen Ertragswerten eingeführt. Darüber hinaus werden bei Betrieben der Land- und Forstwirtschaft ein Freibetrag von 256 000 Euro und ein Bewertungsabschlag wie bei sonstigen Betrieben vorgenommen (siehe Seite 281).

Die neuen Steuerwerte der Grundstücke werden nach folgenden Regeln ermittelt:

Unbebaute Grundstücke

Der Steuerwert unbebauter Grundstücke orientiert sich an den so genannten Bodenrichtwerten, die von den Gutachterausschüssen der Städte und Gemeinden festgestellt werden. Für die Berechnung der Erbschaft- und Schenkungsteuer waren diese Werte zum Stichtag 1.1.1996 zu ermitteln und den Finanzbehörden bekannt zu geben. Die für den 1.1.1996 festgestellten Werte waren sechs Jahre, also bis einschließlich 31.12.2001, maßgeblich. (Eine Neuberechnung ab 1.1.2002 ist bei Drucklegung dieses Buches noch nicht bekannt.)

Von diesen Bodenrichtwerten ist für den Steuerwert ein genereller Abschlag von 20 % vorzunehmen.

Beispiel

Das unbebaute Grundstück hat eine Größe von 500 m². Der Bodenrichtwert dafür beträgt 300 Euro/m².

Der Wert des Grundstücks (500 m² x 300 Euro/m²)	*150 000 Euro*
abzüglich 20 %	*30 000 Euro*
	120 000 Euro

Die Obergrenze ist stets der Verkehrswert. Das Finanzamt muss deshalb eine Korrektur nach unten vornehmen, wenn der Steuerpflichtige nachweist, dass der Bodenrichtwert auf dem Grundstücksmarkt nicht zu erzielen ist.

So kann das Grundstück Altlasten aufweisen oder durch ein Wegerecht des Nachbarn beeinträchtigt oder nicht vollständig erschlossen sein oder es können Baubeschränkungen vorliegen. Der Steuerpflichtige kann auch auf konkrete Verkaufspreise in der Nachbarschaft oder bei gleich liegenden Grundstücken in der Umgebung hinweisen; gegebenenfalls kann er auch durch ein Sachverständigengutachten den Nachweis führen, dass das Grundstück den Bodenrichtwert nicht erreicht. Vor Einholung eines Gutachtens sollte der Steuerpflichtige jedoch überlegen, ob die Gutachterkosten in einem angemessenen Verhältnis zu der voraussichtlichen Steuerersparnis infolge niedriger Bewertung des Grundstücks stehen.

Bebaute Grundstücke

Maßgeblich für den Steuerwert vermieteter Häuser, Wohnungen, Büros, Praxen und Läden ist der Ertragswert. Dieser Ertragswert wird errechnet aus dem 12,5fachen Betrag der erzielten Jahres-Nettomiete. Bei der Berechnung wird der Durchschnittsmietertrag der letzten drei Jahre zugrunde gelegt.

Für die altersbedingte Wertminderung des Gebäudes gibt es einen pauschalen Abzug von 0,5 % pro Jahr, maximal 25 %. Dieser Abschlag wird berechnet ab Bezugsfertigkeit der Immobilie.

Mindestwert einer bebauten Immobilie sind 80 % des Bodenrichtwertes des unbebauten Grundstücks. Mit anderen Worten: Wenn man ein bebautes Grundstück, auf dem eine völlig minderwertige, veraltete, abbruchreife Baulichkeit steht, geschenkt bekommt oder erbt, dann muss für die Besteuerung mindestens der Bodenrichtwert des Grundstücks abzüglich 20 % in Ansatz gebracht werden. Solche Grundstücke bilden aber den

Ausnahmefall. In der Regel wird ein bebautes Grundstück einen angemessenen Mietertrag erzielen.

Bei der Ermittlung der Jahres-Nettomiete bleiben alle Nebenkosten, die auf den Mieter umgelegt werden dürfen, außer Betracht. Das sind insbesondere die Grundsteuer, die Versicherungsbeiträge, die Abgaben für Wasserversorgung, Kanalisation, Müllabfuhr, Straßenreinigung, Heizung und Warmwasserkosten, Hausmeister, Hausbeleuchtung und Hausreinigung sowie Kabelanschluss. Oft sind diese Positionen bereits in der Grundmiete enthalten. In diesem Fall muss diese entsprechend gekürzt und die Nettomiete ermittelt werden. Dafür sind dem Finanzamt konkrete Unterlagen vorzulegen, z. B. die Bescheide über die Grundsteuer und sonstige städtische Abgaben.

Der 12,5fache Betrag dieser Jahres-Nettomiete (Kaltmiete), abzüglich eines Altersabschlages von 0,5 % pro Jahr, höchstens 25 %, ergibt den Steuerwert.

Beispiel

Ein Mietshaus, zehn Jahre alt, erbringt (aus dem Durchschnitt der letzten drei Jahre)

eine Jahres-Nettomiete von 40 000 Euro	
das 12,5fache der Jahres-Nettomiete	*500 000 Euro*
einen Altersabschlag 10 x 0,5 %	*25 000 Euro*
Steuerwert	*475 000 Euro*

Die Obergrenze für den Ansatz des neuen Steuerwertes liegt grundsätzlich beim Verkehrswert des entsprechenden Grundstückes.

Ein- und Zweifamilienhäuser

Bei reinen Ein- und Zweifamilienhäusern ist der Ertragswert, nach dem ein Altersabschlag vorgenommen wurde, um einen Wertzuschlag von 20 % zu erhöhen. Der Grund für die Erhöhung: Ein Einfamilienhaus ist durch das „Umfeld" wie Garten, Garage usw. wertvoller. Soweit es sich um selbst genutzte Ein- und Zweifamilienhäuser handelt, ist anstelle des tatsächlichen Mieteinkommens die „übliche" Miete zugrunde zu legen. Strittig ist, ob eine entsprechende Anwendung auch bei Eigentumswohnungen (Teileigentum) in Betracht kommt. Die neue Bewertungsformel lautet:

12,5 x Jahresmiete (kalt) – Altersabschlag (0,5 % pro Jahr, höchstens 25 %)
+ 20 % Zuschlag = Steuerwert des Grundvermögens

Firmengrundstücke

Für Firmengebäude gilt eine besondere Bewertung, weil diese Immobilien in der Regel für die besonderen Anforderungen des jeweiligen Betriebes hergerichtet sind und über technische Einrichtungen verfügen, die für einen eventuellen Grundstückskäufer ohne Wert sind. Deshalb setzt in diesen Fällen das Finanzamt zunächst den Grundstückswert nach Bodenrichtwerten fest, wie das bei unbebauten Grundstücken vorgesehen ist. Von diesen Bodenrichtwerten werden jedoch nicht nur 20 %, sondern 30 % abgezogen. Hinzu kommt der Bilanzsteuerwert des Gebäudes. Der Bilanzsteuerwert ist in der Regel infolge der Gebäudeabschreibungen niedriger als der Verkehrswert. Die neue Formel lautet:

Grundstücksgröße in m² x Bodenrichtwert pro m² – 30 % Abschlag = steuerpflichtiger Bodenwert + Gebäudewert (Steuerbilanzwert) = Steuerwert des Grundvermögens

§ 145 – 150 Bewertungsgesetz

§ 145 Unbebaute Grundstücke

(1) Unbebaute Grundstücke sind Grundstücke, auf denen sich keine benutzbaren Gebäude befinden oder zur Nutzung vorgesehene Gebäude im Bau befindlich sind. Die Benutzbarkeit beginnt im Zeitpunkt der Bezugsfertigkeit. Gebäude sind als bezugsfertig anzusehen, wenn den zukünftigen Bewohnern oder sonstigen Benutzern zugemutet werden kann, sie zu benutzen; die Abnahme durch die Bauaufsichtsbehörde ist nicht entscheidend. Im Bau befindlich ist ein Gebäude, wenn auf dem Grundstück Abgrabungen begonnen worden sind oder Baustoffe eingebracht worden sind, die zur planmäßigen Errichtung des Gebäudes führen.

(2) Befinden sich auf dem Grundstück Gebäude, die keiner oder nur einer unbedeutenden Nutzung zugeführt werden können, gilt das Grundstück als unbebaut; als unbedeutend gilt eine Nutzung, wenn die hierfür erzielte Jahresmiete (§ 146 Abs. 2) oder die übliche Miete (§ 146 Abs. 3) weniger als 1 vom Hundert des nach Absatz 3 anzusetzenden Werts beträgt. Als unbebautes Grundstück gilt auch ein Grundstück, auf dem infolge der Zerstörung oder des Verfalls der Gebäude auf Dauer benutzbarer Raum nicht mehr vorhanden ist.

(3) Der Wert unbebauter Grundstücke bestimmt sich nach ihrer Fläche und den um 20 vom Hundert ermäßigten Bodenrichtwerten (§ 196 des Baugesetzbuches in der Fassung der Bekanntmachung vom 8. Dezember 1986. BGBl I S. 2253, das zuletzt durch Artikel 24 des Gesetzes vom 20. Dezember 1996, BGBl I S. 2049, geändert worden ist).

Die Bodenrichtwerte sind von den Gutachterausschüssen nach dem Baugesetzbuch auf den 1. Januar 1996 zu ermitteln und den Finanzämtern mitzuteilen. Weist der

Steuerpflichtige nach, dass der gemeine Wert des unbebauten Grundstücks niedriger als der nach Satz 1 ermittelte Wert ist, ist der gemeine Wert festzustellen.

§ 146 Bebaute Grundstücke

(1) Grundstücke, auf die die in § 145 Abs. 1 genannten Merkmale nicht zutreffen, sind bebaute Grundstücke.

(2) Der Wert eines bebauten Grundstücks ist das 12,5fache der für dieses im Durchschnitt der letzten drei Jahre vor Besteuerungszeitpunkt erzielten Jahresmiete, vermindert um die Wertminderung wegen des Alters des Gebäudes (Absatz 4). Jahresmiete ist das Gesamtentgelt, das die Mieter (Pächter) für die Nutzung der bebauten Grundstücke auf Grund vertraglicher Vereinbarungen für den Zeitraum von zwölf Monaten zu zahlen haben. Betriebskosten (§ 27 Abs. 1 der Zweiten Berechnungsverordnung) sind nicht einzubeziehen; für Grundstücke, die nicht oder nur zum Teil Wohnzwecken dienen, ist diese Vorschrift entsprechend anzuwenden. Ist das Grundstück vor dem Besteuerungszeitpunkt weniger als drei Jahre vermietet worden, ist die Jahresmiete aus dem kürzeren Zeitraum zu ermitteln.

(3) Wurde ein bebautes Grundstück oder Teile hiervon nicht oder vom Eigentümer oder dessen Familie selbst genutzt, anderen unentgeltlich zur Nutzung überlassen oder an Angehörige (§ 15 der Abgabenordnung) oder Arbeitnehmer des Eigentümers vermietet, tritt an die Stelle der Jahresmiete die übliche Miete. Die übliche Miete ist die Miete, die für nach Art, Lage, Größe, Ausstattung und Alter vergleichbare, nicht preisgebundene Grundstücke von fremden Mietern gezahlt wird; Betriebskosten (Absatz 2 Satz 3) sind hierbei nicht einzubeziehen. Ungewöhnliche oder persönliche Verhältnisse bleiben dabei außer Betracht.

(4) Die Wertminderung wegen Alters des Gebäudes beträgt für jedes Jahr, das seit Bezugsfertigkeit des Gebäudes bis zum Besteuerungszeitpunkt vollendet worden ist, 0,5 vom Hundert, höchstens jedoch 25 vom Hundert des Werts nach den Absätzen 2 und 3. Sind nach Bezugsfertigkeit des Gebäudes bauliche Maßnahmen durchgeführt worden, die die gewöhnliche Nutzungsdauer des Gebäudes um mindestens 25 Jahre verlängert haben, ist bei der Wertminderung wegen Alters von einer der Verlängerung der gewöhnlichen Nutzungsdauer entsprechenden Bezugsfertigkeit auszugehen.

(5) Enthält ein bebautes Grundstück, das ausschließlich Wohnzwecken dient, nicht mehr als zwei Wohnungen, ist der nach den Absätzen 1 bis 4 ermittelte Wert um 20 vom Hundert zu erhöhen.

(6) Der für ein bebautes Grundstück nach den Absätzen 2 bis 5 anzusetzende Wert darf nicht geringer sein als der Wert, mit dem der Grund und Boden allein als unbebautes Grundstück nach § 145 Abs. 3 zu bewerten wäre.

(7) Ein niedrigerer Grundstückswert ist festzustellen, wenn der Steuerpflichtige nachweist, dass der gemeine Wert des Grundstücks niedriger als der nach den Absätzen 2 bis 6 ermittelte Wert ist.

(8) Die Vorschriften gelten entsprechend für Wohnungseigentum und Teileigentum.

§ 147 Sonderfälle

(1) Lässt sich für bebaute Grundstücke die übliche Miete (§ 146 Abs. 3) nicht ermitteln, bestimmt sich der Wert abweichend von § 146 nach der Summe des Werts des Grund und Bodens und des Werts der Gebäude. Dies gilt insbesondere, wenn die Gebäude zur Durchführung bestimmter Fertigungsverfahren, zu Spezialnutzungen oder zur Aufnahme bestimmter technischer Einrichtungen errichtet worden sind und nicht oder nur mit erheblichem Aufwand für andere Zwecke nutzbar gemacht werden können.

(2) Der Wert des Grund und Bodens ist gemäß § 145 mit der Maßgabe zu ermitteln, dass an Stelle des in § 145 Abs. 3 vorgesehenen Abschlags von 20 vom Hundert ein solcher von 30 vom Hundert tritt. Der Wert der Gebäude bestimmt sich nach den ertragsteuerlichen Bewertungsvorschriften; maßgebend ist der Wert im Besteuerungszeitraum.

§ 148 Erbbaurecht und Gebäude auf fremdem Grund und Boden

(1) Ist ein Grundstück mit einem Erbbaurecht belastet, beträgt der Wert des belasteten Grundstücks das 18,6fache des nach den vertraglichen Bestimmungen im Besteuerungszeitpunkt zu zahlenden jährlichen Erbbauzinses. Der Wert des Erbbaurechts ist der nach § 146 oder § 147 ermittelte Wert des Grundstücks, abzüglich des nach Satz 1 ermittelten Werts des belasteten Grundstücks. Das Recht auf den Erbbauzins ist weder als Bestandteil des Grundstücks noch als gesondertes Recht anzusetzen; dementsprechend ist die Verpflichtung zur Zahlung des Erbbauzinses weder bei der Bewertung des Erbbaurechts noch als gesonderte Verpflichtung abzuziehen.

(2) Absatz 1 ist für Gebäude auf fremdem Grund und Boden entsprechend anzuwenden.

§ 149 Grundstücke im Zustand der Bebauung

(1) Sind die Gebäude auf einem Grundstück noch nicht bezugsfertig, ist der Wert entsprechend § 146 unter Zugrundelegung der üblichen Miete zu ermitteln, die nach Bezugsfertigkeit des Gebäudes zu erzielen wäre. Von diesem Wert sind 80 vom Hundert als Gebäudewert anzusetzen. Dem Grundstückswert ohne Berücksichtigung der nicht bezugsfertigen Gebäude oder Gebäudeteile, ermittelt bei unbebauten Grundstücken nach § 145 Abs. 3 und bei bereits bebauten Grundstücken nach § 146, sind die nicht bezugsfertigen Gebäude oder Gebäudeteile mit dem Betrag als Gebäudewert hinzuzurechnen, der dem Verhältnis der bis zum Besteuerungszeitpunkt entstandenen Herstellungskosten zu den gesamten Herstellungskosten entspricht. Dieser Wert darf den Wert des Grundstücks, der nach Bezugsfertigkeit des Gebäudes anzusetzen wäre, nicht übersteigen.

(2) Ist die übliche Miete nicht zu ermitteln, ist der Wert entsprechend § 147 zu ermitteln.

§ 150 Gebäude und Gebäudeteile für den Zivilschutz

Gebäude, Teile von Gebäuden und Anlagen, die wegen der in § 1 des Zivilschutzgesetzes bezeichneten Zwecke geschaffen worden sind und im Frieden nicht oder nur gelegentlich oder geringfügig für andere Zwecke genutzt werden, bleiben bei der Ermittlung des Grundstückswerts außer Betracht.

Kommentar zum Schluss

Das Erbrecht hat in den letzten Jahren eine immer größere Bedeutung erlangt. Die Aufbaugeneration, die nach der Währungsreform 1948 vielfach großes Vermögen geschaffen und angesammelt hat, ist jetzt in einem Alter, in dem sie dieses Vermögen nur noch von Todes wegen an die Erben weitergeben kann.

Die „Erbschaftswelle" rollt also, trifft aber nur wenige. Der weniger vermögende Teil der Bevölkerung, der nicht viel zu vererben hat, wird davon kaum berührt.

Für den Staat steigen die Einnahmen aus der Erbschaftsteuer, allerdings ist diese Steuer im Verhältnis zur Einkommen- und Umsatzsteuer nur eine Bagatellsteuer. Wohlhabende Bürger verstehen es meist, ihr Vermögen so geschickt umzuschichten, dass nur relativ geringe Erbschaftsteuerbeträge anfallen.

Juristisch ist unser Erbrecht in mancher Hinsicht dringend reformbedürftig. Schließlich ist das Bürgerliche Gesetzbuch, in dem das Erbrecht verankert ist, schon über 100 Jahre alt. Ein so lange geltendes Gesetzeswerk bringt den Bürgern Rechtssicherheit und Stabilität. Leider aber ist das Erbrecht im Bürgerlichen Gesetzbuch sehr kompliziert geregelt. Auch die sittlichen und moralischen Vorstellungen haben sich in den letzten 100 Jahren wesentlich geändert. Niemand spricht heute mehr verächtlich von der „wilden Ehe", sondern nur noch sachlich und gesellschaftskonform von der „nichtehelichen Lebensgemeinschaft". Dem nichtehelichen Partner wird trotzdem kein gesetzliches Erbrecht zugestanden. Nur die Kinder aus einer solchen Verbindung gelten nicht mehr als „unehelich" und erben jetzt (seit 1.4.1998) wie eheliche Kinder.

Ganz besonders wichtig aber wäre eine neue gesetzliche Regelung für die handgeschriebenen Testamente. In Deutschland wird sonst alles exakt geregelt. Wenn man ein kleines Stück Garten verkaufen will, muss man beim Notar einen Vertrag beurkunden lassen. Beim eigenhändigen Testament dagegen gibt es außer der Verpflichtung zur eigenen Handschrift und eigenen Unterschrift keinerlei Formvorschriften. Der Gesetzgeber schreibt auch für den Inhalt eines solchen Testaments nichts vor. Jeder Erblasser kann schreiben, was er will. Die Erben und notfalls die Gerichte müssen später versuchen, den mutmaßlichen Willen des Erblassers zu ergründen. Den Erblasser kann man nicht mehr fragen, aber sein Wille soll trotzdem respektiert werden.

Selbst ein Testament, mit dem ein riesiges Vermögen übertragen wird, kann der Erblasser im stillen Kämmerlein nach eigenem Gutdünken niederschreiben. Ein solches Testament wird anerkannt, falls es nicht offensichtlich von einem Geisteskranken stammt oder sein Inhalt sittenwidrig ist. Wird dagegen ein „vernünftiges" Testament mit der Schreibmaschine/PC geschrieben, ist es ungültig.

Es wäre schon viel gewonnen, wenn ein zentrales Testamentsregister eingeführt würde, bei dem jeder Erblasser sein Testament abliefern müsste. Nur ein dort registriertes Testament sollte nach dem Tode des Erblassers Gültigkeit erlangen.

GLOSSAR

Anfechtung der Annahme oder Ausschlagung
Der Erbe kann die Annahme oder Ausschlagung einer Erbschaft anfechten (Seite 125, dazu Kommentar Seite 126).

Anfechtung letztwilliger Verfügungen
Unter bestimmten Voraussetzungen kann eine letztwillige Verfügung angefochten werden. Jedoch vorrangig ist deren Auslegung (Seite 140).

Annahme der Erbschaft
Formlose Willenserklärung, Erbe zu sein und die Erbschaft behalten zu wollen (Seite 118).

Aufgebotsverfahren
Gerichtliche Aufforderung zur Anmeldung von Forderungen gegen den Nachlass (Seite 173).

Auflagen
Der Erblasser kann in seinem Testament durch Erbvertrag den Erben und Vermächtnisnehmer mit bestimmten Auflagen beschweren (Seite 77).

Auslegung
Viele Testamente sind auslegungsbedürftig. Dazu gibt es gesetzliche Regeln (Seite 78).

Ausschlagung der Erbschaft
Der Erbe kann eine Erbschaft ausschlagen und dadurch den bereits erfolgten Anfall der Erbschaft wieder rückgängig machen (Seite 121).

Berliner Testament
Gemeinschaftliches Testament der Ehegatten, in dem sie sich gegenseitig zu Alleinerben einsetzen (Seite 68. Siehe auch Kommentar Seite 69).

Bürgermeister- oder Dorftestament
Eine Form des Nottestaments (Seite 89).

Dreißigster
Der Erbe ist verpflichtet, Familienangehörigen des Erblassers in den ersten 30 Tagen nach Erbfall im bisherigen Umfang die Benutzung der Wohnung zu gestatten und Unterhalt zu gewähren (Seite 219).

Dreizeugentestament
Eine Form des Nottestaments (Seite 90).

Dürftigkeitseinrede
Ist der Nachlass überschuldet, können die Erben ihre Haftung dadurch beschränken, dass sie die Dürftigkeit des Nachlasses durch Herausgabe der dürftigen Nachlassmasse beschränken (Seite 180).

Ehegattenerbrecht
Es ist zu unterscheiden zwischen dem Ehegattenerbrecht bei Zugewinngemeinschaft und Gütertrennung (Seite 33).

Enterbung
Jeder Erblasser kann seine gesetzlichen Erben einfach übergehen oder ausdrücklich erklären, dass sie nicht erben sollen (Seite 146).

Erbauseinandersetzung
Auflösung der Erbengemeinschaft (Seite 160, dazu Kommentar Seite 168).

Erbeinsetzung
Die Bestimmung des Erben durch Testament oder Erbvertrag (Seite 71).

Erben
Die Erben sind die Rechtsnachfolger des Erblassers. Es ist zu unterscheiden zwischen gesetzlichen Erben (die aufgrund gesetzlicher Erbfolge berufen sind) und testamentarischen Erben (die aufgrund eines Testaments bestimmt sind) (Seite 20).

Erbengemeinschaft
Eine Erbengemeinschaft ist eine so genannte Gesamthandsgemeinschaft. Die Erben besitzen „insgesamt" das ererbte Vermögen als Sondervermögen. Jeder Erbe hat nur einen Erbteil, aber keinen Anspruch auf einzelne Nachlassgegenstände (Seite 156).

Erbersatzanspruch
Die nichtehelichen Kinder bekamen früher statt eines Erbanspruches einen Erbersatzanspruch. Seit 1.4.1998 sind die nichtehelichen Kinder gleichgestellt und erben wie eheliche Kinder (Seite 39).

Erbfall
Mit dem Tod eines Menschen (Erbfall) geht dessen Vermögen als Ganzes auf ein oder mehrere Erben über (Seite 16).

Erbfallschulden
Nachlassverbindlichkeiten, die erst durch den Erbfall entstanden sind (Seite 172).

Erbfolge
Die gesetzliche Erbfolge ist die Reihenfolge, in der gesetzliche Erben zum Zuge kommen (Seite 21).

Erbordnungen
Die Erbfolge der gesetzlichen Erben ist in Ordnungen geregelt. Danach sind gesetzliche Erben der 1. Ordnung die Abkömmlinge des Erblassers, der 2. Ordnung die Eltern des Erblassers und deren Abkömmlinge, der 3. Ordnung die Großeltern des Erblassers usw. (Seite 22).

Erbrecht
Die Gesamtheit aller privatrechtlichen Vorschriften, die den Übergang der Erbschaft vom Erblasser auf dessen Rechtsnachfolgen (Erben) regeln, hauptsächlich in den § 1922–2385 BGB niedergelegt (Seite 18).

Erbschaft
Das Vermögen, das beim Tod des Erblassers als Ganzes auf den oder die Erben übergeht (Seite 18).

Erbschein
Auf Antrag vom Nachlassgericht ausgestelltes Zeugnis über das Erbrecht (Seite 148).

Erbteil
Anteil des einzelnen Erben am Gesamthandsvermögen der Erbengemeinschaft (Seite 156).

Erbunwürdigkeit
Unter schwerwiegenden Voraussetzungen kann ein Erbe durch Gerichtsurteil für erbunwürdig erklärt werden (Seite 146).

Erbvertrag

Der Erbvertrag ist eine Verfügung von Todes wegen, durch den sich der Erblasser gegenüber einer anderen Person im Hinblick auf seinen Nachlass vertraglich bindet. Er bedarf der notariellen Beurkundung (Seite 50, Seite 103/104).

Erbverzicht

Die vertragliche Erklärung eines Verwandten oder Ehegatten des Erblassers, dass er auf sein gesetzliches Erbrecht verzichtet, meist kombiniert mit Pflichtteilsverzicht. Der Erbverzicht bedarf der notariellen Beurkundung (Seite 114).

Ersatzerbe

Ersatzerbe ist ein Erbe, der zum Zuge kommt, wenn der zunächst berufene Erbe die Erbschaft ausschlägt oder bereits gestorben ist (Seite 133).

Gesamtrechtsnachfolge

Mit dem Erbfall geht das Vermögen des Erblassers in seiner Gesamtheit auf den Erben über (Seite 135).

Haftungsbeschränkung

Die Haftung der Erben auf den Nachlass wird beschränkt durch Nachlassverwaltung, Nachlassinsolvenz und Dürftigkeitseinrede (Seite 178).

Handelsgeschäft

Besondere Vorschriften gelten für die Erbenhaftung bei Übernahme eines Handelsgeschäfts (Seite 181).

Internationales Erbrecht

Das deutsche Erbrecht gilt grundsätzlich nicht für Ausländer und nicht für Vermögen Deutscher im Ausland. Derartige Fälle mit Auslandsberührung müssen nach internationalem Privatrecht beurteilt werden (Seite 208 ff.).

Inventarerrichtung

Zusammenstellung der Aktiven und Passiven eines Nachlasses zur Vorbereitung einer Haftungsbeschränkung (Seite 176).

Lebenspartner

Am 1.8.2001 ist das sogenannte Lebenspartnerschaftsgesetz in Kraft getreten. Danach sind eingetragene gleichgeschlechtliche Gemeinschaften den Ehegatten gleichgestellt, haben also ein gleiches Erbrecht wie überlebende Ehegatten. Allerdings sind die dazu gehörigen erbschaftssteuerlichen Vorschriften noch nicht in Kraft getreten (Seite 40).

Nacherbe
Der Nacherbe ist ein Erbe, der gemäß letztwilliger Verfügung erst nach dem Vorerben zur Erbfolge kommen soll (Seite 83).

Nachlassinsolvenz
Dies entspricht dem früheren Nachlasskonkurs. Der Nachlass wird zugunsten der Nachlassgläubiger verwertet. Es besteht keine weitere Haftung der Erben für die Nachlassschulden (Seite 179).

Nachlasspfleger
Das Nachlassgericht bestellt einen Nachlasspfleger, wenn der Erbe unbekannt oder wenn die Annahme der Erbschaft noch offen ist (Seite 134 ff.).

Nachlassverbindlichkeiten
Schuldverpflichtungen des Erblassers und Erbfallschulden, wie Pflichtteilsansprüche, Vermächtnisse und Kosten der standesgemäßen Beerdigung (Seite 172).

Nachlassverwaltung
Verwaltung des Nachlasses durch einen Nachlassverwalter zum Zwecke der Haftungsbeschränkung (Seite 178).

Nichteheliche Lebensgemeinschaft
Die Partner einer nichtehelichen Lebensgemeinschaft haben kein gesetzliches Erbrecht (Seite 43).

Nottestament
Ein Nottestament ist ein außerordentliches Testament für den Fall, dass der Erblasser nicht (mehr) in der Lage ist, ein öffentliches Testament vor einem Notar zu errichten (Seite 89).

Pflichtteil
Gesetzlicher Mindestanspruch der nächsten Angehörigen, nämlich des überlebenden Ehegatten, der Kinder und – falls keine Kinder vorhanden sind – der Eltern des Erblassers (Seiten 181 ff.).

Scheidung
Das gesetzliche Erbrecht des überlebenden Ehegatten setzt das Bestehen der Ehe voraus (Seite 220).

Schenkungen
Schenkungen sind unentgeltliche Zuwendungen unter Lebenden (Seite 225).

Seetestament
Eine Form des Nottestaments (Seite 91).

Teilungsanordnung
Der Erblasser kann in seinem Testament/Erbvertrag anordnen, wie sein Nachlass auf die einzelnen Miterben verteilt werden soll (Seite 75).

Testament
Testament ist die Verfügung von Todes wegen. Dabei ist zu unterscheiden zwischen dem eigenhändigen und dem öffentlichen (notariellen) Testament (Seite 50, siehe auch Kommentar Seite 51).

Testamentsvollstrecker
Der Erblasser kann in seiner letztwilligen Verfügung eine oder mehrere Personen bestimmen, die den Nachlass verwalten und verteilen sollen. Das Nachlassgericht stellt auf Antrag ein Testamentsvollstreckerzeugnis aus (Seite 203 ff.).

Testierfähigkeit
Die Fähigkeit, ein Testament zu errichten (Seite 53).

Verfügungen von Todes wegen
Oberbegriff für Testament und Erbvertrag; auch letztwillige Verfügung genannt (Seite 50).

Vermächtnis
Die Zuwendung von Todes wegen eines oder mehrerer Vermögensgegenstände an einen Vermächtnisnehmer, ohne ihn zum Erben zu bestimmen.

Verträge zugunsten Dritter
Vertrag mit Bank oder Sparkasse zugunsten eines Dritten, meist auf den Todesfall des Schenkers (Seite 226).

Voraus
Der Voraus besteht aus dem ehelichen Hausrat und den Hochzeitsgeschenken und wird als gesetzliches Vermächtnis bezeichnet, welches dem Ehegatten zusteht (Seite 217).

Vorausvermächtnis
Zuwendung bestimmter Nachlasswerte zugunsten eines Miterben. Das Vorausvermächtnis wird nicht auf seinen Erbteil angerechnet (Seite 74).

Vorerbe
Ein vom Erblasser durch Verfügung von Todes wegen für eine begrenzte Zeit eingesetzter Erbe; nach ihm fällt die Erbschaft an den Nacherben (Seite 83).

Vorkaufsrecht
Vorkaufsrecht des Miterben beim Verkauf eines Erbteils (Seite 157).

Vorläufiger Erbe
Der Erbe ist nur vorläufiger Erbe, solange er das Recht hat die Erbschaft auszuschlagen (Seite 131).

REGISTER